ミネルヴァ日本評伝選

今や時は過ぎ、報国はただ文にあり

塚本明毅

塚本　学著

ミネルヴァ書房

刊行の趣意

「学問は歴史に極まり候ことに候」とは、先哲荻生徂徠のことばである。

歴史のなかにこそ人間の智恵は宿されている。人間の愚かさもそこにはあらわだ。この歴史を探り、歴史に学んでこそ、人間はようやくみずからの正体を知り、いくらかは賢くなることができる。新しい勇気を得て未来に向かうことができる。徂徠はそう言いたかったのだろう。

「ミネルヴァ日本評伝選」は、私たちの直接の先人について、この人間知を学びなおそうという試みである。日本列島の過去に生きた人々の言行を、深く、くわしく探って、そこに現代への批判を聴きとろうとする試みである。日本人ばかりではない。列島の歴史にかかわった多くの異国の人々の声にも耳を傾けよう。先人たちの書き残した文章をそのひだにまで立ち入って読み、彼らの旅した跡をたどりなおし、彼らのなしとげた事業を広い文脈のなかで注意深く観察しなおす——そのとき、はじめて先人たちはいまの私たちのかたわらによみがえってくる。彼らのなまの声で歴史の智恵を、また人間であることのよろこびと苦しみを、私たちに伝えてくれもするだろう。

この「評伝選」のつらなりのなかから、列島の歴史はおのずからその複雑さと奥ゆきの深さをもって浮かび上がってくるはずだ。これを読むとき、私たちのなかに新たな自信と勇気が湧いてきて、その矜持と勇気をもって「グローバリゼーション」の世紀に立ち向かってゆくことができる——そのような「ミネルヴァ日本評伝選」にしたいと、私たちは願っている。

平成十五年（二〇〇三）九月

上横手雅敬
芳賀　徹

塚本明毅（『歴史地理』8-1，より）

塚本明毅墓碑（成覚寺境内）（石戸晋撮影）

成覚寺（新宿区新宿）（石戸晋撮影）

塚本明毅墓碑の拓本（成覚寺蔵）（石戸晋撮影）

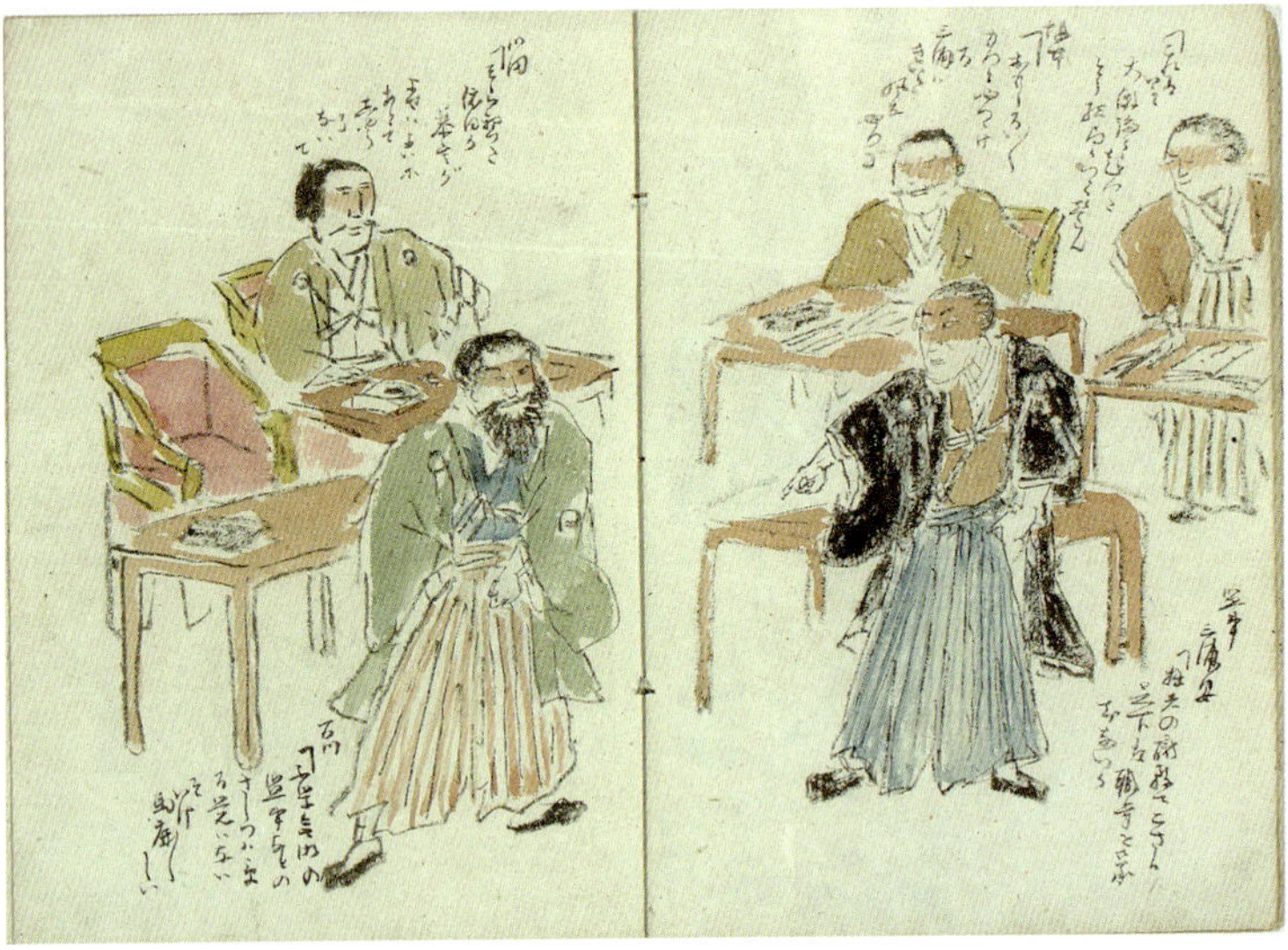

修史局荒れる　『学海先生一代記』（無窮会専門図書館蔵）より

はしがき

成覚寺の墓碑

東京都新宿区新宿、靖国《やすくに》通りに面して、浄土宗成覚寺《じょうがくじ》がある。甲州道中の内藤新宿ができるよりずっと前からの寺だが、宿場が花街《はなまち》であった頃飯盛女《めしもり》と呼ばれた娘たちの哀れな死を弔う「子供合埋碑《こどもごうまいひ》」や、「旭地蔵」などもあって、「投げ込み寺」とも呼ばれた。その悲しい歴史も見過ごされるかの現代だが、「子供合埋碑」の反対側に、もう一つやや大きな碑があって、この方は、もっと知られない（口絵参照）。

墓域のこの部分は戦災と区画整理とで動き、墓碑も明治二十八年の建碑当時とは位置を変えているが、たまたまこの墓碑の前に立つ人も、旧漢字をびっしり並べた荘重な漢文をめったに読もうとはしない。

上部に大きく篆書《てんしょ》で「寧海《ねいかい》塚本先生之墓」と記す篆額《てんがく》の筆者は、榎本武揚《えのもとたけあき》（一八三六～一九〇八）。撰文、すなわち碑文面の文章作者は川田剛《かわだたけし》（甕江《おうこう》）（一八三〇～九六）。書家は田邊太一《たなべやすかず》（一八三一～一九一五）と、いずれも当代一流の名士たちが、十年前に没した共通の友人塚本明毅《つかもとあきかた》（一八三三～八五）を、号の寧海の名で偲んで建てた記念の文が、百数十年後に、そのままのかたちでは世の読者を得ないのは、残念だがやむをえない。なお碑の最後には、文字を刻んだ彫者辻千秋の名が、小さく刻まれている。

碑の本文冒頭の一文を、新漢字の読み下し文で掲げる。

和銅中、諸国風土記を撰し、号して不刊《ふかん》の宝典《ほうてん》となす。而るに其の書、散佚《さんいつ》。

「不刊」は不朽の誤刻ではなく「刊は削る」の意味で、中國古典に不刊の書の用例がある。八世紀の政府が諸国風土記を撰集したが、それは散逸したとする。この時代人の墓碑で、冒頭に古代の風土記に始まる文が、見る者を驚かす。こうした事業を幕府も企てたが失敗、その崩壊と廃藩を機に、その継承を意図した寧海が、功まさに成ろうとして病没したのを悼む文章が、碑全体の総説のように掲げられる。

以下、寧海の経歴を略説する。幕府徒士《かち》の家に出て、長崎海軍伝習所でオランダ人に学んで、日本人初の蒸気船航海をし、幕府海軍メンバーとして小笠原諸島測量等にあたったこと、維新後、新政府に仕え、太陰暦を廃して太陽暦を用いるようになったのは、その功によること、地誌編修に努めたこと等を列挙し、その風貌や川田との交友を偲んでの銘文となる。多彩な生涯のなかで、最後に力を注いだ地誌編纂の志を強調した碑文が、和銅の風土記から始まる文となった。

同年代人のなかで

寧海と碑の建設者たちとは、いずれもほぼ同年代。同じ頃生まれた著名人には、近藤勇《こんどういさみ》（一八三四～六八）、坂本龍馬《さかもとりょうま》（一八三五～六七）、吉田松陰《よしだしょういん》（一八三〇～五九）といった人々の短い生涯がある。木戸孝允《きどたかよし》（一八三三～七七）のように、桂小五郎《かつらこごろう》としての志士の活動の後政府高官となった者、福澤諭吉《ふくざわゆきち》（一八三四～一九〇一）のように、明治の世に目覚ましい活躍をみせた者もあって、この時代に生きた人生は多様であった。

碑に記された主人公と碑の建設に関与したのは、幕府倒壊前後を幸いに生きぬいた人々であり、「子供合埋碑」に葬られた人や、非命に死んだ志士たちに比べて、その生涯は、動乱前後の二つの世の中を、したたかに生きた者である。

だが、そこには、木戸とも福澤とも違った人生があり、変動の時代の体験は、榎本、川田、田邊、そして寧海塚本先生において、いくらかは共通する面をもっていたかにみえる。

川田以外の三人、榎本・田邊・寧海は、みな元幕臣身分にあり、後半生を新政府に仕えた者であった。彼らは、幕府の下で、とくに新知識・新技能の担い手として働き、新政府から技術官僚として登用された人材であり、明治の文人社会の一翼にも当たっていた。川田は旧備中松山藩士《びっちゅうまつやまはんし》から明治以後修史局で寧海と席を並べた仲間で、漢文学が文学の主流であった明治の文壇中枢にあった人物だが、碑文中で、寧海の経歴等の詳しくは、河田羆《かわだたけし》撰の「行状《ぎょうじょう》」に記されるとする。その河田（一八四二～一九二〇）も、旧幕臣の出で、地誌の仕事を、寧海のもとで地誌課に働いた人物である。

本書は、寧海先生すなわち塚本明毅の生き方に焦点をあてて、彼らの生きた時代の一面を描いてみようとするものである。

塚本明毅——今や時は過ぎ、報国はただ文にあり　目次

はしがき

第一章　その名前と家系……1
1　多様な名前……1
明毅のよみについて――謝罪　幼名は金太郎　字桓輔と諱明毅
桓輔―明毅期の評伝の余地　明毅と号寧海　評伝の場
2　その家名……9
塚本の苗字と家　家系伝承――小大膳　家名・家系伝承の成立事情
3　紀州藩士から幕臣へ……12
紀州藩士家から　将軍家徒士となる　幕臣家での相続断絶の危機
4　淳栄の幕臣家再興策……17
奥州八槻明神の家から　婿養子の形式――実は娘も他家から
第二章　少年の学習……21
1　明毅の誕生と徒士の家……21
出生地の家　横須賀藩邸生まれの父と十六歳の母
徒士の家計と家長の祖父　祖父如水は修験者の教養

2　識字児……28
祖父母の教育　儒学者田邊石庵に学ぶ　榎本釜次郎と田邊太一
幕臣への流入者
3　昌平坂学問所……33
昌平黌入学と元服　昌平黌の才子とされる――その人脈
ペリー来航のショックから蘭書を学ぶ　吉田賢輔に学ぶ

第三章　長崎海軍伝習所の日々……41
1　出島のオランダ商館……41
蘭学とオランダ勢力　幕府は洋式大船購入を何度か試みる
蒸気機関付軍艦購入をオランダ商館に交渉
2　ファビュス意見と伝習所開設……45
軍艦購入には乗組員要請が不可欠　長崎奉行案の承認とオランダ人処遇
スンビン号を受領し、観光丸とする
3　伝習所の明毅……48
矢田堀の従者として長崎行　明毅の位置　多様な伝習生
普通学の学習重視に苦しむ学生　とくに数学学習の難関を克服

レイケンによる教育プラン
4 邦人の輪船運航と伝習所廃止……56
観光丸で江戸帰航　江戸の軍艦操練所と長崎の海軍伝習所

第四章　幕府海軍……59

1 軍艦操練所の日々……59
教師の立場に　要人輸送に携わる　蟠龍丸受領と以後の乗組
2 騒乱化の状況……63
母の死と安政大獄　神奈川警衛にあたる　尊攘運動と海軍の位置
遭難殉職者の墓碑執筆
3 小笠原開拓と測量……69
小笠原島行き　幕府の小笠原島実効支配　母島図の作成を担当
古賀茶渓の海岸測量論
4 昌光丸での遭難……74
文久二年の政情と勝　順動丸と昌光丸　対馬の難
5 黒龍丸に乗組む……79
八・一八政変と小笠原一件　黒龍丸に乗務　黒龍丸で江戸大坂往復

幕府二重外交の破綻――田邊と松平直克　関東騒乱

6 初めての砲撃……84
天狗党の乱　黒龍丸の那珂湊砲撃　水戸での伝承

7 閑職と家事……87
海軍知名士の放逐　陸軍拡張策か、フランス式軍制か
勝の失脚と明毅の閑職　結婚と家庭　父の死と相続

8 幕府倒壊に直面して……92
征長戦争と海軍復帰　イギリス軍事顧問団による指導計画
戊辰戦争と軍艦頭並――百日で辞職　榎本艦隊の脱出
海軍と明毅の位置

第五章　沼津兵学校と『筆算訓蒙』……101

1 沼津兵学校時代……101
駿府藩と沼津兵学校　海軍消滅後の明毅　沼津移転前後
不幸と沼津西光寺　沼津での地位と職務　事実上の高等普通教育
再婚

2 学校の名声と消滅……111

頭取と一等教授たち　その他の同僚たち　静岡藩での交際者たち
沼津兵学校の名声　天朝御雇という引抜き　二代目頭取になる
四年間の沼津時代

3　筆算訓蒙……121
小倉金之助の評価　その版行　数字総論と表記　構成

4　『筆算訓蒙』の例題各種……127
「国史」と「国」関心　究理の学と実用・日用
宇宙と測地測天緯経度と時差　数値の役割

第六章　太政官出仕と改暦……137

1　太政官に出仕……137
兵部省・陸軍省に就任　太政官正院で文官になる　留守政府での改革

2　改暦という大事業……142
改暦の議　改暦建議と改暦の詔書　改暦と明毅の役割
祭日と紀元――『三正綜覧』

第七章　地誌編纂事業——太政官正院時代……155
1　官撰全国地誌を目指して……155
皇国地誌編集計画　風土記継承と官撰地誌　統一国家による地誌
政府部内の多様な地誌要求　修史事業と関連して　民撰地誌の流れ
村名調査
2　『日本地誌提要』……164
成立と構成　日本国領域と統一国家像　官撰地誌と政府機構
沿革の項目——『提要』の史観　国土の変遷と住民生活
物産の項目その他
3　修史局への併合まで……173
正院地誌課と民部省由来の地誌課　明毅の位置と内務省の寮下の地誌課
国史と修史局　地誌課を正院への伺い　修史局修撰となる
第八章　修史局から修史館へ……181
1　修史局と文人たち……181
修史局の同僚——文人集団　文人との交遊——一円吟社の会
成島柳北らとの交渉——洋々社には不参加　修史局廃止と修史館発足

2 修史館……188
修史館と明毅らの生計　修史館の仕事——地誌担当部局は縮減
明毅の抱負　修史館制度変革——監事職と管理体制
三浦安の着任と反撥　修史館を去る

第九章　内務省地理局……197
1 出戻りの境遇……197
地誌課の流浪　河田回想と明毅の仕事　郡村誌資料と明毅の「著作」
墓碑銘の虚飾——構想が否定されるなかでの死没
2 明治の御役人と江戸の士人……204
官等級の世界——門閥制度から世渡りの術へ
官は閑職で筆は著述に忙しい　官界以外の世界——学会　東京地学協会
国郡沿革考——歴史地理の大論文　文人社会の可能性　修史館のその後

終　章　明毅の死とその後の地誌……217
1 明毅の死……217

明毅逝去　建碑
2　未完の地誌のその後……221
桜井方式と大日本国誌　地誌のさまざまと書き上げ資料
『大日本国誌』の破綻　地誌の歴史指向と「国史」・郷土史
地誌の可能性　明毅の可能性
3　明毅の生涯と人物……233
その生育環境　漢学と洋学——とくに海軍技術　海軍の技術伝習
武官から文官へ　政府技術官僚として　風貌・人物——明治の士人
資料と参考文献　243
あとがき　253
塚本明毅年譜　259
人名索引

図版写真一覧

塚本明毅（塚本家蔵）……カバー写真
塚本明毅（『歴史地理』8-1、より）……口絵1頁
塚本明毅墓碑（成覚寺境内）（石戸晋撮影）……口絵2頁
成覚寺（新宿区新宿）（石戸晋撮影）……口絵2頁
塚本明毅墓碑の拓本（成覚寺蔵）（石戸晋撮影）……口絵3頁
修史局荒れる『学海先生一代記』（無窮会専門図書館蔵）より……口絵4頁

明毅の行動略図……xvii
系譜部分（塚本家蔵）……3
明毅筆録による塚本系譜……14〜15
塚本家の位置（『江戸切絵図集成』より）……22
塚本家と関連諸家の現在地図上の推定位置……23
湯島聖堂（文京区湯島）……34
出島図（長崎歴史文化博物館蔵）……42
スンビン号（観光丸）模型（佐賀県立博物館・美術館蔵／原資料：鉄道博物館）……47
勝麟太郎（海舟）（福井市立郷土歴史博物館蔵）……49

矢田堀景蔵（鴻）（『回天艦長甲賀源吾伝』より）……49
咸臨丸（木村家蔵、横浜開港資料館保管）……57
「先祖書」部分（塚本家蔵）……61
小笠原母島測量図（国立公文書館内閣文庫蔵）……72
阿部潜（『同方会誌』五〇、より）……102
沼津兵学校関係者と明毅（沼津市明治史料館蔵）……103
明毅妻（阿孝）の墓碑（西光寺境内／沼津市明治史料館提供）……106
明毅弟（明教）の墓碑（西光寺境内／沼津市明治史料館提供）……106
西光寺（沼津市本字宮町）（西光寺提供）……106
万喜（明毅妻）……110
西周（国立国会図書館蔵）……111
赤松則良（沼津市明治史料館蔵）……111
田邉太一（田邊美佐子氏提供／田邊真一郎氏蔵）……112
大築尚志（沼津市明治史料館蔵）……112
渡部温（『太陽』第四巻二〇号、より）……113
藤澤次謙（藤澤裕武氏蔵）……114
『筆算訓蒙』の算用数字表示例……122
『筆算訓蒙』の例題……128
明毅写真の裏書……138

「天保暦明治五年」部分（法規分類大全政体門、所収）……144〜145
太陽暦明治六年（部分）……146
「明治前期村名小字調査書」部分（明治七年）……163
『日本地誌提要』巻首部分……166
「郡名異同一覧」部分……202
「国郡沿革考」冒頭……211

明毅の行動略図（数字は本書該当頁）

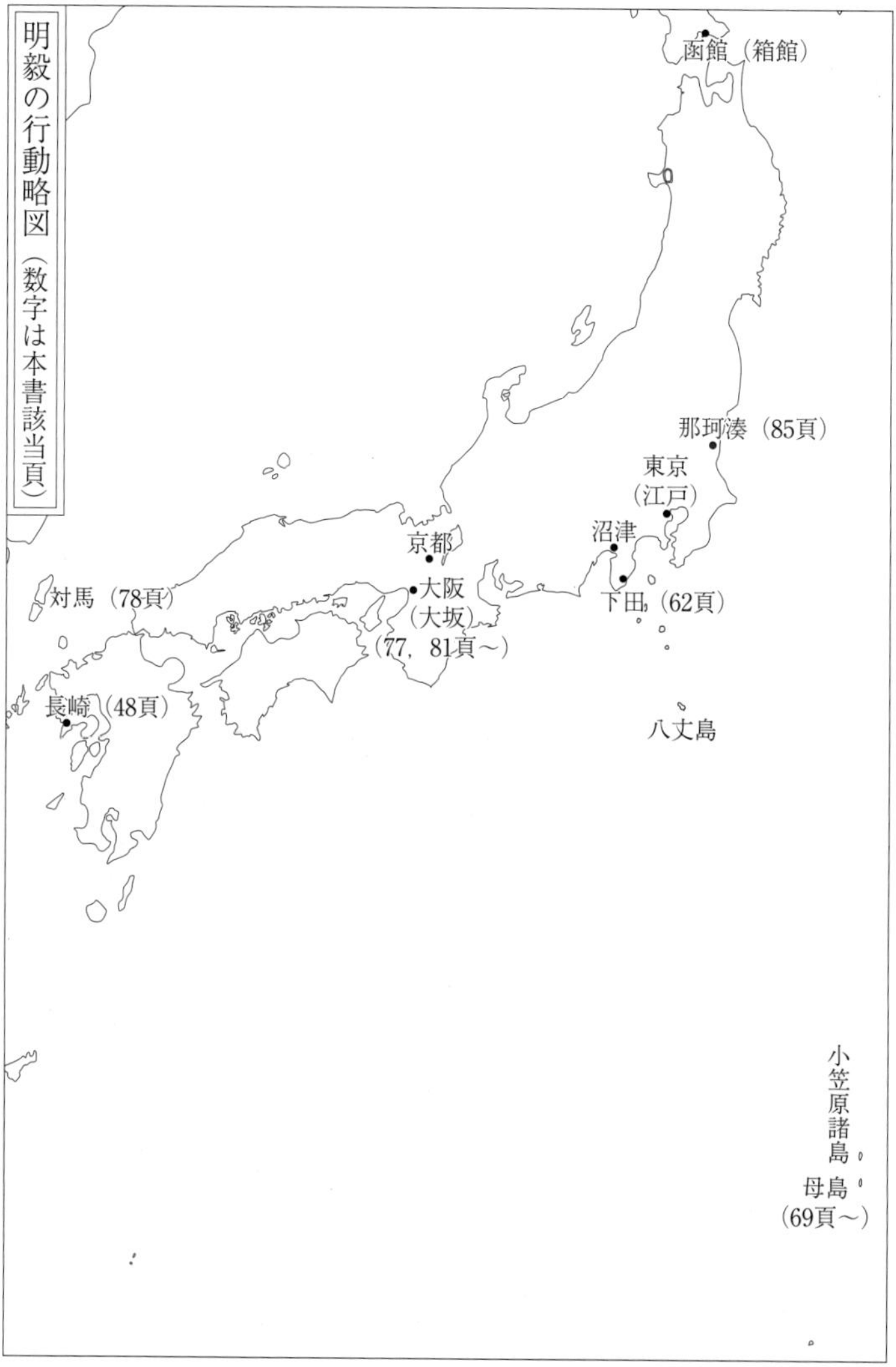

第一章　その名前と家系

1　多様な名前

明毅のよみについて——謝罪

はじめに本書主人公の名前について、人名辞典の誤読訂正、というより私の謝罪を記しておきたい。

古くの『日本人名大事典』（平凡社、一九三七年）が、塚本寧海という号で、この人物を採録したのに対し、『明治維新人名辞典』（吉川弘文館、一九八一年）と『国史大辞典』（第九巻　吉川弘文館、一九八八年）が実名採録で「つかもとあきたけ」と読み、『日本史広辞典』（山川出版社、一九九七年）も、この読みを採っている。だが、明毅自身の筆になる「塚本系譜」では、明毅の毅にカタと明瞭に振り仮名をしていて、読みは「あきかた」とすべきである。

実は、私は明毅の家につながり、その縁で、辞典のどれだったか、編修御担当者から、「あきたけ」

の読みでいいかとの問い合わせ電話をいただいたのに、生返事《なまへんじ》で、それでいいと答えたと記憶する。私の不誠実、怠慢の罪であり、御担当者と多くの読者に深くお詫びする。

その弁解にはならないが、諱《いみな》について弁じておく。主人公の実名は、明毅だが、これは本来、あまり使われず、とりわけ声に出して呼ばれることは稀な諱であったことが、間違いの理由になる。人の名前が、いくつもある時代の人物である。

幼名は金太郎

身分に応じた対人関係の位置によって、いくつかの名前が使い分けされる時代の人物である。もっとも、幼少期の呼び名（幼名）は、現代人にもわかりやすい。この人物の幼名は金太郎であった。間柄によって、キンタともキンともよんだだろうが、それ以上には、例えば若君とか御曹司《おんぞうし》とか呼ばれるような環境にはなかった。

家の記録以外でこの名が出るのは、昌平坂《しょうへいざか》学問所に入学を許された嘉永三年（一八五〇）三月の記事である。「系譜」では、その三カ月後の六月十日に桓輔《かんすけ》と改めると記録される。満年齢で十八歳近くまで幼名が使われたのは、やや異常かとも思えるが、この桓輔は字《あざな》であり、明毅とは、それと別な諱であった。

金太郎時代の記述は、評伝にはなりにくい。その育った環境のなかで成長していく少年について考えることになろう。

字桓輔と諱明毅

一般に用いられた名は俗名、文章語では字であった。墓碑では、「諱は明毅、字は桓甫、寧海《ねいかい》と号す」と記される。明毅の筆になる「系譜」や「先祖書」また

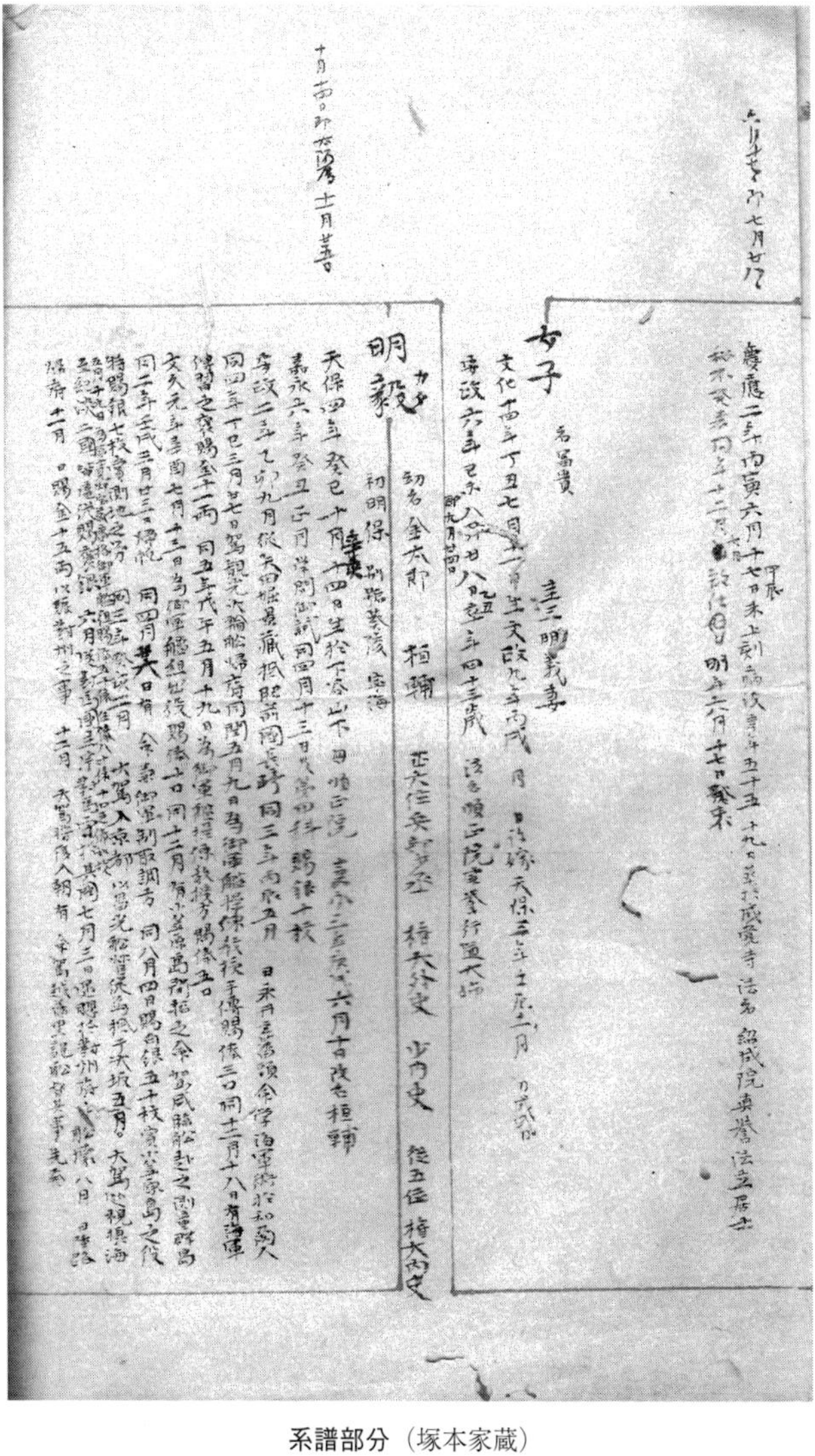

系譜部分（塚本家蔵）

「過去帳」の筆録者の記事では桓輔と記し、慶応三年十一月付の幕府海軍生徒取締への手当書付でもそうだが、「行状」は桓甫と記し墓碑もこれに従う。明治二年正月に開校した沼津兵学校の役人附では、塚本桓甫の名があり、同年九月刊行の『筆算訓蒙《ひつざんくんもう》』には塚本桓甫明毅撰と刻されるから、この頃から桓輔を桓甫と改めたのであろう。

明毅という名前の方は、俗名に対して名乗りというのがよいであろうか。文章語で諱といったのは、本来、死後にいう生前の実名の意味で、それを口にするのを憚ったところに由来し、生存中の実名をも、普通には呼ぶのを忌みとする名であった。この時代、家禄《かろく》を受けるような家の男性では、俗名の他に、家での例を継承した名乗りをもつことが普通で、塚本家再興の期待を背負った金太郎少年にも、桓輔の名と同時に、塚本家の例に倣った名乗り名、諱が与えられたと思われる。

「系譜」で初めの名を明保とするのが、この時につけた諱で、「あきやす」と読んだのであろうか。だが、文久元年（一八六一）五月、先に殉職した知人の墓碑撰文の筆者として明毅の実名がみえるから（『沼津兵学校関係人物・旧幕臣資料目録』）、明保名が用いられたのは長くても十年前後、たぶんもっと短期間であったろう。

実名すなわち諱は、高貴な上位身分の者や、慰霊者との間柄以外の場面では用いなかった。例えば将軍家の御目見えを受けるとすると、取次役人が披露する名が諱であり、そこで誤読されると、そのまま公式の呼び方になったかに伝えられる。

俗名、通称の桓輔ないし桓甫を一般に用い、明毅を名乗りとした。その期間は、幕府滅亡前の十数年と、その後の数年を含んでの二十年ほどになろう。

旧幕時代の本書主人公たちの評伝には、幕臣、とくに下級幕臣の地位と出自《しゅつじ》の問題がある。固定的な身分制度というイメージにもかかわらず、そこに様々な新入者の流れ込みがあり、地位の変動があった。長崎海軍伝習所の役割は、近代の科学技術の導入の面とともに、こうした幕臣の地位の変動とも関連した。幕府海軍の技術は、幕末政局のなかでの海軍ないし動力船の役割といった問題にもなり、近代国家体制と幕藩体制との対比のなかで、海軍の位置づけといった問題に及ぶだろう。桓輔―明毅時代のこの人物の評伝は、そうした当代の制度や組織の大きな変動の下で、考えられねばなるまい。

桓輔―明毅期の評伝の余地

本叢書の趣旨からは、当然塚本明毅自身の行動への評価が問題になる。だが、それは、変動に着目する師友との接触や情報入手の機会が、ある程度個人の選択や努力にもよって得られたことぐらいが内容であろうか。下級の幕臣の子からの出世過程、やがて明治政府下でのエリート文人の素養を身に付けていく過程であった。

尊王攘夷《そんのうじょうい》運動と、開国への動きのなかで、幕末の政争は、幕府海軍内部にも対立を生んだこともあり、彼自身も判断に迫られる場面も生まれていたが、その行動は、おおむね勝海舟《かつかいしゅう》の路線に沿っていて、地位の高下も彼に準じたかにみえる。

桂小五郎と名乗っていた木戸孝允や、坂本龍馬のような同世代の人物が、すでに天下の志士として活動していたのは、当然彼らの評伝の重要な部分になるが、当時の明毅は、幕府海軍の現場スタッフとして、組織の下に動いていたにすぎなかった。だが考えてみれば、少数の突出した志士たちの背後には、多くの技術官僚が育っていて、その数は、とくに幕府に多かったのではあるまいか。海軍という新しい組織は、幕府の職制のなかでの位置づけも不安定なままに終末を迎える。年少期の彼が格別の文章を残すことは少なく、幕府倒壊前の明毅個人への評伝は、その経歴を追って、時代のなかでの人生を確かめてみるにとどまろう。

慶応四年幕府終末の時点で、桓甫―明毅は満年齢で三十五歳になろうとし、妻子もあって、父を前年六月に失ってこの年家を継いだ時期で、青年期を過ぎての時勢の転換であった。幕府倒壊後の新政府出仕という行動には、後年、福澤諭吉が、勝海舟と榎本武揚を相手に、二君に仕える者といった批判（瘦我慢《やせがまん》の説）が、彼への評にもなるかと思わせもする。だがこの点、幕府消滅から新政府出仕までの間に、徳川家を主君とする静岡藩にあって、沼津兵学校に勤務した時期が、「転向」の衝撃を小さくしたであろう。ほぼ、その時期までが、桓輔―明毅時代になる。

明毅と号寧海

明治四年十二月、塚本桓甫を正六位に叙任《じょにん》する記録がある。明治政府に出仕した最初のことで、そこではまだ俗名が使われていた。だが、五年五月陸軍少丞任の宛名は塚本明毅となり、以後、公式の文献に現われる名は、すべて明毅である。親族や古くからの親しい人々との間で、なお通称が使われることはあったが、以後、改暦や地誌編纂事業など、その活動が広く社会に影響していく時期、主人公の名は実名明毅に一本化される。主君の側からだけ口にできる諱といった身分制下の呼称の風が崩れて、名が、現代の氏名の名になったときが、ちょうど彼の活動が、評伝を求められる時期にあたる。

だが、実名を気安く口にすべきでないといった感覚は、社会に広くあっただろう。思えば現代でも、会社や官庁の上司や同僚の氏名を、そのまま呼ぶよりも、所属部局や役職で、一課の何々さんとか、何年生担任の誰先生とかいって、その名を挙げないことは多い。明毅の友人たち、例えば依田学海《よだがっかい》の日録《にちろく》でも、明毅が与えられていた官位から塚本五位と表記したりもしていた。五位といった表記は、「お上」政府による人の序列に拠るわけである。

実名を直截に呼ぶことを避けながら、官位に拘らない付き合いでの呼び名として、号が使われた。没後の明毅に、榎本武揚が、「寧海塚本先生」の墓碑を額に書したのは、農商務大臣の官の場から従五位内務少書記官塚本明毅を遇したのでなく、知友としての寧海先生への礼であった。乙亥《いつがい》とするから明治八年（一八七四）に「寧海先生の為に」と書いて四字の書を贈られた例が、寧海の号の初見である。別に葵陵の号があることを「系譜」が伝えるが、用いた事例を知らない。短期間のものだったのだろう。贈り主の巖谷修《いわやおさむ》は近江水口藩《おうみみなくちはん》の出身で一六《いちろく》の号で書家として著名だが、後修史館に勤めた人物で、この頃、明毅が、文雅の集まりを楽しんでいた仲間でもあった。そうした雅友のなかで、互いの敬意を示すのに号が用いられた。

没後、法名は、文格院殿筒譽寧海居士《ぶんかくいんでんとうよ》とされた。

明毅の名、寧海の号の時代が、彼の社会的役割の大きな時代で、評価も求められる時代になる。

評伝の場

本書の趣旨と、読者の困惑への配慮から、ここでは金太郎時代を除く各時期を通じて、明毅の名での記述を心掛ける。そして、前記のように、桓輔―明毅期までは、この人物自身の評伝になりにくいのに対して、この時期は、明毅自身の行動が、きびしい評価の目にさらされる時期である。

太陰暦、正確には太陰太陽暦から太陽暦への改定を、それ自体否定する主張はなかろうが、改暦の手続きへの批判、明毅の関わりかた、「紀元節《きげんせつ》」にも及ぶ国祭日の制定との関連で、明毅論が問題になり得る。

成覚寺の墓碑で、明毅が最後まで執念を持ち続けたことが強調される地誌編纂については、その没後に後継者たちによってまとめられた稿本の意義もさることながら、明毅の構想による調査項目が、以後近年にいたるまでの郡史誌・市町村史誌類にも、大きく影響を及ぼし続けた。その評価は、現代の自治体史のありかたや、郷土史・地方史・地域史論にも関わる意味をもつ。

一方で、改暦事業への関わりと地誌編纂事業との結び付きは、十分に問われていないようだ。改暦の時期に対して、地誌事業のなかで、明毅の官界での地位は、不遇の道を辿るかにみえる。改暦と地誌編纂という、一見離れたようにみえる二つを結び付ける関心は、長崎海軍伝習所以来の測量と算術に基礎をもったのではないか。幕府倒壊後沼津兵学校在職期に、明毅が執筆した『筆算訓蒙』に、その関心と知識とを探ってみることも意味があろうか。

評伝がとくに求められるのは、新政府出仕《しゅっし》後の改暦と地誌編纂事業であろうが、その時期の明毅は、沼津時代ないし伝習所時代に遡る経歴の産物に他なるまい。そうした評伝を心掛けていこう。

2　その家名

現代のわれわれが、自分をあらわすとき、氏名とか姓名とかで表現するのが普通である。塚本明毅の明毅という名にここまでページを費やしたが、今度は塚本の方である。氏名の氏、姓名の姓だが、氏といっても姓といっても、その古来の意味や由来を説くのは容易でなく、ここではとくにその必要もない。

塚本の苗字と家

塚本とは、明毅が所属した家の名である。この家とは、現行民法のいう家族の意味とは別である。ただ現代でも、人々は、それぞれの家に所属していて、その所属の仕方には、差がある。強く所属する場合には、現行民法の規定には反して、家族は、家に埋没し、夫婦の結合より夫婦の一方、多くは夫の父母（一般には父）の家長権が、家族を束ねる。このような家と家族は、現代では稀であろう。そうした例とは違う家族でも、先祖代々の墓を、家族で護り、維持していく責を負っている例は少なくない。こうした先祖代々の墓管理集団としてだけ家が意識されている場面、それも衰退していっている場面も多い。

だが、それでも、今も家という集団の存在を否定しきれず、多くの人が、なんらかの家に所属することを、姓名、氏名の呼び方、名の他に所属家名を名乗る呼称の中に残している。その所属家名は、父系の先祖を共有する集団であるかに意識されることが多いが、明毅の時代、すでにそれは実態ではない場面も多かった。

主君に仕えて禄を受ける地位を継承する武家の場合、その由来を父系先祖の功績において、同族としての結合を確かめる組織が家であった。塚本家はこの例に入る。同様に、先祖からの由緒を根拠として結集する集団は、社会のいろんな場にあって、耕地の経営権と村内での地位とを継承する農民の家、資本と顧客また仲間内の地位を継承する町人の家なども、それぞれの家業継承者として家を意識した。家の実質は、そうした株のような権益共有集団という性格を強めていきながら、そうした意識を、父系先祖以来の主君からの禄という権益を嗣ぐ武家の家の例にならったというべきだろう。父系の先祖の伝承を共有する家々は、相互に子弟を融通しあってそれぞれの家の継承を図るのが、多くの例で、家々の家系が記録され、あるいは創造された。

家系伝承——小大膳

塚本家の家系伝承をみよう。「塚本系譜」と表紙に書き、細字の墨書六丁の冊子があり、明治十年十二月までの追筆を含めて、塚本明毅自筆と判断できる。主部分の執筆時は、明治二年頃だろうか。本書全体の基本資料の一つで、以下、「系譜」と略称して利用する。

冒頭には、「清和源氏《せいわげんじ》　本国摂津、家紋　丸内剣酸漿《まるうちけんかたばみ》　替紋《かえもん》　桔梗《ききょう》、丸内一鍬形《くわがた》」との記事があり、「本国摂津に注記して、西成郡《にしなりぐん》中津川東に塚本村あり」とする。源平藤橘《げんぺいとうきつ》といった出自と苗字の由来する出身国名を挙げる家系が求められた時代、塚本村の存在に惹かれての伝承であろう。

「系譜」の、早い時期の伝承は、塚本小大膳《こたいぜん》　源《みなもとの》　明詮《めいせん》という人物を中心にする。明詮について「伊東譜」に名を重元というとの注記がある。明詮の妹に、伊東丹後守長実の室で、若狭守長昌を生むとする記事があるのは、伊東家の系譜に拠ったであろうし、これを特記するのは、小大膳伝承そのものが、伊東家伝に由来するかと思わせる。小大膳源明詮は、織田信長に仕えてしばしば戦功があり、尾州赤目《あかめ》の城主となって、天正十年に卒という。

この父を明重といい、土岐《とき》の庶流とする伝えは、明詮の注記として加えられたかにみえる。鎌倉の時、塚本大善亮忠宗なる者があり、明詮は蓋《けだ》しその後裔《こうえい》かとの一文が、こうした家系の前に記される。小大膳明詮という人物の存在を、伊東家家譜などで見出し、これを先祖に位置づけようとした系譜であろう。塚本小伝次源親孝という名と、その子の位置に塚本摂津守親正の名を挙げ、親正を豊臣秀吉公に仕えたとする。ただこの二人は、明詮の系図線上には載らず、思うに明詮の族か未詳とする。

このように不安定な家系伝承である。真偽よりも話の成立事情を考えるべきであり、伝える事例のなかから、いくらかの意味ある伝えを拾ってみるぐらいでよかろう。

家名・家系伝承の成立事情

「系譜」では、明詮の子明直塚本小刑部《こぎょうぶ》を紀伊国田辺三十七徒士とする。ここで初めて紀州が登場する。ここに按ずるにとして、明詮が卒後、明直は幼少で、羽柴・柴田両氏の対立を逃れ、紀州に流寓したかとする。ある時期の明毅による考察であろうか。ただ、摂津の出自というのも、尾張での織田家臣との伝えも不安定である。紀伊国田辺三十七徒士という伝えの方が、注目されてよい。紀州藩が、在中の地侍《じざむらい》を家臣化していった時代、塚本家もその例の一つだったことの反映であろうか。むしろ、ある時期の系図作者たちの手が加わった紀州藩士家の所伝とでも考える方がいいかもしれない。

実は、明毅出生以前の徳川家家臣としての塚本家は、不安定な位置にあった。そして、元治元年(一八六四)十二月、明毅が用意した「先祖書」では鎌倉殿の世にあった塚本大膳亮源忠宗の後裔摂津住人小大膳明詮が織田信長に仕えて尾州赤目城主となり、その子明直が紀州田辺に移り、その子明房から紀州家に仕えたと、ほぼ「系譜」同様の記述が、もっと断定的に記されている。

「先祖書」の成立事情は確かでないが、すでに幕府海軍で活躍していた明毅が、五十歳を超えながら現役の父明義のもとにあった時期、あるいは家督相続の手続きを採ろうとしての文章だったのかもしれない。そして、幕臣の家として家系を整えるには未熟なままだった塚本家にあって、その苦心の作として形作られていったのが、「系譜」の家伝だったのかもしれない。

3 紀州藩士から幕臣へ

紀州藩士家から

塚本与右衛門明房《ようえもんあきふさ》が、寛永中、始めて紀州藩主に仕え、寛文十年(一六七〇)十月十八日に卒という記事が、「系譜」で没年月日を明記した最初で、塚本家の記録「過去帳」もこの日条に記し、初代と注している。明房は明詮の孫と注記されるが、明詮の子、明房の父の名は明記されない。明詮までは伝承の世界、明房からが記録された先祖である。

「過去帳」に二代とする政右衛門明近《まさうえもんあきちか》が、「系譜」で実は紀伊人栗林国造の子とするのが他家からの養子の例で、天和二年十月の没。三代政右衛門明季《あきすえ》は享保二年正月の没である。四代喜内明久《きないあきひさ》の時に、子を幕府家臣にした。それまで紀州家家士としての地位や家禄等はわからない。ただ、その地位は高くはなかったであろう。

将軍家徒士となる

塚本家が幕府に仕えたのは、「過去帳」に五代とする忠五郎明善《あきよし》に始まる。紀州藩主から将軍家を継いだ吉宗の出現に由来するが、吉宗随行《ずいこう》の士というわけではない。

「系譜」によると、明善は享保十年（一七二五）五月、御先手与力《ごさきてよりき》と為り石野藤七郎《いしのとうしちろう》組に入り市谷鍋《いちがやなべ》鶴《つる》に居すという。『寛政重修諸家譜《かんせいちょうしゅうしょかふ》』によると、石野藤七郎唯義《ただよし》という人物が、享保九年御小姓組《ごこしょうぐみ》に列するとみえ、少し違いがあるかにみえるが、この人物の下で将軍家与力身分になったのであろう。市谷鍋鶴というやや奇妙な地名は、市ヶ谷船河原町《ふなかわらちょう》の北から牛込富士見町馬場《うしごめふじみちょうばば》へ上がる坂の末を鍋つるとも呼んだという地名辞書の説で納得できる。市ヶ谷から牛込一帯には、先手組屋敷や御徒町《おかちまち》があって、大名や旗本の高級武家屋敷とは別の、いわば公務員集合住宅のような地に、将軍家警固《けいご》の任にあたる程度の幕臣の住宅地があったと解される。

享保十年は、吉宗の将軍就任から九年後、吉宗の子家重が元服して西の丸に移り、次男小次郎（田《た》安宗武《やすむねたけ》）附の役人も任命されていく年である。明久は、これを機会に、宝永六年（一七〇九）生まれだから十六歳前後になった明善を江戸に就職させ、幕臣としての塚本家創設を企てて成功したのであろう。「行状」が、明久は吉宗に扈従《こしょう》できないのを遺憾とし、請うて明善を先手与力としたとするのは、事

明毅筆録による塚本系譜

- ①明房　與右衛門、寛永中紀伊公に仕える　～寛文一〇・一〇
- ②明近　実は紀伊人栗林国造子、政右衛門　～天和二・一〇
- ③明季　政右衛門　～享保二、正
- ④明久　喜内　寛保三・四江戸に卆
- ⑤明善　忠五郎、享保一〇・五御先手与力　宝永六・五～明和七・九
- ⑥明親　喜内、寛政元辞し一陶斎と号し山中氏に寓　享保二〇～文化二・二
  - 廣孝　山中新兵衛　山中加右衛門養子となる
  - 孝良　政蔵、二階堂式部、大善院　宝暦九・八～文政三・八　二階堂式部養子、のち隠居山中氏に寓
  - 女子　百人組与力田中氏妻　～寛政四・二
  - 女子　布施胤致妻　延享三・九～文政一三・五
  - 某　五百蔵
  - 某　加内　安永四・二
  - 明〃　常右衛門　天明八・八久離届　文政元・五
    - 某　市五郎　～文政六・六
  - 女　～天明四・五
  - ⑦淳栄　喜内、隠居号如水、実は孝良子　天明二・一〇～天保一二・五

二階堂氏を継ぎ、後江戸に出、文政八年明親を継ぐ。
妻　長沼氏
〜嘉永二・八

⑧明義　桂三郎・圭三、実は大久保徳好次男
文化九・六〜慶応二・六
＝冨貴
文化十四・七〜安政六・八

⑨明毅
天保四・一〇〜
＝妻佐藤阿孝
明治二・二没
＝後妻石丸万喜

明誠
天保七・一一〜

女子阿銓
天保一一・正〜

女子阿郁
天保一三・五〜

明教
録輔
弘化二・七〜明治二・五

女子阿婉
安政元・閏七〜

（明毅の子）

明篤
慶応二・三〜

某
明治二・正〜同・五

明籌
明治三・閏七〜

明範
明治五・五〜

女子操子
明治八・三〜

情をよく説明したものといえよう。

明久は、以後寛保三年（一七四三）の没年までを、旧紀州藩士の隠居として、江戸で過ごしたと思われる。四谷十剣山成覚寺に葬という。新宿成覚寺が塚本家墓所になった最初であり、「過去帳」の記録では、以後の塚本家当主代々がこの寺に葬られている。

幕臣家での相続断絶の危機

忠五郎明善は、明和七年（一七七〇）の没年まで、無難に与力の職にあったと思われる。法名を儒学院信誉安之居士とするのが意味ありげだが、とくに学問に関わったというわけではないようだ。

下級とはいえ、こうした幕臣の地位は、家の相続によって継承されるのが例であった。明善には、享保二十年江戸生まれの子があり、明和七年明善没の年に、この喜内明親《きないあきちか》が土方宇源太《ひじかたうげんた》組の御先手与力となった。「過去帳」で六代とする。

だが、家の相続が、当主や子弟の事故や早世、あるいはまたなんらかの逸脱行為によって危機を迎えることもしばしばあった。喜内明親のときが、そうであった。

明親には、「系譜」に某と記すだけで夭折《ようせつ》した男児二人のあとに、常右衛門と称していた子があったが、天明八年、これを久離《きゅうり》、すなわち親子の縁を切る処分にしたことを届けた。常右衛門にはすでに子があったが、親子関係の事情は記されない。その翌年、寛政元年（一七八九）明親は、病気といって職を辞し、やがて弟で山中氏の養子になっていた家に寓居《ぐうきょ》して、一陶斉《いっとうさい》と号し、文化二年（一八〇五）に没した。明親の子の行動より、明親自身の隠遁者風《いんとんしゃふう》の逸脱行為とみるべきかもしれない。ともかく、家の継承を願い出ることなしの辞職によって、世襲幕臣の地位は、寛政元年にいったん途絶えたと考えられる。

4　淳栄の幕臣家再興策

奥州八槻明神の家から

明親の弟のうち、孝良《たかよし》という者が陸奥《むつ》白河郡《しらかわぐん》八槻《やつき》明神《みょうじん》の祠官《しかん》二階堂家《にかいどうけ》の養子となっていた。その長子淳栄《あつまさ》が、二階堂家を嗣いだ後、家を弟に譲り、江戸に出てきて、従弟《いとこ》布施《ふせ》氏《し》の家に寓居していた。布施氏とは明親の妹が嫁した家で、ここで従弟とは奥御祐筆組頭《おくごゆうひつくみがしら》蔵之丞という人物である。「系譜」の記述では、そこで母の家竹田氏を称した後、文政八年（一八二五）、明親の後を嗣いで喜内と称したという。ややこしい煩雑な経歴で、明親隠退時でなく、その死亡からも二〇年経っての、名跡《めいせき》継承ということになる。

淳栄は、明毅の祖父にあたり、その幼少期に深い接触があったことは後に取り上げる。ここまでの塚本家歴代の名の読みで、「系譜」にルビが記されるのは、彼に始まる。それ以前の分は、通用のよみによっただけである。ここでは、家と幕臣の家の相続、継承に関することだけを記す。

明毅が元治元年に用意した「先祖書」では、喜内淳栄を忠五郎明善の三男孝良が八槻大善院法印の子となり、伯父喜内明親の死後、従子の続きで名跡を継いだが病身のため御奉公しなかった、つまり幕臣の地位は継がなかったが塚本家名跡はすぐ継いだかに記される。そうした建て前で、淳栄が、

「過去帳」で七代と注されることになる。

だが、文政八年には、彼はすでに四十代の年齢だった。そうでなくても、彼は御徒のような勤務を好んだ人物ではなかったろう。「先祖書」では、淳栄は男子がなかったので圭三明義《けいぞうあきよし》を婿養子としたと記す。明義は、明毅の実父だが、この婿養子記事は、建て前というより、むしろ詐術であった。

婿養子の形式——実は娘も他家から

「系譜」では、淳栄の妻梅は清水家家士の長沼家の出で、嘉永二年八月六二歳で没とし、「過去帳」にも、六一歳と没年に少し差があるが、同様の記事があり、成覚寺に葬とする。淳栄とのあいだに娘があり、この婿に明義を迎えたかのように、「系譜」の系図は見せている。「行状」は、淳栄が、塚本家復興を自らの任とし、長沼氏を娶《めと》って一女があり、これに明義を配したと記すが、この一女ありは、どうも事実ではない。

「系譜」には、明義の妻富貴の名を挙げ、文化十四年七月の生まれ、安政六年八月、四三歳で卒の記事があるが、その父母の名は記されない。文政九年許嫁とするのは婚姻公認の意味だろうか、月日を空欄とし、天保三年十一月成婚とする。

そして「過去帳」では、富貴を淳栄の養女で明義の妻、実は池亀右衛門《いけかめうえもん》延壽の娘と記す。明義の実父母とともに、富貴の実父池延壽の名も、「過去帳」に明記され、むろん成覚寺を葬地とはしないが、塚本明毅も、祖父として供養をしていたに違いない。

「系譜」での、富貴の「許嫁」、すなわち婚約の文政九年に、淳栄の養女となる手続きがとられたと解釈することで、公式の記録と家での供養との食い違いが一応は解消できよう。婿養子のかたちをとっても、嫁も養女で血縁関係のない新世代夫婦を迎えた。それ自体、処罰される行為だったわけではない。ただ、武家身分、とりわけ幕臣身分の流動化を嫌って、血縁者の養子があるべき姿とされて、養女と婿養子との二つの手続きもやや煩雑だったと思われる。煩雑な手続きをどう乗り越えたかはわからない。

実際には、血縁者以外の幕臣家への流入は、次三男の武士や、武士身分外の者も含めて、幕末近いこの時期にかなり多くみられ、塚本家も、その例の一つになる。

第二章　少年の学習

1　明毅の誕生と徒士の家

出生地の家

本書の主人公は、天保四年十月十四日、江戸下谷山下《したややました》に生まれた。改暦の担当者ともなった明毅は、この「系譜」の記事の上欄に、十月十四日即太陽暦十一月二十五日と注記した。一八三三年十一月二十五日の生まれということになる。「行状」の筆者が、出生時間を寅時（夜明前頃）とするのも、ある時期の当人の伝えによるだろう。

嘉永二年（一八四九）改正とする近江屋吾平版《おうみやごへいばん》「上野下谷外神田辺絵図《うえのしたやそとかんだへんえず》」では、上野黒門《くろもん》の東に「俗ニ山下片町ト云」と記した一郭があり、これに接して南に、神田川にかかる和泉橋《いずみばし》からの和泉橋通り御徒町とされる道筋が三枚橋《さんまいばし》という小さな橋を渡っての道筋がある。この道筋にも与力同心たちの住居が、びっしりと書き込まれる中に、塚本の字がみえる。今の秋葉原駅《あきはばらえき》あたりから北に向って上《うえ》

塚本家の位置（○印内の矢印部分。『江戸切絵図集成』より）

塚本家と関連諸家の現在地図上の推定位置

野広小路《のひろこうじ》の少し東側の道筋、近代に下谷仲御徒町三丁目《したやなかおかちまちさんちょうめ》（現上野三丁目・五〜六丁目）と呼ばれた一角である。

明治十五年八月の明毅の住所が下谷中御徒町一丁目となっている。これは現地名では台東区上野五丁目だろう。生家のすぐ近くか、もしかすると同一の家かもしれない。このあたりも、江戸時代に御徒衆の組屋敷だった一帯である。幕府海軍で相応に出世し、明治政府の高給役人になってからも明毅の住所がほとんど変わらなかったのは、明毅伝として注意すべきことであろうか。

横須賀藩邸生まれの父と十六歳の母

父は御徒組の士であった。「系譜」「先祖書」によると、もとは、西尾隠岐守《にしおおきのかみ》家来大久保惣兵衛藤原徳好の次男で、桂三郎と呼ばれ、文化九年六月、江戸鍛冶《かじ》橋《ばし》邸内に生まれた者であった。西尾隠岐守は、遠州横須賀を城地として三万五千石ほどの所領をもつ譜代大名家で、桂三郎が生まれた鍛冶橋邸は横須賀藩邸である。物兵衛は、文政十年二月没、葬地は江戸で、江戸詰めの藩士だったのだろう。そう低い地位ではなかったと思われるが、長男が家督を嗣ぐと、その居候《いそうろう》になる運命の次男は養子の口を求めるしかない。

塚本家の養子のポストというより、低い位置でも幕臣、将軍家の家臣という地位は、十分な権威を持っていた。そこで、諸藩士の次三男たちから選抜されて、幕臣の家に入る例は少なくなく、幕臣の質を更新していく動きともなる。桂三郎もその一例である。

文政九年、すなわち淳栄が塚本家名跡を嗣いだ翌年、その「婿養子」になる手続きについては前記したが、その五月一六日、秋元忠右衛門組御徒に抱えられた。明義と名乗ったのもこの時からであろうか。翌十年十一月素読御吟味《そどくごぎんみ》に出て、ご褒美を頂戴したという。文政九年には、淳栄の娘のかたちをとった富貴と婚約、淳栄の企図した幕臣塚本家再興が、これで一応成ったのである。

富貴の実父は、池十郎兵衛延壽、亀右衛門ともいう以外には何も知られない。文化十四年生まれの富貴は、文政九年には満年齢だと十歳そこそこだから、淳栄の養女、続いて明義との婚約は、むろん当人の意志外で淳栄の設定だろう。たまたま、明義の父物兵衛が文政十年二月、富貴の父池延壽が文政十二年二月に没して、たぶんこれも理由として、結婚は、天保三年十一月になる。翌年男児出生に恵まれた。それでも満年齢では、父二十一歳、母十六歳の若い夫婦の初めての子であった。

徒士の家計と家長の祖父

徒士とは、足軽や中間が歩卒と呼ばれるなどと違って、れっきとした武士、ただ下級の武士である。その家庭はどんなものだったか。テレビにみる貧乏長屋の浪人からイメージしては、まったくあたらない。といって、御邸といわれる家に住んで、厩に乗用馬を飼い、その世話をする家来などから殿様と呼ばれるような武士を思ってもまったく違うだろう。

明毅の同時代人で深川の徒士組屋敷に大三郎という名で育った赤松則良《あかまつのりよし》の体験が記録されている。家庭はごく質素で、小女《こおんな》の一人ぐらいは召し使っていたが、組屋敷中に雇人を置いた者はほとんどなく、敷地は百三、四十坪もあったが、三室か四室ぐらいの粗末な平屋を建てて住み、土蔵・浴室などを設けた者は稀で、空き地は野菜畑にするか、貸地にして地代収入を図るといったものだったという。明治以後の「文明化」による生活様式の変化と比べ、また多くの家来を抱えたような当時の中上流の武士たちとの比較からの印象であろうが、明毅の生まれた家も、およそはこんなものだったろうか。

いってみれば、趣味の名で盆栽を作って、それで小遣いを稼ぐ下級公務員といった感じであろう。

幕臣としての収入は、少し後の時点だが、切米《きりまい》五十俵三人扶持という数が知られる。むろんこれは明義への「給与」にあたるわけで、淳栄の収入ではない。ただ、この収入が、どの程度の家計を可能にしたかは、説明しにくい。年に五十俵の玄米と、別に三人分の食費が給されるわけだが、他に、役に応じた足米《たしまい》を受け、また時に、なにかの褒美を与えられた。あるいは、淳栄の別収入があったかもしれないが、主収入は、明義への切米であり、それは、将軍家御用での勤務に必要な服装や儀礼への支出にあてられるべきものであった。ふだん家来を抱えたり、土蔵や浴室を設けたりの余裕がなかったことは確かだろう。

ただ、敷地は広かった。それは家のなかの家族関係に関わっていた。その点は、とくに最近年の日本社会での変化によっての誤解のないよう留意を必要としよう。

文政九年五月、塚本淳栄の養子が徒士に抱えられ明義と称した時点で、塚本家の当主は明義になり、徒士組屋敷の家の主人になったわけである。公式にはそうで、そこにやがて富貴との新居が営まれる。実際は新夫婦の養父母淳栄夫妻が同居していたに違いない。それも、建て前では、つまり公式には徒士明義の家に同居してその扶養を受ける隠居が淳栄であったはずだが、実態として家の長は淳栄、その息子が徒士として出勤、富貴はこの家の嫁という姿だったと考えてまず間違いない。

明義と富貴の新家庭は、塚本家再興を意図した淳栄によって作られたものであり、家の実権は、淳栄にあった。男児の誕生を大いに喜び、金太郎と名付けたこの子を熱愛して、教育にもあたった状景が「行状」に記される。

祖父如水は修験者の教養

淳栄の、隠居しての号が如水《によすい》である。その妻は、清水家の家士長沼氏の出とされ、梅と呼ばれた。この夫婦が、幼少期の明毅に祖父母として大きな影響を与えた。

如水は、天明二年十月の生まれだから、明毅―金太郎少年の出生時には五十歳を超えていた。明善の孫にあたり、塚本家名跡を嗣いだ経過は前記したが、それまでの経歴は、幕臣家とはかけ離れていた。生まれが奥州八槻、いまの地名で福島県棚倉《たなぐら》町であった。父大善院は、もと塚本家の出であったが、八槻明神の祠官二階堂家の養子となったもの。八槻明神は、奥州一宮《おうしゅういちのみや》を称する都々古別神社《つつこわけじんじゃ》の別当寺《べっとうじ》の一つで、修験《しゅげん》信仰の拠点であって、如水は、修験者の家に生まれたわけである。寛政十一年には、家を嗣いで二階堂安芸守と称したというから、みずからも修験としての修業と、軽くない経歴をもつわけである。

だが、翌年この修験道家と二階堂家当主の地位を捨てて江戸に出る。「行状」に、「愛を後母に失い」と理由を挙げるのは、継母と不和になってという意味だろう。明毅が祖父から聞いたことに由来する伝えでもあろうか。江戸で、叔母の縁を頼って、幕府御祐筆組頭布施蔵之丞胤穀の家に寓したという。幕臣塚本家を中絶させたかにみえる明親だが、その娘の一人がこの叔母であり、塚本縁者の人脈は生きていた。梅を娶ったのも、この頃であったか。そして、西尾家家臣大久保家から次男をスカウトするにも、こうした人脈が生かされたであろう。

修竹亭とも号し、仕官を好まない生き方で、江戸の居候暮らしをした如水の、修験としての経歴が、塚本家名跡を回復させるのに、幕府内部になんらかの力をもったかどうかは、わからない。ただ、明毅にとって、紀州藩士からの幕臣という意識よりも、元修験の祖父に育てられた経験の方が、はるかに現実的なものだったことは確かだったろう。

2　識字児

明毅すなわち金太郎少年の幼時については、「行状」の記述が唯一の文献である。「行状」は、河田羆のまとめで、彼が聞いた明毅自身の記憶や周辺者の伝えを資料とするようだが、そうした伝記の例にもれず、主人公の幼年期の英才ぶりを特筆する。しばらくこの記述によろう。

祖父母の教育

幼時から聡く賢い子で、遊びたわむれることを喜ばず、日々、書画をもてあそんでいた。如水は、この子を非常にかわいがり、わが家を高めるのは必ずやこの児であるといった。

以下、明毅の父母による訓育には触れることがなく、如水の名での淳栄が大きく登場する。若い夫婦、とりわけ父明義は仕官の身であるのに、如水は、いくらかは江戸文人風の社会にも触れた閑人であったことにもよろう。塚本家復興に努めた男が幼児誕生を大きな喜びとしたことの反映でもあったろう。その記述を続ける。

如水は、文字をハマグリの殻に書いて、歌がるたの代わりとし、暗唱の練習をさせたという。かな文字の学習をこうしたかたちでやり、あわせて意味はわからなくても和歌に親しませることは、よく理解できる。

六、七歳の頃には、字を識ること、既に三、四千とするのは、かな文字でなく漢字の意味で、それを識るとは意味まで知ってということだろうから、これは、いかに何でも誇張としか思えない。八歳の時、みずから千字文《せんじもん》を写したという。千字文とは、習字の手本として前代の日本で広く利用されていた中国由来の韻文《いんぶん》で、漢字二百五十句で千字になる。「行状」の年齢表記は数え年のようで、小学校に入って間もないほどの子だから、手で写すのはむろん、読むのも無理というのが現代人の感覚だが、これは、文字好きで有能な少年として、あり得ないことではあるまい。

近隣では、識字児といったという。ここらは、「行状」が漢文であるのが残念で、実際に何と呼んでいたのか知りたいところである。字とは、ここでは漢字の意味で、本字ともいわれ、かな文字しか読み書きできない人も多かった時代である。「ほん字読みの坊や」とでも言ったのだろうか。

天保十二年、如水が没した。満八歳にいたらない少年は、哀しみ慕うこと、成人のようであったという。年を追っての記述を心掛けたかにみえる「行状」の、次の記事は、歳十三、始めて田邊石庵《たなべせきあん》に従い学ぶとなり、次いで家が貧しく、祖母長沼氏も老病のなかで、刻苦勉励、他人に書を借りて抜き書きして読んだと記す。祖母長沼氏梅は、嘉永二年（一八四九）の没。没に先立っては、その実家長沼家が、書籍購入などで、金太郎の勉学を経済的に支えもしたのだろうか。

儒学者田邊石庵に学ぶ

明毅十三歳は、弘化二年（一八四五）であろうか。如水はすでに没し、祖母梅は健在だが、父明義が名実ともに家の主人公で、平塚善次郎組御徒として、将軍家日光参詣に御供するなどの務めにあたった。母富貴は、天保七年から弘化二年までに四回の出産を迎え、一人の幼児を失った。明毅には、二弟一妹がいたことになる。小女とでもいう家事使用人ぐらいは不可欠で、家計への負担となっていたろう。

そうしたなかで、明毅が学問の師とした田邊石庵の名は、『当時現在　広益諸家人名録《こうえきしょかじんめいろく》』の天保七年版に、

「石庵　田邊晋二郎《たなべしんじろう》　下谷《したや》立花裏手《たちばなうらて》居住の儒道学文章の師で、名を誨甫　字季徳　旧称村瀬氏」

と見える。天保初年と推定される『江戸現存名家一覧』にも、儒家にこの名があって、当時の無名人ではない。

住居は、明毅の家から遠くなかった。下谷立花とは、不忍池《しのばずいけ》から御徒町の三枚橋を通って三味線堀《しゃみせんぼり》に流れる小川忍川《しのぶがわ》を溝とする筑後柳川藩主立花家屋敷《ちくごやながわはんしゅたちばなけやしき》で、下谷西町、現在の東上野一〜三丁目。塚本家からやや東南のこのあたりから神田川《かんだがわ》にかけて大名屋敷が目立つ一帯である。

『国書人名辞典』に、その略歴を記す。天明元年（一七八一）生まれ、安政三年（一八五六）十二月没の長寿で、明毅が学んだのはその六十代後半であった。家系は尾張人で初め村瀬氏、尾張藩士（一

説に幕臣）田邊次郎太夫の養子で、昌平学問所の教授出役を命じられ、甲府徴典館の学頭にもなったとする。

この次男田邊太一《やすかず》（一八三一〜一九一五）の著書『幕末外交談』が、東洋文庫（平凡社）に再刻される。その解説に、坂田精一氏が、太一の父石庵の略歴をも掲げる。太一家関係からの資料によるであろう。『国書人名辞典』説とほぼ変わりないが、村瀬氏からの変化は、幕臣大番頭与力田邊次郎太夫に養われて田邊の姓を名乗るとする。この方が自然であろう。

『国書総目録』には、村瀬誨甫の名によるものを含めて、編と著あわせて十九点の書名がみえる。中國古典漢詩文の註解書が多く、孟子を纂釈した諸説の弁もみえ、続唐宋八家文読本《ぞくとうそうはっかぶんとくほん》は、明治期の版本もあるとのことで、多く読まれた本であったろう。書名からみる限り、格別特異な思想を開陳したようなものはなく、初学者向きの類書によって中国古典の普及に貢献した漢学者を思わせる。

識字児と呼ばれた明毅は、すでに和漢の古典類に触れていて、修験の出である如水は、その手ほどき役としての教養人でもあったと思われるが、ここで改めて、この時代の学問の主流、漢詩文と儒学との訓練を受けたわけである。

石庵の著編書中に、文政二年刊行の「清名家列伝《しんめいかれつでん》」というのがあることも、注意してよいかもしれない。他にも名を伝えるだけだが、清人《しん》、すなわち当時の現代中国文人の著書への関心を窺わせるものがある。アヘン戦争の時代を意識していかねばならなくなってきた若い世代に、老学者の当代中国文人への知識が触発するところが、あるいはあったであろうか。

榎本釜次郎と田邊太一

石庵住居で立花裏手とされる筑後柳川藩主立花家の邸宅の隣に三味線堀の徒士組屋敷があって、通称柳川横町《やながわよこちょう》と呼ばれたという。その組屋敷に育ち、後年柳川をもじって梁川と号した榎本武揚の少年期榎本釜次郎があった。塚本家とも近い場所に育ち、すぐ隣の石庵のもとに学んだ。彼も利発で学問好きの子と評判であった。明毅より三年年下で、同時期に石庵のもとにあったかどうかは確かでないが、少年期から互いに知り合った仲と考えるのが自然であろう。

釜次郎は、やがて明毅にやや遅れて昌平黌《しょうへいこう》に、次いでまた長崎海軍伝習所に学び、軍艦操練所《そうれんじょ》など幕府海軍でともに働くことになる。その後、箱館《はこだて》戦争や、そこでの降伏後の新政府への登用で、明毅との経歴の差異は大きくなったが、明毅死後その墓碑への篆額のことは前記した。

その釜次郎の父も、養子として榎本家に入ったものであった。彼の場合、備後の国の郷士の生まれとされ、江戸に出て伊能忠敬《いのうただたか》の内弟子としてその測量事業に従事した頃、御徒士榎本家の株を買い、榎本武由の没後、その婿養子として幕臣になったと伝えられる（加茂儀一『榎本武揚』）。家の由来や家格でも、明毅と似た環境の出だったといえよう。

石庵に学ぶ明毅が、知り合ったと考えられるもう一人に、石庵の次男太一がある。彼は明毅より二年年長、やはり幼時から神童の評があったという。後に、やはり昌平黌に学んだが、その後も明毅の小笠原諸島の測量航海に同行し、幕府消滅後には、沼津兵学校教授職を、明毅とともにした。幕末から明治の外交官として活躍し、やはり明毅没後の墓碑には、執筆者として加わっている。勅撰貴族院議員というより、「当時一流の漢学者であり、しかも随一の欧州通であり、また花街で粋人をうたわれた」と、坂田精一氏の評価がある。

「はしがき」に挙げた墓碑は、こうした明毅の旧友に支えられたのであった。本書で、基本的な資料として利用する「行状」は、河田羆のまとめで、河田は明毅のもとで多年地誌課の仕事をともにした人物だが、明毅の幼少時を知る便宜はなかったはずで、その資料の出所は別にあるはずだ。田辺太一が、幼少期の明毅をよく知り、その資料提供者になったのではなかろうか。墓碑の建設メンバーとしては、川田剛の執筆文を書いたという以上の役割を演じたことになるだろう。

幕臣への流入者　ところで、太一の父田邊石庵自身が、比較的近年に幕臣身分になった者であることも注意しておく。尾張から出て、儒学で多少の名をあげ、昌平坂学問所の非常勤講師のような位置を得ていったので、太一の兄孫次郎と太一は、はっきり幕臣になるといったことであろうか。奥州の修験の家に生まれた淳栄が、小大名家の次男を養子として、幕臣塚本家の名義を継承したのと同様な例は、榎本や田辺にも見られたといえるのではなかろうか。

3　昌平坂学問所

昌平黌入学と元服　昌平坂学問所は昌平黌と通称され、その跡は、いまお茶の水駅から堀を隔てた対岸の湯島聖堂《ゆしませいどう》に継承されている。

その前身は、古くから将軍家に近い位置にあった儒者林家の家の塾に始まるが、寛政九年（一七九

湯島聖堂（文京区湯島）

七）幕府の管理に移し、翌々年からは、儒学、とりわけ朱子学《しゅしがく》を基本に公儀の教学振興を意図した幕府によって、学問所としての施設が整備され、唯一の国立学校というべきものになった。林《はやし》述斎《じゅっさい》が新たに林家の当主に据えられて、以後この家が大学頭《だいがくのかみ》を継いだが、外部からの儒家の招聘もあり、また、幕臣子弟の教育を主眼としながらも、諸藩士や郷士等へと、入門の道もひらかれていった。古くからの体制擁護のイデオロギーの牙城ともみえる一面、各地、諸方面の人材を集めたり散らしたりもする施設になっていく。

嘉永三年（一八五〇）三月二八日の『昌平坂学問所日記』に、以下の記事がある。

兼ねて入学を願っていた平塚善次郎組御徒圭三郎の倅、塚本金太郎の講義を試み、かなりに出来たので、入寮を許可した。

「行状」に、この年昌平黌に入る記事があるのに合致し、父明義の身分も、「先祖書」で、嘉永二年三月、将軍家の小金原鹿狩に供を勤めたとき同人（平塚善次郎）組とメモしたかにみえて、合致する。

入学希望者に講義をさせて、その出来によって入寮を認め、入学させたわけである。

ただし金太郎少年の入学は、実態としてはもっと早かったようだ。この三年前、弘化四年三月二六日の『昌平坂学問所日記』に、田邊孫次郎の申込みにより、塚本金太郎に一閲という記事がある。田邊孫次郎は、石庵の子、太一の兄である。石庵は、金太郎少年の才能を認め、子を通じて学問所に入門を願い、少年は、実際には、以来石庵の門弟のままで学問所での聴講に通学していて、嘉永三年は、正式に昌平黌入学というかたちになった年であったろう。なお田邊太一は、嘉永二年三月には、南二階世話心得という新人世話掛を思わす役についたことが学問所日記にみえる。

正式の入学の意味は小さくなかった。嘉永三年六月十日、幼名金太郎を改めて桓輔と称したのは、遅めの元服に当たるであろう。父明義が、桂三郎の通称名を圭三に改めたのも同日である（学問所日記の前記三月記事で圭三郎とあるのはこの改称の反映か）。

この嘉永三年十一月には、榎本釜次郎が、昌平坂学問所に入寮を許可されている。

昌平黌の才子と称される――その人脈

荒井《あらい》郁之助《いくのすけ》（一八三五～一九〇九）という人物がある。幕府代官の子に生まれ、幕府海軍で活躍し、榎本らと箱館で新政府に抗して、降伏入獄中に英和対訳辞書を編纂、後、政府技術官僚を勤め、内務省測量局長、中央気象台の初代台長にもなった人物で、明毅との深い交渉は、後に記す。その昌平黌在学中、塚本桓甫・田邊太一とともに、三才子と称されたと伝えられている。塚本家出所の資料以外でも、彼の才能は広く称されていた。

「行状」は、嘉永六年、課試に甲科で及第、時に歳二十一とする。論述テストを優秀な成績で終えたといったところだろう。学問所の日記では、その年六月、塚本桓輔の退学願書提出を記録する。岩《いわ》瀬《せ》忠震《ただなり》、木村芥舟《きむらかいしゅう》（喜毅《よしたけ》）といった幕末の幕府を支えた俊秀の能吏が、昌平黌では天保十二年、嘉永元年に、ともに乙科で、榎本は、嘉永五年かに甲科と噂されながら丙とされ、学校を去ったと伝えられるのに比べて、優秀な成績だったことは間違いあるまい。ただし、この種の判定では、情実や賄賂もからむことが、榎本の例などで取沙汰されていて、所詮、学校の成績だけのことである。

学問所の記録は、嘉永七年（安政元年）分が欠けていて、次に明毅の名が記録されるのは、安政二年二月四日、世話役心得補佐の申渡しを受けたかに読める例があるだけである。だが、これはもはや、別の場面になろう。

「行状」に、岩瀬忠震（一八一八〜六一）・古賀茶渓《こがさけい》（謹一郎）（一八一六〜八四）、それに乙骨《おっこつ》君完が、明毅の才を愛したとの特記がある。岩瀬は、すぐ後、ハリスとの交渉に敏腕を発揮し、格式上は高くない幕臣の家をまだ相続もしていない部屋住みという身分でありながら、大名格の地位に異例の抜擢を受けた外国通の幕府官僚となる。古賀は、肥前佐賀から幕府儒官に招かれた古賀精里《せいり》の孫で、家業を嗣いだ儒官であったが、父侗庵《どうあん》以来の蘭学者との交流を深め、海外事情に通じた幕臣となった。乙骨は、この二者ほど知られていないが、完は、寛（一八〇六？〜五九）のことなら、当時は詩人として知られた幕府儒官で、その子太郎乙（一八四二〜一九二二）は、英学・蘭学を修め、後に沼津兵学校で明毅の同僚になる。

昌平坂の学問所の学問とは、元来は、儒学とくに朱子学を意味し、古代の聖賢の説く教えの体得を目指した。その手段が、古典漢籍の解釈と作文とであったなら、修験の祖父と田邊石庵に学んだ「識字児」明毅にとって、優等生になるのは楽だが、魅力のない退屈な課業であったろう。だが、三才子と並び称された田邊と荒井、また明毅に目をかけた三人などは、この施設の学問と教養から、もはや古典学の範囲を超えるものを学んでいった。

明毅の才能を認めた教師や先輩たちが人脈を形成していくのは、近年の大学のゼミなどの例から類推してもよい姿だったろうか。やがて、荒井郁之助の妹は、田邊太一の妻となり、その叔父矢田堀鴻《やたぼりこう》（一八二九～八七）は、明毅を長崎海軍伝習所から幕府海軍へと率いていくことになる。

ペリー来航のショックから蘭書を学ぶ

明毅が、昌平黌退学の手続きをとった嘉永六年六月は、アメリカ合衆国艦隊が、ペリーに率いられて浦賀にあったときである。政局は、というより世の中は、大きく動いていく。

「行状」は、メリケン艦、始めて金川海に来るのに会し、感ずるところあって、吉田某について蘭書を学ぶとする。金川海が、神奈川、メリケン艦がペリー艦隊であることはいうまでもない。オランダの書に接したのが、このとき初めてだったかは、検討の余地があるが、本格的なその学習は、これ以来であったろう。

吉田某とは誰か。『日本人名大事典』（一九三七年）の塚本寧海の項は、全体を「行状」に従って記述しているが、ここでだけ「金沢藩士吉田某」と、「行状」にない金沢藩士の称号を伝え、以後福島君子氏などが、これによる。だが、その根拠は見当たらず、明毅に近いところに、吉田賢輔という人物がある。

吉田賢輔に学ぶ

吉田賢輔（一八三八〜九三）の名は、『日本人名大事典』と『明治維新人名辞典』にみえ、記述する略伝の内容はほぼ同じである。彼も若く田邊石庵の下で儒学を修め、その後古賀茶渓に学んだというから、明毅との接触の機会は十分考えられる。英書に親しみ安政七年（一八六〇）蕃書調所《ばんしょしらべしょ》の書記、次いで同所翻訳書記取締となった。攘夷思想の影響、あるいはむしろそれへの配慮から蕃書の名を冠したこの調所は、やがて洋書調所、さらに開成所と改称され、幕府の洋学施設の中枢になるのは少し後のことだが、古賀茶渓は、この調所の中心的役割を演じていた。蘭学より、英学を主にした経歴にみえるが、蘭書から入って、英語学習に転じていったものが多い時代だから、蕃書調所に入る数年前の頃には、古賀の下にあった蘭書読みの青年であったに違いない。

嘉永六年の頃、明毅が蘭書を学んだのは、この吉田賢輔であったと推定できる。三宅雪嶺《みやけせつれい》の『同時代史』は、文久二年頃、洋書調所で海外新聞の翻訳・刊行が盛んに行われたことを記し、これに最も尽力したのは筆記方取締の吉田賢輔で、彼は以後も古賀茶渓を崇拝したとしている。明治以後も、慶応義塾や大蔵省での活躍が知られ、「行状」の執筆者や周辺にも知られた人物であろうに、某とだけ記したのには、なにか事情があったのだろうか。

吉田賢輔は、その日記によって、明毅の没したとき悔やみに行ったことが知られる。晩年まで交友は続いたのである（沼津市兵学校関係者他資料目録）。

「行状」の記述では、明毅自身も、少くして蘭書を学び、後に英文に及ぶと記される。さしあたって、ペリー来航の年には、蘭書を通じての西洋事情への学習に始まったのであり、この数年後には、オランダ語学習をみっちり求められる場に置かれることになる。

第三章　長崎海軍伝習所の日々

1　出島のオランダ商館

蘭学とオランダ勢力

長崎の出島にあったオランダ人から西洋の技術や世界の状勢を学んだ日本人によって、蘭学と呼ばれる学問が生まれて、やがて洋学に発展していく。その影響の大きさは、ここで論ずるまでもない。蘭学は十八世紀前半頃、徳川吉宗政権の実学興隆策での蘭書輸入の拡大などに始まり、その世紀の後半から十九世紀に入る頃には、日本の知識人層の間にかなり普及していった。

ところで、西洋諸国人のなかでオランダ人だけが、長崎の一角とはいえ、徳川政権支配下の日本で交易を公認されてきたのは、十七世紀の東アジアで、オランダ人が他のヨーロッパ諸国を圧する勢力となっていた事態によっていた。その特許会社、オランダ東インド会社は、バタヴィア（ジャカルタ）

出島図（長崎歴史文化博物館蔵）

に置かれた東インド総督の下に、アジア海浜部各地に商館を設置して、その一つが出島商館だった。

皮肉なことに、蘭学の興隆の時期に、オランダの東アジア世界での勢力は衰退していった。東インド会社の経営は、十八世紀には悪化の道を辿ったが、その世紀末、フランス革命以後のヨーロッパ情勢は、皇帝ナポレオンの大陸征服となり、オランダ国自体がこれに呑み込まれた。対して、海上を支配したのはイギリスで、東アジアでも、フランス帝国下のオランダ植民地を手中に収めていった。文化五年（一八〇八）のイギリス軍艦の出島侵入事件は、出島もまた接収の危険にあったことを示す。ナポレオン戦争後の平和会議でジャカルタ植民地は回復できたものの（東インド会社は一八〇〇年解散）、十七世紀オランダの東アジア海域での独占的な地位は、もはや復活を夢想もできない姿になっていた。

幕府は洋式大船購入を何度か試みる

海軍、海運に着目した日本人が、洋式大船をオランダ人に求めようとしたのも、吉宗政権期に始まり、幕府は出島商館にオランダ同様の船の注文を打診したかに伝えられる。以後、蘭学隆盛期の田沼政権下は、蝦夷地交易等で大船開発の欲求が強まった時期でもあり、唐・蘭・和三国の船、すなわち中国ジャンクとオランダ式船と和船との技術を集めた三国丸《さんごく》という船の就航もあった。捕鯨や、太平洋海域の改めての「新世界発見」を求めて、様々な異国船が日本近海に出没し、ロシア船は蝦夷地で松前藩に通商を求めてもいた。フランス国王命で太平洋探検調査に当たっていたラ・プラーズの艦隊は、この三国丸の処女航海にたまたま遭遇し、この船のスケッチを伝えている（安達裕之）。カムチャッカに足場を固めていたロシア帝国に囚われた異国人の中には、脱走して日本近海に航海し、ロシア勢力の南下を告げるものもあって、ハンベンゴロの名で日本人に知られた。

天保十四年（一八四三）には、蒸気機関利用の情報にも接した幕府当局が、オランダ商館長に、その経費や回航費を質したこともあり、水戸や佐賀などの諸藩でも、洋式軍艦建造の動きがあった。

このなかでオランダ商館は、天保十五年以来、オランダ国王名によって、幕府に開国勧告をもたらし、次いでまた、アメリカ艦隊の来航情報を知らせていったが、幕府はこれに応ぜず、異国風の船への忌避感にたっての議論から大船調達にも踏み切れないままに、やがてペリー艦隊の来航を迎えた。

蒸気機関付軍艦購入をオランダ商館に交渉

嘉永二年には、イギリス艦が江戸の湾内の測量を強行し、六年六月にペリー艦隊の浦賀来航、七月にはロシア艦隊の長崎来航というなかで、長崎奉行に新任の水野忠徳《みずのただのり》が赴任に際して、老中阿部正弘《まさひろ》から指示を受けた。それは、直接には、ペリーが乗ってきたような蒸気機関の軍艦を購入する交渉で、従来の洋式大船購入希望が、ようやく実行に移されただけともいえた。これが海軍伝習所創設交渉の第一歩になった。

幕府内にも、当時なお低い身分の蘭学学習者だった勝麟太郎《かつりんたろう》が、海防の要務として軍艦の必要と、人材の育成をという意見を説いた主張があった（松浦玲）。だが、水野が長崎商館長に交渉する際に示したのは、当面、蒸気船が欲しい、軍艦でなくてもいいという姿勢であった。これが、海軍伝習所計画に発展するのは、勝のような意見の存在によるよりは、オランダ政府の積極性によったかに見える。

イギリスとフランス両国政府の海運と海軍、植民地拡大戦争のあおりを喰って東アジア海域の優越した地位を失っていったオランダにとって、東アジアでイギリスと競う地位に迫ってきたロシア帝国と、また新興のアメリカ合衆国の積極的な進出は、大きな危機感を抱かせた。

いまや日本の開国は避けられない。オランダ政府は、その判断のもとで、最後の拠点とした出島での地位の保全よりは、むしろ日本開国の主導的地位に立つことを選んだ。オランダ指導下の日本海軍の育成は、そうした国策に叶うものであった。

出島商館長クルチウスは、水野の洋式艦船購入希望に対して、海軍の建設計画としての整理を求めつつも、本国政府に幕府の希望を取り次いだ。幕府案は、この段階で、帆船の軍艦と蒸気船の商船の新造依頼になっていたかのようである。

翌年、ファビュス海軍中佐の来日によって、伝習所計画は急速に進展する。

2 ファビュス意見と伝習所開設

軍艦購入には乗組員養成が不可欠

安政元年（一八五四）、三月に幕府は日米和親条約を締結、その七月にオランダ政府は幕府の軍艦購入希望を基本的に受け入れ、ただ、クリミア戦争の影響に配慮することを告げた。ロシア艦隊が、イギリス・フランス艦と日本近海でも戦う場面も想定される時期で、諸国の幕府との交渉は、それぞれの兵力配置に関わっていた。そのなかで、オランダ政府は、在バタビアの軍艦スンビン号に海軍中佐ファビュスを搭乗させて、出島に送り、世界海軍の大勢を説かせた。

蒸気船を買えれば何とかなるかという考えの幕府希望に対して、オランダ海軍のエリート将校は、すぐれた啓蒙家として懇切に海軍を説いた。

日本の地理的条件は海軍に最適で、開国は海軍創設の好機である。西欧では、帆船でなく蒸気機関による軍艦の時代に変わり、それもスクリュー式エンジンの時代で、両側に設置した外輪の回転で動かす艦はもう新造すべきでない。しばらくは木造船の時代が続くが、大勢は鉄製に向かう。大砲の性能も格段に進歩する。しかも、できあいの軍艦さえ買えば海軍ができるわけではない。士官、下士官、各種の兵といった乗組員の養成、とくに士官の養成には学校（養成所）教育が必要で、先進国オランダへの留学を受け入れる用意がある。

長崎奉行水野らは、この意見に質疑を重ね、乗員養成施設についての意見をも交わした。ファビュスの養成教育案は、蒸気船の運航法、大砲の操法、蒸気機関の扱い方等に及び、数学・天文学・物理学等の普通学と、測量術、機関術、砲術等の軍事学を含むもので、オランダ留学が無理なら、長崎にオランダ語学校を設けて言葉を予習させる案も出された。

長崎奉行案の承認とオランダ人処遇

長崎奉行水野は、目付《めつけ》永井岩之丞尚志《ながいいわのじょうなおむね》らと議して、軍艦購入、海軍創設の案をまとめ、その中に海軍伝習所設立構想が盛り込まれた。購入希望は、スクリュー型蒸気機関で運航するコルベット艦（単艦では戦闘単位になれない艦）と蒸気船各一隻の新造注文に切替えられた。クリミア戦争への配慮で、大砲を積まないコルベット艦となっていた。こうした艦ないし船の乗組員養成に、オランダ海軍の教師団を招聘することとし、ただ、オランダ語学校案は採用せず、授業は通訳を介してとされた。

阿部正弘老中らの幕閣は、基本的にこれを認め、ただ、大砲を積まないなら軍艦も商船も変わりないとみて、注文はコルベット艦二隻となった。クリミア戦争終結後、大砲抜きの条件は解除された。海軍伝習所は、幕閣で承認された。

長崎奉行所にとって、この公認でことが済んだわけではない。出島のオランダ人との折衝は、その役目だったが、これまで出島郭内に閉じ込めて、行動をきびしく制約してきたオランダ商人たちと同様な扱いを、オランダ海軍軍人の教官たちにするわけにはいかず、むろん、オランダ側は、それを認めない。問題は、出島住民全体の位置づけに関わった。すでに締結された日米和親条約、続いてイギリス・ロシアに及んでいった条約諸国民の地位を、オランダ人が求めたのは当然であった。

スンビン号（観光丸）模型
（佐賀県立博物館・美術館蔵／原資料：鉄道博物館）

スンビン号を受領し、観光丸とする

安政二年（一八五五）六月、ファビュスは、軍艦二隻を率いて再度出島に来た。軍艦の一つは、前に来たスンビン号であり、オランダ国王は、幕府の新造艦製造の注文に対して、在バタビアの、この外輪式蒸気機関付帆船を、将軍家定への進物として贈呈し、訓練用にあてさせようとした。スンビン号には、海軍大尉レイケン以下の派遣隊員が乗り組み、この中に艦長から水夫・火夫にいたる軍艦乗組員の教師たるべきスタッフが予定されていた。

幕府当局にとって、予想外の早いテンポで事態が進んだといえよう。幕府はこれを受け入れ、スンビン号を観光丸と改称して、これを練習艦にし、オランダ海軍士官による伝習が始まることになった。

オランダ政府は、同時にオランダ国王の肖像画を贈り、また商館長クルチウスをジャワ総督管下から外して本国直属の領事官に格上げさせ、日蘭和親条約の締結にあたらせた。オランダとのあいだに和親条約もないままに、長崎奉行判断での便宜的な措置や暫定的な約束でオランダ側を納得させると、他の条約諸国への波及を恐れた幕閣から阻止されるといった事態に対して、十二月、和親条約締結に成功する。それに先立って十月二十二日に、オランダ人の長崎市内での行動が自由化された。

伝習生のキャップにあたる勝麟太郎と矢田堀景蔵（鴻）が、長崎に着いたのが、その二日前、二二日を伝習所開設の記念日とみる説もある（藤井哲博）。もっともこれには、十一月一日にカリキュラムがスタートとする異論がある（松浦）。

3　伝習所の明毅

伝習所の開設にあたって、伝習生となったものの中に、明毅の名は見えない。だが、彼が、開設当初から、そこにあったことは間違いない。事情は、伝習生の選び方によっていた。

矢田堀の従者として長崎行

伝習所で教育を受けるべき生徒とは、海軍創設の任にあたるべき人材であった。当面、観光丸と、次いで注文に応じて届けられる予定の二隻の艦の併せて二七〇人と見積もられる乗組員の、全部は無理としてその基幹の候補者が伝習生になるべきで、とくに三艦艦長候補者が要であった。海軍がどういうものか、よくわからないままに、とりわけ、幕府職制のなかで、艦長や海軍士官の位置づけに当惑していた幕閣当事者は、この艦長候補者に、勝麟太郎、矢田堀景蔵（鴻）、永持亨次郎《ながもちこうじろう》の三人を指

勝麟太郎（海舟）
（福井市立郷土歴史博物館蔵）

矢田堀景蔵（鴻）
（『回天艦長甲賀源吾伝』より）

名した。三十歳前後の幕臣で、勘定格徒《かんじょうかくかち》目付《めつけ》切米百五十俵で長崎在勤の永持、小十人組《こじゅうにんぐみ》百俵の矢田堀は、下級の旗本であった。最年長の勝は、小普請組《こぶしんぐみ》四十俵だったが、蘭学学習と海防の議論で幕閣に名を知られ、やがて蕃書調所となる調所に出役していた位置から、小十人組百俵に昇進させて旗本としての任命であった。

昌平坂学問所で才子と呼ばれた矢田堀は、当時、その学問所に出役していた。そこで、明毅が、この年二月、世話役心得補佐に任ぜられていたことを、先にみた。

九月、矢田堀が、長崎に出発するとき、矢田堀の従者として、塚本桓輔の名が記される。徒士明義の子という身分、すなわち、まだ部屋住み身分で、父の地位も低い。艦長候補ないしそれに次ぐ地位にはなく、矢田堀の従者のかたちで、明毅の伝習所時代は始まる。

「先祖書」では、安政二年九月、矢田堀が海軍伝習御用を仰せ付けられたとき、若年寄衆へ申し上げたうえ、付添って長崎に行き、翌年五月一日、オランダ人より海軍伝習を受けるべき旨を、御目付から申渡されたとする。形式的には、明毅が伝習生になったのは安政三年五月からということになろう。

明毅の位置

安政三年五月には永持が転出している。『海軍歴史』には、その転出前の伝習所の状景の一端を記した勝の文章がある。生徒は暗記に苦しみ、「矢田堀、塚本、永持氏の如きは、昌平学校に漢書を学び、早く学中、少年才子の誉、英敏の聞えありといえども、なお今日暗誦に刻苦す」という。授業の内容は後にふれるとして、安政三年五月以前にも、明毅が、伝習所教育に加わっていたことが知られる。それは、伝習所開設以来のことであったろう。

赤松則良の後年の回想では、伝習参加を望みながら叶わなかった榎本武揚が、学問所で起居をともにした矢田堀に頼んで、従者として長崎に行き、その玄関に居て、員外の者として伝習を受けていたという。これは、明毅についての伝えの誤伝かとも思われるが、榎本の伝習所入りについても、永持の後任伊沢勤吾《いざわきんご》の赴任にあたって、縁を頼ってその付添いとして長崎に行ったとも伝えられる（加茂儀一）。員外聴講生という言葉が、当時使われていたかどうかを確かめられないが、そう呼ばれるようなものは、さほど異様でなく、矢田堀の内侍とされる人名が、明毅を含め九人、勝についても八人の名が記録されている（藤井哲博）。彼らが、正規の伝習生以上に、熱心な「学生」となる例が多かったようだ。

多様な伝習生

伝習所は、洋式軍艦の乗組員を養成すべき施設であり、オランダ側では、艦長たるべき要員をキャップとした士官候補者と、軍事・儀礼担当や各種の技術を担う下士官要員、それに、水兵、水夫、火夫にあたるべき兵要員を予定した。伝習所は、したがって、海軍士官養成の学生コースと、下士官・兵卒のための練習生コースとの総合実科学校という性格をもつことになる。

幕府側が、当初、その認識をどれだけ持っていたか。海軍士官以下の諸身分を、これまでの幕府職制のなかのどこに位置づけるかを、大きな問題とした。近代人の目からみれば、有能な人材を選抜することの方が重要にみえるが、海軍の創設が、世の身分秩序を崩していく恐れを抱かねばならなかったのである。

長崎奉行所の目付永井尚志が伝習所の総督、その下に、前記の三人が艦長予定者として伝習生の頭の位置に任じられたが、三人が、下級旗本格の身分であったことが、幕府側の士官候補生選定の基準となった。例外もあった。常陸《ひたち》笠間藩《かさまはん》の軽輩の士小野友五郎（一八一七〜九八）で、オランダの航海技術書を抄訳し、幕府天文方に出役していた位置からの登用で、幕臣以外からの士官候補生の唯一の例である。彼が、オランダ語と技術書学習の経験から、オランダ人教師に積極的に学んで能力を評価されたのに対して、旗本格に近い程度の位置から、予備教育もないまま未知の教育を、通訳を通してオランダ人に受ける士官候補生は苦しかった。多くが三十歳にもなろうかという年齢でもあったと思われる。

オランダ人側からは、彼らは、高い身分の出身で、相当の年配とみえた。それは、マイナス条件であった。操練や水兵業務を基本から教え込むには年をとり、船本来の肝心な事柄への熱意には欠けていた。オランダ人はまた、下士官候補以上の伝習生が、水兵と予定された低い階級出の日本人たちから仕事を学ぼうとはしなかったとも記録している。士官より下の伝習生には、鉄砲方や、浦賀奉行組、江川代官組の与力・同心、長崎地役人などから、水夫要員には、瀬戸内塩飽諸島《しわくしょとう》の水夫等からそれぞれ選ばれた。低い地位になるほど、身分よりも経験や実績による選定という要素が強くなるのである。

洋式艦導入に意欲を示してきた肥前佐賀藩では、何人かの家臣が伝習所での修学を願い、これが認められて、伝習所に入った。彼らは、最も優れ、また最も進歩した者たちで、時に幕府伝習生を奮発させる動機となったと、オランダ側で記録する（シェイス）。いわゆる員外聴講生も、この例のように、身分によってではなく、技術の伝習に積極的に取り組む熱意によって学生になったとみてよいであろう。

普通学の学習重視に苦しむ学生

伝習所の創設を提案したファビュスは、当時から数学、天文学、物理学、化学等の普通学の必要を説き、オランダ語学習のための学校設立案をも示していた。

思えば、近代の帝国海軍の兵学校は、海軍士官養成校として、海軍伝習所の後身とでもいうべき位置を占めたが、そこでは、中学校（現在の高等学校）でこうした学科を優秀な成績で修めた少年たちを選抜試験で入学させていた。

安政二年の明毅は、満年齢で二十二歳になるかならないかというところ、近代の海軍兵学校には年を取りすぎていたが、士官候補の伝習生の多くよりは若かった。

海路、長崎に向かった旅は、彼にとって、初めて江戸を離れる旅であったろう。海上の風波などで数十日にも及ぶ長旅が初体験で、長崎が初めての地だったことは間違いあるまい。昌平黌での優等生として、彼は、当時の士人の教養は身につけていた。だが、士人に一般に求められていた普通の教養と、伝習所の普通学とは、まったく別のものであった。

午前と午後の二回、各数時間のオランダ人教師による授業があった。陸上の授業は、永井の役宅で行われたという。時に観光丸での運転や帆の操作などの実地教育があったが、専門教育や実地教育に先行して、オランダ語と数学の教育が、全員に求められたのは、当然であった。通訳を通しての授業の困難のなかで、生徒は、暗記を強制されて苦しんだと、勝は記録する。蘭書をいくらかは学んだ明毅にとっても、耳で聞くオランダ語の経験には、苦労があり、他の伝習生も同様だったろうが、難関は、とくに算数の学習であった。

とくに数学学習の難関を克服

航海、測量等から砲術にいたるまで、艦の運用に関する技術のすべてで、洋式数字による計算法とこれに基づく数学の上に成り、テキストもそれに拠っていた。士人の教養には、これがまったく欠けていた。算盤《そろばん》なしでは最も簡単な計算さえできなかった伝習生に、幾何学や航海術を教えるのは不可能と、オランダ側記録がいう。士人の教養は、その算盤にも軽蔑の眼を示すことが多かったのである。

オランダ側記録（シェイス）は、一年後には、多くの伝習生が、上手にまた速やかに計算することを会得し、平方根や立方根の開き方、未知数を方程式で解き、幾何学の教授を望んで、測角術や三角法の原理にまで進む者も出たとする。

幕府海軍の創設から江戸開城にもいたる過程で、勝が演じた役割の大きさは周知のことだが、彼は軍艦操縦の技術には欠けていた。伝習所時代の彼は、航海の術は、算学、数理に明らかでないとできないのに、自分は御存知の通り「無算」で困却と、手紙に書いているという。

伝習生のなかでも、シェイスの記事にあたる者と、そうでない者とがあったわけだが、明毅は、矢田堀らとともに、算数の術に習熟していった側にあった。少し後、荒井郁之助らとともに、数学学習に努めたことは後記するが、荒井の後年の回想では、当時「応用数学もできた人々は、矢田堀、塚本、荒井、甲賀位であろう」といったという（原田朗）。

こうした学習が大きな苦労を伴うものであったことは、想像に困難でないが、以後の明毅の仕事にも、また明毅をも一つの例として、長崎海軍伝習所が後年の日本の科学技術に及ぼした影響にも、たいへん大きな意味をもった。

レイケンによる教育プラン

安政元年の来日、三カ月の滞在中、ファビュス中佐は、予備伝習を試みたことがあった。長崎地役人と佐賀・福岡両藩士の有志を対象とした試みであったが、その習熟度は、「何とも申し上げ難く」好事家《こうずか》に多くの珍物を見せたようなものだったと、翌年彼自身がいっているという。

士官候補として伝習所に入った人々も、予備伝習参加者と同様、洋式船ないし軍艦について強い好奇心を持っていたことは確かだろう。だが、幕府当事者、伝習所総督永井は、無限に広がりかねないそうした欲求に応えるより、当面、艦の運航にあたる人材の育成を急がねばならなかった。永井は、伝習生を、航海術、蒸気機関術等々に割当て、それぞれの分野別に学習させることで、時間の短縮をはかった。好奇心ないしある種の知識欲にとっては、これも一つの応じ方にもなるであろう。だが、この方針にオランダ教師団長は反対した。

ベルス・レイケン大尉は、航海術、運用術、造船の学課を担当し、数学を得意としたという。彼は、永井案では、士官を特定分野でしか使えなくなるとして、キャリア・オフィサーとしての伝習所出の士官は、ゼネラリストであるべきだとの、西欧海軍共通の考え方を主張し、論議の末、伝習教育の主導権をレイケンに委ねることになった。

算数とオランダ語を必修とし、士官全員に基礎科目を課するとともに、部門別に選択科目を専攻させるというシステムは、こうして生まれ、伝習所教育の基本線になったようである。明毅が、どの部門の専攻になったのかは知りえない。航海術専攻者が、五名に留まり、その名が記録される中には入っていない。ただ、レイケン方針による教育課程は、伝習生に大きな負担とはなったが、これまでの日本にはなかったタイプの教養人を育てていき、その一人が明毅だったことは、間違いあるまい。

4　邦人の輪船運航と伝習所廃止

観光丸で江戸帰航

安政四年三月四日、観光丸は長崎を出帆した。江戸に赴任する永井尚志総督を搭乗させ、矢田堀を艦長としての航海に、オランダ人教師の乗組みはなく、明毅を含む伝習生によって、洋式外輪船は、途中慎重を期して鳥羽に七泊したが、二十六日、無事江戸品川に到着した。

「行状」は、明毅が観光艦で長崎から帰った記事に、「思うに邦人の火輪船《かりんせん》を操《あやつ》っての航海はこれを始めとする」とし、墓碑でもこれを受けての特記がある、艦長以下塩飽島出身の水夫等による乗員の協力による航海で、明毅はそのメンバーの一人だったわけだが、レイケンが、教師ぬきでの日本人の航海はまだ早いとした忠告を退けての航海で、こうした特記は過褒とはいえまい。伝習生養成が、かなりの程度成功したことをも示していよう。

江戸の軍艦操練所と長崎の海軍伝習所

だが、明毅にとって、この航海は、安政二年十月以来一年半ほどの伝習所時代の終わりを意味した。それを卒業とみるのは、伝習計画の今後についての幕府の考えによるもので、オランダ側の想定とは違いがあった。幕府内では、すでに開設から一年ほどで、長崎での伝習施設終了の考えが出ていた。

オランダ側では、明毅ら、開設期からの伝習生もまだこれからという見方であった。幕府が当初注文した新造の洋式船が、練習艦ヤーパン号として、安政四年八月、長崎に到着、やがて咸臨丸と改称される。これに乗組んできたカッテンディケ大尉以下の教師団によって、年少の新入伝習生たちが、充実した教育を受けることになる。

咸臨丸（木村家蔵，横浜開港資料館保管）

この年四月、幕府は、江戸築地《つきぢ》の講武所内に、軍艦教授所を設置し、永井を総督、矢田堀を教授方頭取とした。やがて軍艦操練所と称されるようになる。ここでは以下、この呼称に従う。当面の基幹要員養成を目指した長崎伝習所に代えて、恒久的な海軍要員の育成を江戸で行うのが、幕府の方針となっていたのである。

閏五月九日、明毅は、御軍艦操練教授方手伝出役を仰せ付けられ、三人扶持を下された。長崎伝習所での永井・矢田堀との関係から、ごく自然な人事だったろう。父の扶養を受ける身分（厄介）であった明毅が、幕府の扶持を受けた最初となろう。

安政六年二月、長崎奉行から、幕府の内意として伝習所閉鎖の通知を受けたオランダ側では、その年初め頃から、新しい施政に目を背けて反動的な政務が幕府を支配する動きによるかとみた。オランダ以外の欧米諸国との接触の深まり、蘭学から英学への転化の動きも関係しようか。いずれにしろ、明毅は、以後の人生を大きく決めたこの伝習所から離れたのである。

第四章　幕府海軍

1　軍艦操練所の日々

教師の立場に

明毅が、長崎への旅路に発つか発たないかという安政二年十月に江戸は大地震に見舞われたが、江戸に戻ってきてすぐ、安政四年の八月には、その地震に倍する被害といわれる大風雨洪水が、江戸市民を襲った。そのなかで、長崎海軍伝習所のメンバーを移し植えたような軍艦操練所で、明毅は、学生から、手伝出役という身分ながら教師の立場に遷っていた。

教授方頭取の矢田堀は、昌平坂以来の先輩で、私塾で数学を教えてもいた。明毅は引き続きその教えを受けたが、別に、ここでなおすぐれた友人を得ることができた。

荒井郁之助は、矢田堀の甥で、早くからその薫陶《くんとう》を受けていたが、その内容は、父の幕府代官役を嗣ぐ上での教養を中心とするものだったといえるかもしれず、田邊石庵にも学んでいた。矢田堀の長崎伝習参加の頃、蘭学学習を始めるのが、矢田堀の示唆かどうかはわからない。矢田堀が軍艦操練所赴任のすぐ後には、荒井は、操練所に出入りしていた。

安政五年五月、明毅は、教授手伝から教授に昇進した。教授といっても五人扶持という低い給与は、父の扶養下の身分という建て前にもよるだろう。荒井は、その頃この教授所世話心得に任じられたという。どちらが高い地位か、そこに明毅より家柄が上で頭取の甥という条件が加わっていたかなどは、わからない。たぶん、当事者もさほど気にしなかったであろう。二人が同僚として、好む分野の学問に取り組むことになる。もう一人、甲賀源吾《こうがげんご》（一八三九～六九）があった。十年ほど後には、榎本艦隊に属する海軍士官として、政府軍軍艦との戦闘で戦死する人物だが、この頃、軍艦操練方手伝出役、次いで教授方出役にあった。

明毅が、やや年少の荒井や甲賀とともに、矢田堀の塾に学び、また共に数学を学びあったことが、荒井の回想から記録される。「公的な教室のない数学の学習であるから、塚本桓甫の家に行ってともに稽古をし、また甲賀源吾が郁之助の家にきて共に研究した」という。

荒井や甲賀の記録によれば、当時、二人は高等幾何、微分、積分等を蘭書で学び、また航海術を学び、艦隊操縦の書の翻訳を手がけ、英語の修得にも努めたようである。

明毅もまた、彼ら年少の友人とともに、英書にも触れていったのかもしれない。

要人輸送に携わる

軍艦操練所は、西洋知識吸収の施設ともなっていったが、教育研究だけというわけにはいかない。「先祖書」は、安政五年五月以来、明毅が次々に果たした

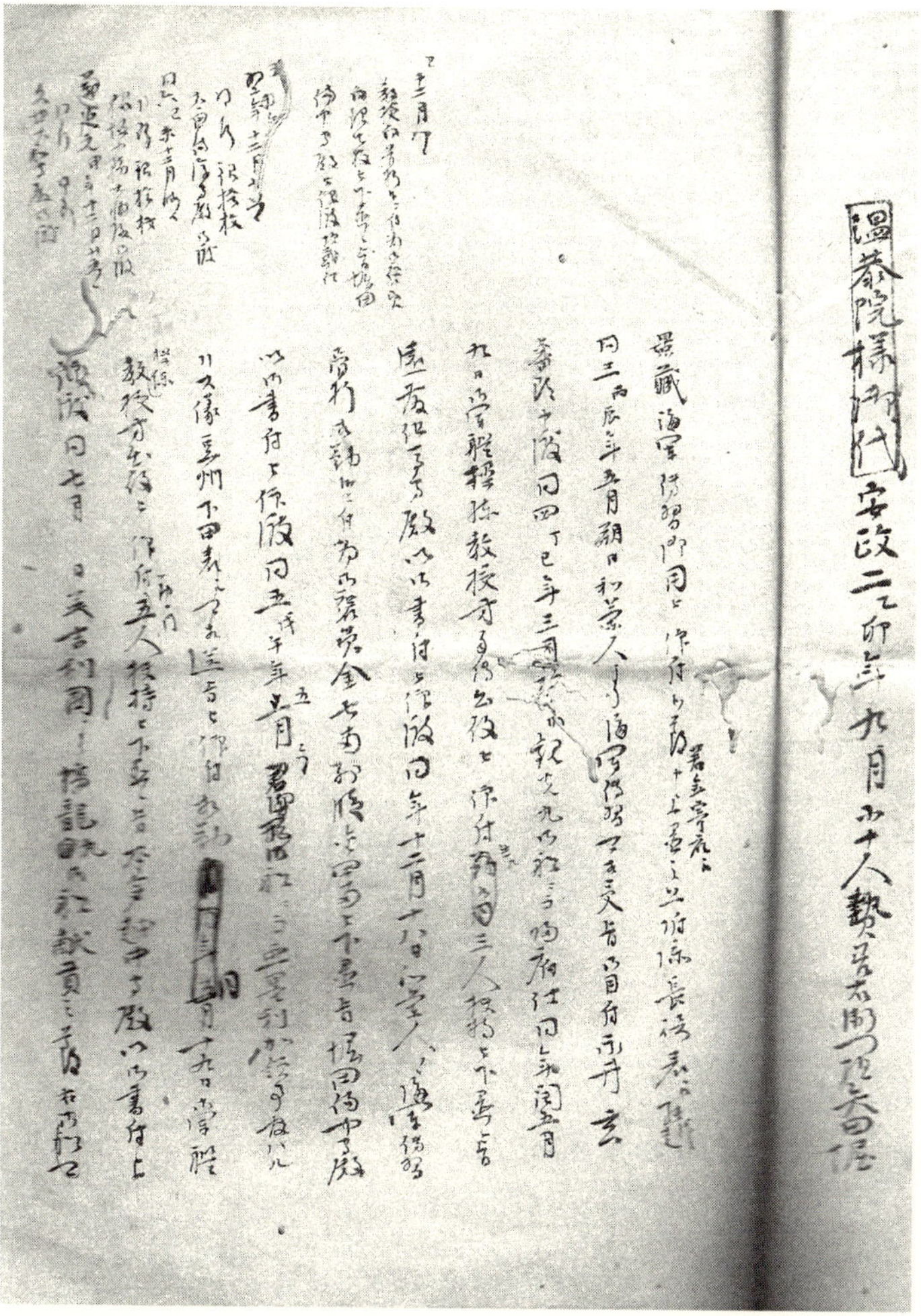

「先祖書」部分（塚本家蔵）

重要な任務を記している。

「君澤御船にて亜墨利加領事官ハルリス儀、豆州下田表え相送るべき旨仰せ付けられ相勤む」。

アメリカ領事タウンゼント・ハリスを、君澤型《きみざわがた》の船で、江戸から下田に送る役目を命じられて、これを果たしたというわけである。日米和親条約を根拠に、安政三年八月下田に来て以来、ハリスは、通商条約締結交渉のため江戸行きを求めたが、幕府に拒まれて下田での孤独な欧米人の暮らしを余儀なくされていた。ようやく安政四年十月、江戸行き、将軍謁見、老中堀田正睦《ほったまさよし》との会談を終えたのであった。

ハリスの、最初の江戸行きは、天城《あまぎ》越えの山路を通る陸路で七日を要し、その通行には大名行列に恥じない格式を求められたから、「下にいろ、下に」の警衛も厳重であった。駕籠のハリスも苦しく、沿道住民や役人の負担も大きかった。以後、下田・江戸間の往復には、海路がとられ、明毅はその役割に任じたのである。

君澤御船は、蒸気船ではない。安政元年末、ロシア艦が大坂来航の後、下田に回航を求められ、そこで津波にあって沈没、クリミア戦争でイギリス艦に追われるロシア艦員は苦境にたった。幕府は、ロシア使節の求めに応じ、伊豆君澤郡戸田《きみさわぐんへだ》で、ロシア人指導下に代船建造を認め、ロシア人と戸田村人との協力で造られた船でロシア艦員は帰国できた。ここで製造技術を収得した船大工によって造られた二本マストの洋式船が、君澤型と呼ばれ、幕府は、この国産洋式船をいくつか製造させて、輸送船として用いた。明毅が、ここで乗り回したのもその船の一つである。

蟠龍丸受領と以後の乗組

同七月、英吉利国《いぎりすこく》より蟠竜丸《ばんりゅうまる》御船献納之節、右御船受取るべき御用仰せ付けられ、相勤めるとの記事がこれに続く。御献納とは、幕府の欧米諸国への姿勢の建て前によった用語である。日英通商条約締結のため来日したイギリス全権使節エルギンによって、ヴィクトリア女王から将軍家に贈られたエンペラー号でスクリュー推進機を備えた豪華ヨットであった。幕府との交渉に臨むにあたっての進物で、幕府はこれを改称して蟠竜丸と呼び、その受領に、明毅があたった。十二月には、ハリス送迎にも、この船に乗組んだ明毅があたった。

ハリスが江戸に公使館を得るのは、翌安政六年になってであった。その後も、明毅は輸送に働き、それは幕府海軍の重要な役割になるが、乗客は、もはや海路を恐れなくなる幕府高官になっていく。

2　騒乱化の状況

母の死と安政大獄

「先祖書」には、この他になお長崎での伝習骨折に褒美金を下される等の記載があるが、安政六年の記事はまったくない。「行状」は、六年八月「内の艱《かん》」にあたるとの記事だけが、この年にある。塚本家の「過去帳」によって、この年八月二十八日、明義の妻の逝去が知られる。十六歳で明毅を産んだ富貴は、その後養父母を送り、なお二男三女を産んで、四十代半ば前、御徒の妻としての生を終えた。明毅は母を失ったのである。「内の艱」とは、これを指したに違いない。

だが、母の喪で一切の公務をやめたというわけではあるまい。実はこの頃、幕府海軍は、その後何度も訪れる「冬の時代」を、迎えていたようである。

安政五年六月、日米修好通商条約の調印を迎えたのは、イギリス・フランス連合軍が天津《てんしん》に迫るというなかで、清国への欧米諸国軍の重圧が、清国を開港に追い込んだ状勢を背後にしたハリスの強圧によっていた。東アジア世界全体が、欧米列強に呑み込まれるかの危惧が生まれてきていた。庶民レベルでは、長崎に始まり江戸にも及んだコレラの流行が、人々を恐れさせた。

蘭方医術の効用は、多くの人に知られていたから、コレラの治療法を西洋人に教わろうという人も少なくなく、同様に、欧米列強の技術や「文明」に学ぼうとする人々があった。一方で、コレラ禍が、外来の災害であることは明らかだったから、諸悪の根源を外国人渡来に見て、「夷狄《いてき》」排除を願う感情も多くの人々をとらえた。

後者の感覚に応じた政治勢力が、幕府の開国方針、とくに日米条約の手続きをめぐって沸騰する。尊王攘夷運動であり、強烈な排外主義を主張し、幕政の批判者となった。この一党からは、西洋人に通じるものとも見られた洋学者ないしこれに繋がる側では、尊攘派のような政治的結集がみられなかったが、外来技術の魅力に触れるなかで、伝統的な門閥体制への批判を強め、幕政の改革を願う動きが出ていた。

こうした対立に、将軍継嗣問題がからんできたなかで、安政五年四月、大老に就任した井伊直弼《いいなおすけ》（一八一五〜六〇）が、幕府内外の批判勢力に対して強硬な弾圧策をとったのが、明毅の母の死の前後の頃であった。安政の大獄と呼ばれる。

尊攘派《そんじょうは》志士の処刑が多かったが、洋学者やこれに親近感をもって、将軍後継者に伝統より人材を選び幕政の転換を願った人々も、地位を逐われた。明毅に目をかけていた岩瀬忠震の失脚もその一例であった。

幕府海軍要路者も、そして明毅自身も、こうした状勢に無関係ではありえなかった。

神奈川警衛にあたる

大獄という弾圧は、国内の対立をいっそう激化させた。安政六年は明けて、翌七年はやがて万延元年と改称されるが、その改元前にも、事件が続いた。

一月、条約批准書交換のため幕府使節がアメリカに向かった。これはアメリカ艦によったが、別に随伴者として軍艦奉行らが、咸臨丸（オランダから購入したヤーパン号）に乗組み、主として日本人乗組員によって、太平洋横断渡米という大航海をした。

一面では、日米条約調印を批難する天皇の密勅が、尊攘派の巨頭と目された水戸藩主に発せられていて、幕府は水戸藩にこの返上を求め、水戸藩では返上拒否を主張する尊攘強硬派と返上派との闘争が、領民をまきこんで激しく起こっていた。三月三日、井伊大老が登城途上で、水戸藩浪士らの襲撃で殺害される事件が、これに続いた。

咸臨丸の冒険的航海には、長崎の伝習所でオランダ教官から模範的学生と目されていた小野友五郎らが加わっていたが、明毅は参加していない。むろんまた、水戸藩内抗争や井伊襲撃事件に関与してもいない。ただ、井伊の死亡が公式にはまだ認められていない閏三月、この動乱状況に応じた使命を命じられた。

「先祖書」では、「朝陽丸御船乗組、神奈川御警固仰せ付けられ、十五日ツツ交替相勤む」と記す。朝陽丸は、幕府の注文に応じて、安政五年九月、オランダから長崎に到着したスクリュー式蒸気コルベット艦エド号を改名した船、ヤーパン号改め咸臨丸に続く船でこれと同型であった。クリミア戦争終了後の輸入だから武装も備えた軍艦といえよう。神奈川とは、むろん条約によって諸国に開かれた港、横浜であった。

明毅の行動というより、そもそも幕府海軍の、輸送以外の武力行使を予定した行動が知られる早い例であろう。十五日交替での警備とは、十五日したら他船に以後十五日を委ね、その後また勤務という予定だろう。ただし実際には、数カ月も、この警備体制が続いたわけではあるまい。

尊攘運動と海軍の位置

だが、この警備出動は、海防論者がかつて想定したような外国艦船の来航に対する警備ではなかった。開港したばかりの神奈川港―横浜は、尊攘激派にとって襲撃目標として、注目される地であった。井伊襲撃犯の中には、事件後もどこかに潜伏しているものがあった。警備は、浪士過激尊攘派への備えに違いない。

この幕府海軍が、有効な武力だったかどうかの議論もある。勝麟太郎は、翌年軍制改正論議のなかで、このとき講武所の稽古人を軍艦に乗せて横浜警備に派遣したのは、陸軍修行のものが軍艦に乗船しても何の役にも立たないと批判し、海陸合一を論じたという（松浦玲、一六九頁）。大砲を発射する艦の機能と別に、小銃で武装した兵士を載せた船が艦として戦闘能力を持つから、この批判は疑問である。ゲリラ型浪士集団への備えとしては、この方が有効だったとも考えられよう。

ともあれ、幕府海軍は、尊攘派浪士という敵との戦いに動員される存在であり、海軍充実策も、その条件のもとにあった。

遭難殉職者の墓碑執筆

翌文久元年五月から六月、明毅は二つの墓碑の文を草した（樋口雄彦「旧幕臣・静岡藩士掃苔録」、同「沼津兵学校関係人物・旧幕臣資料目録」）。万延元年七月、鳳翔丸《ほうしょうまる》の遭難事件があり、そこで殉職した海軍士官二人の墓碑である。

その一人尾形惟親は、鉄砲方与力という身分から長崎海軍伝習所開設時に士官要員として伝習生になった人物で、文政八年（一八二五）生まれ、明毅より先輩である。安政四年春江戸に帰ったというのは、明毅と同船での航海だったろうか。築地の軍艦操練所教師をもともにし、明毅より早く教授になったようだ。碑文は尾形の行動を記す。

当時四隻の軍船のすべてに乗って、東は奥州磐城《いわき》から西は長崎まで往来した。万延元年春、朝陽・鳳翔二船で「横浜市場を戍、君特に鳳翔船督の事を摂」というのは、少し意味が通じにくいが、明毅が朝陽丸で勤めた神奈川警備に交替で勤めたのが、彼を長とする鳳翔丸だったのだろう。七月、ロシア艦隊献上の大砲受領に下田に向かった。

これは、君澤型船の項で触れた安政元年のロシア艦遭難事件で沈没した艦の大砲を贈られたものの受領である。ところが、そこで、イギリス人を送って下田に至った朝陽丸とともに大風雨に遭い、朝陽丸は汽力で脱出したが、鳳翔丸は行方不明となり、やがて乗員の遭難死が認められたという。

鳳翔丸は、安政五年長崎に来航した洋式帆船テレジア号を、幕府が帆走航海用の練習船として買上げ、改称の上、江戸に回航させた船であった。朝陽丸と行動をともにすることが多かったようである。明毅の撰した墓碑で、その遭難時の記述が詳細なのは、あるいは当時、明毅が朝陽丸にあって、この現場を体験してのことだったかもしれない。

もう一人、高橋昇吉は、明毅より数年若く、明毅と同様、矢田堀の従者として海軍伝習所に学び、数理や天体地理の測量に長じ、やはり操練所に助教となって後、鳳翔丸での遭難者となった。

幕府海軍の置かれた条件は、技術的にも厳しいものであったことを遭難事件は示している。明毅も、それを痛感しつつ、墓碑の文を撰したに違いない。二つとも、堂々たる漢文で、とくに尾形氏の墓碑は、本文八百字ほどの長文である。昌平黌仕込みの文章の才を同僚たちに広く知られていたうえでの、執筆者となったのであろう。書は、荒井顕道、すなわち谷田堀の兄で、荒井郁之助の父であった。墓碑に弔われる人物と、文の作者、筆者との絆を思わせもする。

3　小笠原島開拓と測量

小笠原島行き

文久元年七月十三日、御軍艦組出役となり俸十口を給せられた。これは、小笠原島行きの計画を見込んでのことだった。十一月、小笠原島開拓御用で咸臨丸に乗組を命じられ、銀を下された。十二月三日、咸臨丸に乗組み品川を出帆、十九日、島に着船。翌二年三月二十日江戸に帰るまで、この業務に当たった。

小十人格御軍艦頭取として派遣艦を率いたのは、長崎海軍伝習所の模範生であり、この艦で太平洋をも航海した小野友五郎であった。『海軍歴史』には、その下に塚本桓輔ら御軍艦組五人と、同出役三人、軍艦操練所稽古人等の名を挙げる。明毅の「先祖書」では出役とあるが、ここでは出役と区別して御軍艦組とする。

前記殉職者高橋昇吉の弟通吉もメンバーに加わっていたが、乗船者の主体は、こうした乗組員以外にあった。「小笠原島開拓」と幕府が呼ぶこの事業は、単に軍艦組航海というのとは、違った意味をもっていた。

幕府の小笠原島実効支配

小笠原開拓は、この諸島の日本国への帰属を諸外国に認めさせるために、その実態を調査し、住民に実効的な支配を確認させることを意図したものであった。

古くから日本人の来島があったと伝えられ、江戸時代にも開拓の計画が何度かあったが、多くの日本人にとって伊豆七島南部八丈島ぐらいまでが太平洋上の島と意識され、そこからなお七百キロも南の島々は放置されていた。無人島と呼ばれるようになっていたこの島に、欧州系漂流民を含む少数の諸地域出身者が住みつくようになっていった。「大発見の時代」の再来を思わせる太平洋海域への諸国の探検船派遣のなかで西欧人によるこの諸島「発見」の主張も生まれた。一八二七年には、イギリス測量艦が、この島の領有を宣言したという。

群島周辺は、英米両国などの捕鯨船の活動の場となっていったが、蒸気船の時代となって、石炭補給所の機能を強く期待される場所にもなった。ペリー艦隊もここに着目して、諸島を巡見し、占領を宣言していた。

こうした状況のなかで、井伊の後、老中になった安藤信正《あんどうのぶまさ》が、外国奉行水野忠徳とともに、列強との条約体制下で、諸島の日本帰属を国際的に公認させようとしたのが、小笠原島開拓であった。咸臨丸で諸島に向かった一団のキャップは水野忠徳であり、その配下の役人たちは、島住民に、日本への帰属を説き、請書を提出させた。その説得状況は、『海軍歴史』にも、やや詳細に記述されるが、これは明毅らの仕事ではなかった。

水野一行の計画は成功し、諸島の日本帰属は、国際的に公認された。欧米諸国のこの時点での関心と相互牽制にもよったが、外国奉行らの能力の成果といえよう。

明毅ら軍艦組の役割は、この派遣団の輸送を担当しただけだったのではない。諸島と、その沿岸海域の測量によって、諸島への実効支配を支えるものであった。

『新装版日本古地図大成』に内閣文庫蔵の小笠原総図の一部が掲載される。

母島図の作成を担当

そのなかの母島図は、文久二年二月、軍艦組塚本桓輔、松岡盤吉《まつおかばんきち》測量図と記される。松岡は安政四年一月からの長崎海軍伝習所生で、咸臨丸渡米にも加わったものである。同年正月付の、軍艦方小野友五郎測量図とする父島図があるのと共通の手法で、軍艦組一統が共通の方式で測量に当たったことを思わせる図である。

島の海岸線が丹念に描かれ、経度緯度線と方位、縮尺が併記される。海岸線の海側には、細字でびっしりと数字が記される。現代人には、見馴れた算用数字だが、当時は一般には馴染でない洋式数字である。海野一隆氏の解説によると、水深を表示したもので、西洋流の海図と知られる。

母島一島だけで、百カ所を越える地点での水深測定が、明毅と松岡によって果たされたわけで、これに先立っての経緯度の測定とともに、軍艦組の作業の成果であった。島住民に日本帰属を認めさせる仕事とともに、こうした測量作業が、諸島の実効支配に不可欠のものであった。

幕府海軍は、ここまでのところで、外国使節や要人の送迎、輸送、また浪士集団のような武抗勢力への警護、咸臨丸渡米のような外交儀礼の場での示威等の役割を演じてきた。ただ、それは海防論議のなかで、洋式大船を求めた人々の間にみえた一種ナショナリズムの感覚に叶うものではなかっただろう。小笠原開拓は、日本国領域に関わる問題であったとともに、ここでの軍艦組の仕事は、海軍が、海岸を含む国土の知識を確実にしていく作業で、日本国海軍の役割に大きく近寄っていくものであっ

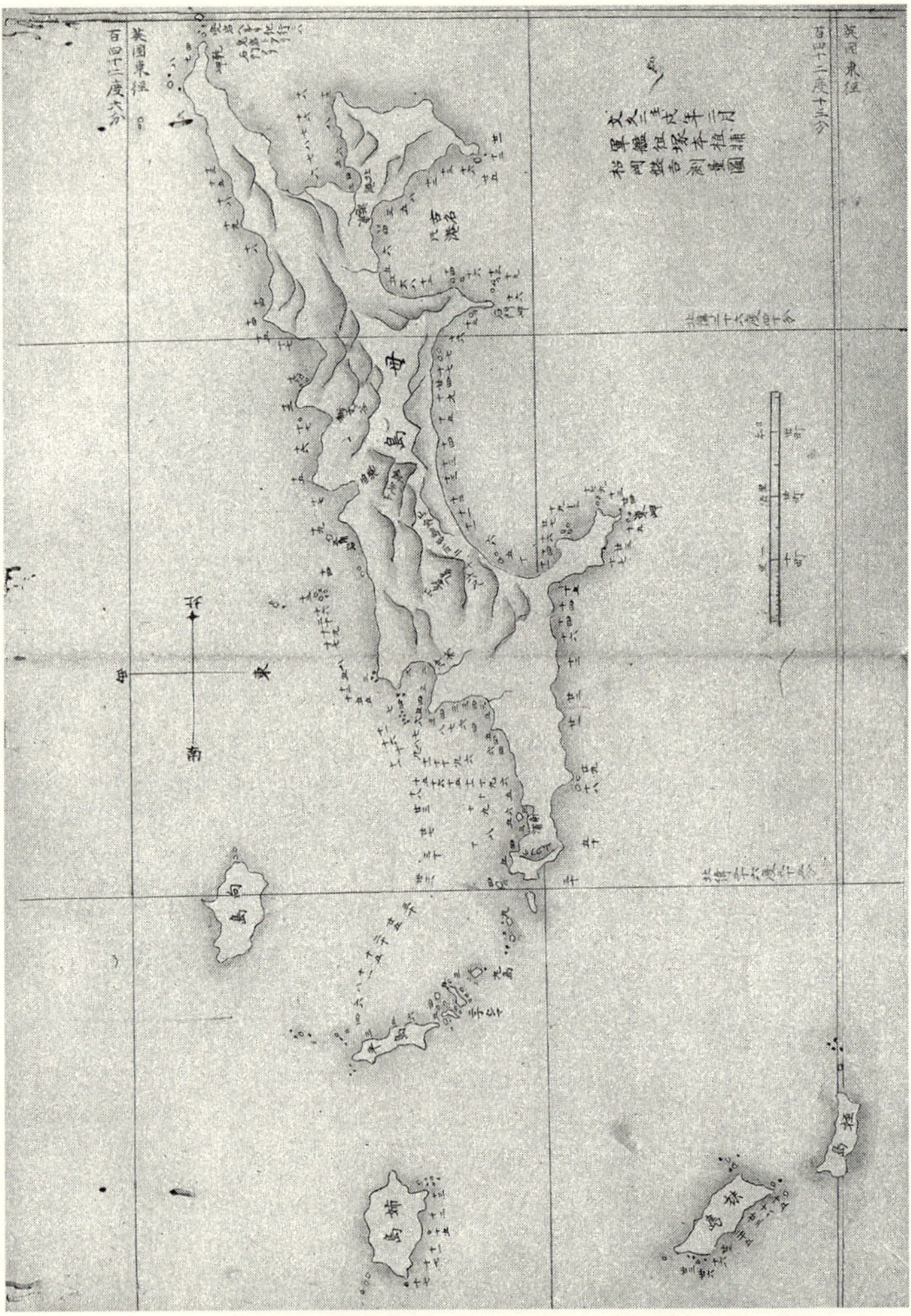

小笠原母島測量図（国立公文書館内閣文庫蔵）

た。

古賀茶渓の海岸測量論

安政二年五月、かつて昌平黌で明毅に目をかけていたとされる古賀茶渓の献言書がある。アメリカの測量船ビンセンズ号船長が下田に来て、日本沿海測量を企図し、その許可を幕府に願ったのについて、これを認め、協力して海岸測量にあたるべきだとの献言であった。

この背景には、ペリー来航以前、しばしば日本近海に出現した外国船の海岸測量が、危機感を抱かせ、海防論とともに攘夷運動を点火するものともなった事情がある。けれども、大型船運航者としては、水先案内もない日本沿海通行には、海図が不可欠であった。

献言は、測量といえば此方ではなにか薄気味悪く存じるが、航海専務の外国人には一日も後にできない理があると指摘する。暗礁や砂州を頼みに、天険を誇るなどは児戯に類する。そうした指摘のうえで、「外蕃」では、「山の高低、海の深浅、城市の曲折まで」すべて計測値をあげ、印刷して売り渡す例も珍しくなく、沿海の測量は、こちらでも必要だと説く。

洋学に触れた儒者としての献言は、これを機会に、外国船の測量を認めるとともに、役人を異国船に同乗させて、「御国民の測量術修業」のためともすべきだと主張した。

献言の趣旨は採用されず、以後も、異国船の測量強行が、攘夷論者を憤激させる事態が、しばしばみられたが、古賀の主張に深く共感したものもあった。明毅と幼少期からの知友と思える田邊太一は、小笠原行きに外国奉行支配調役並として加わっていたが、後年、『幕末外交談』に、古賀献言書を卓越した識見として、熱情的に紹介している。同船していた明毅に、その趣旨を語ることもあっただろうか。明毅が、古賀や田邊の意見に賛同した発言が見出されるわけではないが、明毅を含む幕府海軍の行動は、事実上、この意見の筋に沿ったものになってゆく。

文久元年には、小野友五郎、荒井郁之助らによる江戸湾内海の測量があり、イギリス測量船に軍艦教授所の士官が乗り組んで、ともに海岸測量をすることもあった。

伝習所時代の明毅が、矢田堀や小野とともに、長崎港を測量し製図したという『海軍歴史』の記事は疑問のようだが（藤井、七八頁）、後年の明毅が測量を得意としたのが、伝習所以来の学習によることは、たぶん確かで、その早い時期の成果が小笠原母島の測量図であったのだろう。明治政府の地理局で測量課長を勤めた荒井郁之助をはじめ、明毅知友の海軍人で、測量に長じたものは多い。それは、大型艦船の運航に当たる幕府海軍自身が、海図を必要とした結果でもあり、欧米技術学習に熱意をもった場面でもあった。古賀の前にあった海岸測量に敵意をもつ攘夷派に反して、古賀の主張のような外国人との協力による海岸測量が現実化していった。それは、過激攘夷派と対立する海軍の位置を大きく決めていくものであった。

4　昌光丸での遭難

文久二年の政情と勝

文久二年三月に小笠原から帰った明毅は、四月には御軍制御改正取調を命じられた。七月には、勝麟太郎が軍艦操練所頭取となった。軍制改正についての明毅の意見は知られず、この改正会議自体が活発ではなかったようである。

井伊の後、安藤信正を老中とした幕府は、大藩勢力との宥和を図っていった。大藩の中には、京都天皇家の権威利用の動きも強く、この政策は公武合体《こうぶがったい》運動として、一応の成功を見せてもいった。その安藤が、一月坂下門《さかしたもん》で襲撃され、やがて退職に追い込まれる頃、薩摩藩主後見島津《しまづ》久光《ひさみつ》の率兵入京があり、勅旨をふまえた建議によって、新政の時代になっていく。新政は、建て前としての攘夷と、現実の欧米文明摂取の動きとの奇妙な混合の上で、幕府政治に、大藩や京都朝臣から各地の志士勢力までの支持を得ようとするものであった。

一橋慶喜《ひとつばしよしのぶ》の将軍職後見、松平慶永《まつだいらよしなが》の政事総裁就任などとともに、将軍家茂《いえもち》の上洛と攘夷実行が予定された。この年十一月には、新政の実権担当者として、越前福井藩主松平慶永の顧問格にあった横《よ》井《こ》小楠《しょうなん》などの名とともに、軍艦奉行並という地位にあったにすぎない勝麟太郎の名が取沙汰されていた。

勝は、この頃、将軍上洛に海路利用を主張し、その実現に尽力した。将軍家の上洛は、家光以来二百余年なかった大事で、やがて政治権力の中心にあった江戸の地位を京都に移していくものともなる。大きな変革のなかで、陸路によるか、海軍軍艦の利用によるかは、小さな問題のようだが、何千もの行列の道中が、沿道地域一帯の住民に大きな負担を負わせるなど、影響は前年の和宮《かずのみや》江戸行きでも明らかだった。蒸気機関を備えた軍艦は、やがて政治権力の機動性をも生み出し、主従関係に基礎を置いた軍事組織の改編をも求めていく。将軍と重臣たちに、こうした影響力をもつ海軍というものを知らせる機会であった。

もう一つ、この時点で、勝が気にかけたのに対馬《つしま》問題があった。

対馬は、古くから朝鮮国への門戸の位置にあったが、その要衝としての位置は、列強の注目するところともなった。安政六年にも、イギリス艦の二度にわたる来航、測量などがあったが、文久元年二月、対馬に来たロシア艦は、営舎を建設するなど、実質占拠の姿を見せた。宗義和《そうよしかず》を藩主とする対馬藩はこれに強く抗議し、五月、幕府は外国奉行小栗忠順《おぐりただまさ》らを咸臨丸で対馬に派遣して折衝に当たったが効果なく、ロシア人の行動への民衆の反感も強まった。八月に至って、イギリス艦の支援も得た幕府の折衝で、ようやくロシア艦を退散させるのに成功した。

宗義和は、この対策に苦慮を重ね、全面的な転封を願ったが、それは朝鮮通交の役割を退くことをも意味した。勝には、この頃、ロシアとの開戦主張があり、翌年には、長州藩・対馬藩の攘夷派から、対馬拠点での朝鮮征服論が出現する。列強注視の対馬を幕府直轄地とし、ここに海軍拠点を設ける構想が、中国、朝鮮を見据えた政策として登場してきたのが、文久二年政情の一端だったといえよう。

将軍海路上洛論は、一度決定をみた後に流産し、三年二月家茂は、陸路上洛の途につく。ただ、この間、勝は、咸臨丸以下幕府が入手していたどの船より格段に高馬力の外輪式蒸気鉄船を、イギリス人から購入し、順動丸《じゅんどうまる》と命名して、御座船に備えた。

順動丸と昌光丸

明毅は、こうした政策に参画する立場にはいない。ただ、この状況を受けて、翌三年の彼の海軍勤務が展開される。

将軍海路上洛計画が成らなかった勝だが、順動丸は大坂に派遣され、幕府高官を乗船させもした。昌光丸《しょうこうまる》という船も兵庫にあった。そして将軍を乗艦させる機会は、すぐに実現した。京坂に高まる攘夷派の活動のなかで、摂津海辺の警衛と対馬の危険状勢が論議されていた。京都に滞在を余儀なくされていた将軍自身の摂津周辺の海上巡見が、四月下旬から五月初めに実施された。イギリス艦隊の大坂湾来航への対策として、将軍の攘夷意志表明が求められていたことへの対応でもあった。

ここで、明毅の行動に戻り、「先祖書」の記述を挙げよう。文久三年二月、御上洛御用のため、昌光丸御船を大坂表に遣わすにつき、頭取代としてこれに乗組みを命じられ、摂津・播磨・和泉・紀伊・淡路五カ国に将軍御成りの節、昌光丸で御供を勤め御褒美を頂戴とする。勝の日記五月八日項には、順動船に頭取荒井（郁之助）と士官八人以下の名、昌光船に頭取塚本と士官五人以下の名を記す。明毅は、将軍乗船付添船乗組みで、頭取代というのは、事実上の艦長だったのである。

将軍巡視中、勝は神戸に海軍操練所設立の認可を得、将軍は、六月十三日、海路で江戸に帰った。順動丸での江戸航海であった。

対馬の難

五月十日は、実は将軍が攘夷実行を約束した日であった。実行したのは長州藩で、下関で外国船を砲撃した。幕府は動かないまま、将軍は江戸に帰った。その直前、五月末には、幕府海軍のなかからの大坂への軍事行動が、京都政界の攘夷派への示威になったかにみえる（後記）。

対馬藩で、長州藩と結んでの攘夷計画が練られ、幕府への建白書になっていた。計画は、朝鮮国征服案になっていて、これに応じる施策が、攘夷派側からの幕府批判に対応するかにもみえた。前年十二月に隠居した宗義和の継承者義達が、江戸に在った。これに、昌光丸を貸し、順動丸が同行して対馬に至り、事情により兵威をもって朝鮮国事情を探索という任務が、五月、勝に下されたのは、対馬策というより、朝鮮開国強要策であったろうか。攘夷論をこうしたかたちで取り込む動きでもあったといえよう。

討幕を標榜した挙兵や、尊王攘夷の志士と称する一派をはじめとするテロ集団の殺人事件が頻発してくる。武闘の時代に入ろうとし、多くの争闘と非命の死者があった。

剣術修業の経歴も伝えられない明毅には、白刃の下を潜り抜けるような経験も聞かない。活動の場が、主として海上にあったことが、武勇伝に欠ける明毅伝の事情であろう。けれども、海上には海難の恐れがあった。この年七月、明毅が対馬で経験したのは、その危難であった。

「先祖書」によると、六月、昌光丸を対馬の藩主宗對馬守に拝借と仰せ付けられ、帰国させるので、これに乗組み対馬に行った。これは、将軍家が順動丸で江戸に帰り、勝も同行となった結果、明毅に廻ってきた任務で、昌光丸一船となり、武力示威の要素は消えたかにみえる。単独行のなかで海難にあった。七月三日、対馬府中《ふちゅう》の港で、「颶風《ぐふう》」に遭い破船。颶風とは今使われない言葉だが台風の意味であろう。遭難は、藩主上陸後、明毅は上陸していて無事だったが、昌光丸は失われた。明毅は、宗對馬守の手形で大坂まで送られ、そこから陸路で江戸に帰ったのは八月十二日だった。

同船していた軍艦教授所の鈴木録之助《すずきろくのすけ》ら三人の死者も出たという経過が、別に知られる。この鈴木を船長とする説もある（日野開三郎）。事件はそれだけである。ただ、この対馬行きが、対馬藩主への御用船拝借での運航による要人輸送という以上の意味を持っていたことは、確かだった。

5 黒龍丸に乗組む

八・一八政変と小笠原一件

対馬ゆきと遭難とで明毅が離れている間に、京都の政情には大きな変化があった。不可能を意識しながら攘夷実行を約束して江戸に帰った将軍だったが、八月十八日、京都でクーデターが起こり、尊王攘夷派の公卿たちが追放され、三条実美《さんじょうさねとみ》らは長州藩に亡命した。長州藩は、翌年京都に出兵し、町を戦火に曝《さら》して敗軍に及ぶ。クーデターが成った事情は多様であったろうが、五月末小笠原長行《おがさわらながみち》の軍事行動による衝撃が、一つの要因であったのではなかろうか。

老中格小笠原は、勝が軍艦に乗せた幕府要人の第一号であったが、兵を率いて外国船で紀州由良港に至り、そこから順動丸らに分乗して、大坂に上陸したのが、五月三十日であった。兵は、淀川添いを京都に向かったが、在京の将軍は、これを留め、次いで小笠原を罷免した。将軍も、勝も、この行動を否認したが、京都宮廷世界への大きな示威となったことは確かであった。攘夷断行を督促する一派への衝撃は、幕府の当面の苦境を救うものにもなったであろう。

在江戸の幕府海軍の首脳部が、艦船を利用した小笠原行動を支えたはずであった。そこには、実行不可能な攘夷を強要する宮廷勢力への不信感があったに違いない。だが、結果や影響はともあれ、小笠原の行動を非とした幕府は、その企てに関わった者の排斥にも及び、軍艦奉行木村喜毅や矢田堀も責を問われたかともいう（松浦玲）。当面まだ、幕府は、攘夷実行の勅命を約束した立場にあった。明毅が、対馬行から帰ったのは、そうした時期、小笠原の行動には関係せず、八月十八日政変はその数日後という時であった。

黒龍丸に乗務

文久三年十二月、将軍家茂の二度目の上洛があり、今度は海路、軍艦によった。将軍御座艦は、一月ほど前にイギリス蒸気船を買い取って翔鶴丸《しょうかくまる》と命名したのを当て、順動丸以下幕府艦三艦の外、諸藩に蒸気船を出させた連合艦隊となって、暮れの二十八日に品川を出帆した。大坂着は、年が明けて正月八日だった。

「先祖書」の記述では、明毅は、この御先供として黒龍丸に頭取代として乗組を命じられ、二十三日に出発して、二十九日、兵庫にいたった。「系譜」では、越前黒龍船に駕して、そのことを督し先発とする。形式として、この方が正確であろう。昌光丸を失った明毅の乗艦は黒龍丸になっていた。この時点では、越前福井藩船乗組みのかたちである。黒龍丸買い取りの話が進んでいたからというより、こうした藩の軍船に人材を貸すのであろう。思えば対馬行きも、船諸共の明毅らの貸与でもあった。

勝の『氷川清話《ひかわせいわ》』で、このとき諸藩提供の船と船将の一覧を挙げるなかで、越前黒龍丸については、頭取役を不明とするが、これは明毅の名を記すべきところだった。

黒龍丸は、幕府が福井藩から買い取り、以後、江戸・大坂間での要人往来に利用され、明毅は、引き続きこれに乗って、その運航に多忙となる。

「先祖書」に記す明毅の勤務ぶりをまず見よう。二月に元治と改元されて、その元年中である。

黒龍丸で江戸大坂往復

五月、政事総裁松平直克《まつだいらなおかつ》が急御用で江戸に帰るので、六日大坂出帆九日江戸着、十四日、この船に大目付《おおめつけ》菊池伊予守を乗せて江戸発、十六日大坂着。十八日将軍江戸帰還の御供で二十日江戸帰着。六月の記事がないが、七月には、老中阿部正外《あべまさと》の上京に当たり黒龍丸を大坂に回航。八月六日、摂津海上に台場建造に当たっていた稲葉正邦《いなばまさくに》を乗せて江戸行、二十二日、御目付大久保紀伊守を大坂に送り、九月二十日江戸帰着。

煩雑を厭わず列記してみた。政局が京都世界を主舞台にはげしく動き、兵庫開港は延期されても摂津近海の警衛が重要な課題でもあった。将軍自身の長期京都滞在もある。幕府要人の京坂往復は頻繁であった。江戸から京への格式高い道中旅行では、到底応じられない。幕府海軍が、要人輸送を担当することで、江戸・上方の二重政権的体制がようやく維持できた。明毅の多忙は、その一端だったのである。

明毅の輸送者は、ときどきの重要政局を反映する例が多い。五月、松平直克の江戸行きの場合は、とくに以後への影響が大きい。

幕府二重外交の破綻
——田邊と松平直克

文久三年十二月、将軍上洛艦隊の江戸出発と同じ日、欧州《おうしゅう》派遣《はけん》使節《しせつ》の一団が、横浜を出発しようとしていた。横浜鎖《さ》港《こう》談判《だんぱん》使節団といわれる一行で、翌日フランス艦で、上海《しゃんはい》経由パリに向かう。だが、開港した横浜港の閉鎖を列国に承認させようとするのは、朝廷や攘夷派へのゼスチュアに過ぎなかった。使節団員を含む多くの幕臣にとっては、攘夷の実行など、もはや現実性を失っていた。

この使節団に、西洋世界見聞を願っていた田邊太一が加わっていた。田邊は、鎖港に反対で、使節団副使外国奉行河津祐邦《かわづひろくに》らに諮り、出発に先立って、交渉は列国との和親保続の趣旨によることを建議したという。

奇妙な使節団は、当然、鎖港交渉を実現せず、前年五月長州藩の攘夷砲撃への賠償金支払い等を約束する謝罪使節になって七月に帰国した。幕府は使節団の約束を破棄し、一行を処罰した。長州藩の砲撃事件への報復攻撃を計画中の列強艦隊は、この破約に接して出動し、八月五日、四国連合艦隊の下関砲撃になる。列国との交際を深めていきながら、攘夷論者への配慮もみせるという二重外交の破綻が明らかになった。

一方、鎖港をまともに断行しようとする幕臣があった。明毅が乗せた政事総裁川越藩《かわごえはん》主松平直克である。外交交渉によるのでなく、尊攘激派の外国人へのテロなどのような「奮発の族」を用いてこそ、鎖港が実現するというのがその主張であった。

前年八月のクーデターで後退した宮廷攘夷派は、巻き返しを諦めず、将軍は攘夷実行の朝命を否認できてなかった。松平直克が、徳川斉昭《とくがわなりあき》らと協力して鎖港を実現させよとの朝命を受けたというのは、その表われであった。七月の明毅の行動にみえる老中阿部の上洛は、長州藩兵の入京戦闘による。この藩の動きや、水戸藩内抗争での激派、討幕を掲げた散発的な武装蜂起などがあり、外国人と親しむ者へのテロもあった。松平直克は、こうした武力行動を抑えるより、鎖港を支える力と意識したようである。

関東騒乱

五月、明毅輸送による直克の離京は、直克路線の京都政界での敗北を意味した。長州藩が武力侵攻を余儀なくされたのは、その結果であった。だが、直克の離京は、江戸での攘夷武闘派との連携の意味をも持っていたかもしれない。

元治元年四・五月、常陸・下野一帯は、水戸藩内抗争の激化波及から、攘夷急進派武装勢力の地域支配にまで拡がる状況になっていっていた。彼らは、横浜交易による経済変動が諸人を苦しめると呼号し、横浜へ押し出し異国人を打ち払うと主張して軍用金を徴収したりしていった。幕府では、彼らを浮浪の徒と呼んで、水戸殿の名を借りるものであっても厳しく取り締るべきと命じたが、直克は討伐に反対し、幕府が大平山、筑波山の一党討伐に踏み切ったのは、直克政事総裁罷免の六月二十二日以後のことだったという（田邊太一）。

そこで、明毅の戦闘場面での出役があった。

6 初めての砲撃

天狗党の乱

水戸藩は、もともと尊王攘夷運動の本家の感があったが、はげしい藩内抗争のなかで、天狗党《てんぐとう》と呼ばれる一派が、元治元年はじめに筑波山に拠点を置いて、富商、富農の献金を集め、尊攘の旗を掲げた頃には、桂小五郎、すなわち後の木戸孝允らを通じて、長州藩攘夷派との連携も生まれていた。八月にも水戸城攻撃をした天狗勢が、江戸や横浜に進出し、七月京都の戦乱で敗れ再起を図る長州藩兵と東西呼応しての尊攘派戦争を起こすことも、実現はしなかったものの、可能性としてはあったろう。

だが天狗党勢は、七月末には、諸生党《しょせいとう》が実権を握った水戸藩との戦闘が、横浜鎖港目標より現実の課題となり、そのなかで、八月には、支藩宍戸《ししど》藩主らや、大発勢《だいはつ》と呼ばれるグループなど、藩実権派に疎外された勢力と合流して、那珂湊《なかみなと》で、諸生党と対峙するにいたった。この間、下総の小金原《こがねはら》や佐原《さわら》近傍にも進出し、御用金の名で金穀を集め、これに便乗して同様の行動に出る集団をも生んだ。村々では天狗さんといえば集団強盗のことだと後年まで思っていたという印象まである。横浜開港後の経済変動の中での不安から、これに加わった領民もあったが、実態は、攘夷を名とする暴力集団になっていった面もあった。

九月、天狗党勢への幕府軍の本格的攻撃が始まり、幕府海軍のメンバーとして、明毅が、黒龍丸に乗って参戦する。黒龍丸を含め、幕府軍艦を、これまで多く船と表記してきた。当時の資料表記に従ったのだが、それは、要人の輸送など、船としての役割を演じてきたことによるだろう。だが、天狗党勢との戦闘で、黒龍丸は、武力を行使する艦となった。

黒龍丸の那珂湊砲撃

九月二十日、大坂から江戸に帰った明毅は、二十九日、新しい指示を受けた。

「常州辺の浮浪の徒」追討のため御軍艦奉行並矢田堀景蔵が乗組み、「黒龍丸御船」を差し遣わすにつき、右頭取代として乗組み罷り越すという「先祖書」の記述の「罷り越す」より前が、指示文言そのままであろう。矢田堀が乗り組み、明毅が頭取代というのはよくわからないが、指揮権は矢田堀にあって、彼が頭取、その代として乗組むのが明毅ということだろうか。事実上艦長としての出動令だったろう。

那珂川を渡って、那珂湊地方を占拠していた一党に対して、七月中には、幕府軍艦が九十九里《くじゅうくり》から銚子《ちょうし》の河口辺を遊弋し、海上の退路を遮断したという（田邊太一）。井伊殺害事件当時の横浜警衛の例があったが、これも退路遮断だけでなく、一党の進出への危惧に備えたのかもしれない。

だが、明毅の黒龍丸は、もっと積極的な戦闘行為に及んだ。

「先祖書」の記述は、以下の二行である。

十月五日、常州那珂湊において、大砲を発射して賊徒を攻撃し、同月下旬「賊徒落去」に付、十一月六日、江戸に帰る。

「賊徒落去」とは、十月二十三日合戦での諸生党の勝利、天狗党一党の脱出を意味しよう。ただ、黒龍丸砲撃の衝撃は、後年の水戸地方にも伝承されていた。

水戸での伝承

山川菊栄《やまかわきくえ》『覚書　幕末の水戸藩』の中に「ごろり二分」という小文がある。たいへん面白い話なので、少し長く引用する。

徳川斉昭は、領内の梵鐘《ぼんしょう》や金銅仏《こんどうぶつ》をとりあげて鋳つぶし、大砲に変えた。金色に光って太く長く堂々としていたが、運ぶには大勢の手間を要し、ごろりと一回転させるのに金二分《きんにぶ》はかかるので、民間ではこの大砲を「ごろり二分」とよんだ。

「子年《ねどし》のおさわぎ」（すなわち元治元年の騒動）のときは、「幕府は外国から買入れた優秀な軍艦をもち、外国軍人に仕込まれた熟練した砲手もいたので、そういう軍艦がただ一隻、那珂湊の沖に現れ、陸上の武田耕雲《たけだこううん》、藤田小四郎《ふじたこしろう》の連合天狗勢に向って砲撃を開始するや、一発のむだもなく目標に命中して到る所に修羅場《しゅらば》をくり広げた。」

然るに「ごろり二分」は、砲身を離れると目の前の海へポチャン、ジャブンととびこむばかりで、敵の方はうちまくり、こちらの砲も人間も、見る間に吹っ飛んでしまう。

「天狗さんが負けたのはあの一艘の軍艦に負けたんですよ」といって、以後西に行軍して金沢《かなざわ》で降伏にいたる天狗党勢の行動を説く故老もあったともいう。

伝承のいう外国から買入れた軍艦とは、黒龍丸、もと福井藩が長崎で購入した艦であり、砲手が外国人に仕込まれたというのも事実らしい。砲撃被災者の側に、砲撃者の情報は、かなり正確に伝わり、記憶されたようだ。

砲撃は、明毅にとって初めての体験であっただけでなく、幕府海軍、さらにいえば日本海軍にとっても最初の実戦経験であったろう。思えば、海上軍艦からの砲撃という脅威を一九四五年に経験した日本人は、空襲体験者に比べて少数ながら、今も健在であろう。その恐怖の経験は、この少し前、鹿児島と下関の住民が外国艦によって受けていたが、ここで、幕府海軍によって、明毅の率いる軍艦によって与えられたのであった。

7　閑職と家事

海軍知名士の放逐

「先祖書」には、ここに紹介を略したが、褒美の賞を受けた記事が頻繁にみられる。だが、那珂湊砲撃については、そうした記事がない。江戸帰還後十二日の十一月十八日、小十人組を仰せ付けられ、本日長門守《ほんめながとのかみ》組になったとの記事がある。元治元年十二月付の「先祖書」は、この記事で終わる。

小十人組とは、将軍警衛の任に当たる部隊で、これに入るのは降格でもなく、扶持給米も減らされたわけでもない。ただ、いわば陸軍軍務であり、長年の海軍勤務から離れる人事で、海軍関係者への逆風とみえた。

河田熙の書いた「行状」は、是月、貶《おと》して小十人隊となるとし、思うに讒言があったとし、同時に貶されたものとして、矢田堀延敏、伴哲、荒井顕理、柴貞邦、浜口英幹、堀徳基の名を列記して、皆海軍知名の士なりとする。勝の日記には、十一月二十三日、此頃、操練所頭取荒井、伴、一等軍艦組堀、浜口、塚本放逐と云うと記し、二十五日には、矢田堀も退職の由とする。両資料の伝える人名の差は、一部は「行状」の表記の間違いにもよるようだ。堀徳基の名が堀徳祉だとすると、日本英学史上の著名人堀達之助で、勝日記の一等軍艦組堀は別人かといった問題などがある。

陸軍拡張策か、フランス式軍制か

荒井顕理が、操練所頭取荒井郁之助であるのは確かだが、原田朗氏によるその伝記は、元治元年四月、講武所取締に任、ここで海軍から陸軍への転身、七月歩兵差役頭取とし、海軍を生涯の業と思っていたのに茫然としたとの荒井の手記を紹介する。海軍人材の陸軍への引抜きが少し前から進行したようである。原田氏は、矢田堀、伴も講武所に、塚本も陸軍転との動きも、同様に陸軍拡張策と解している。

ナポレオン三世のフランス政府が、この頃東アジア地域への積極的進出を図ってきていて、その駐日公使ロッシュが、元治元年三月来日以来、幕府高官との交渉を活発に展開していった。翌年（慶応元年になる）一月に開校の横浜フランス語学校は、陸軍幼年学校にあたり、四月には、幕府は軍事調査に外国奉行らのフランス派遣を命じるなど、幕府の軍制改革への指導的役割を演じていくことになる。

海軍人士の放逐とされるのも、こうした軍制改革の一環としての洋風陸軍創設策での人材の必要からでもあったのだろう。実は、海軍知名の士の中にも、フランス指導下に海軍人の道をとったものがいたようだ。慶応二年、幕府の長州との戦争に海軍を取り仕切った木下利義は、もと長崎伝習所で艦長候補伝習生だった伊沢勤吾であった。勝は、その頃老中小笠原長行をきびしく非難し、その信じるのは数人の「狎邪之小人《こうじゃのしょうじん》」として塚原昌義と木下、それに小野、肥田の名を挙げる（松浦玲）。小野は友五郎、肥田は浜五郎で、伊沢とともに海軍知名の士であることは間違いない。

こうしてみると、海軍知名の士には分裂があって、元治元年に海軍を逐われた明毅らは、フランス軍制推進派とは対立する側、いわば勝派にあったということだろうか。

勝の失脚と明毅の閑職

「行状」は、明毅の貶《へん》せられたのを讒者があってのこととしていたが、これは、勝に対する讒言の意味ととると、よくわかる。

勝麟太郎は、この年五月には軍艦奉行勝安房と称する地位に上り、神戸に設置を認められた海軍操練所の経営に当たっていた。神戸のこの操練所は、実態は勝の私塾であった。その勝が、御達しを受けて、江戸に向かったのは、十月二十五日だった。最後の行程は早駕籠で、十一月二日江戸に着いた勝は、十日御役御免を申渡された。

これに先立って九月、神戸の勝の塾中の者の姓名・出所の探索を受けていた。明毅の黒龍丸運航の中に見えた大目付大久保紀伊守の八月大坂行きが、これに関わるかもしれない。坂本龍馬が著名な例だが、ここには諸国の多様な人々が集まっていたのだった。勝の塾が不穏激徒の巣窟に化しているとの噂が、勝の薩摩藩等の有志との交友ともからんで、勝を危険人物としたのであろう。

これに続く日々の明毅らの転勤が、他の事情もあるにせよ、これと関わることはいうまでもない。明毅の動静について、「系譜」では、翌慶応元年三月、京師に赴くとの記事がある。第一次征長戦争終末期での、小十人組一員としての行動であろうか。閏五月には、小普請入りとなる。小十人組も外れて無役となったのであろう。

慶応元年十二月八日、逼塞《ひっそく》中の勝の日記に、塚本桓輔来るという記述があり、不遇の両人が、時勢や海軍の前途について、話し合うことはあったようだ。

結婚と家庭

これより前、明毅は結婚していた。

文久三年十二月、佐藤久右衛門豊勝の次女阿孝《おこう》と「許嫁」すなわち上司から縁組を許され、元治元年六月三日婚という（「系譜」）。黒龍丸で大坂往復の記録を前記したなかで、唯一、六月だけ記事がなかった時にあたる。満年齢で、新婦は二十三歳、明毅は三十歳のはずで、当時としては晩婚である。佐藤豊勝の地位はわからない。

母を失っていたが、父明義は健在で、文久元年九月和宮様下向御用など、三年二月には、将軍上洛の御供に従うなどの勤務にあたり、九月には学問所勤番上席心得との辞令を受けていた。譜代徒士身分として、同年閏八月時点で、切米五十俵三人扶持を原俸《げんぽう》、七十俵五人扶持を足高として下さるというから、同じ頃、切米五十俵、軍艦組勤務中八十俵十人扶持を加えられた明毅の方が上回っていたようである。だが、塚本家当主は、依然明義で、明毅は妻帯してもまだ父の家の部屋住み身分であり、新婚の夫婦は、父の徒士組屋敷に同居していたに違いない。

阿孝は、那珂湊出陣などで家を空ける夫の妻であるよりは、明義の家の嫁として、父に仕える位置にあったと思われる。家の同居者が、どれだけあったかはわからない。少数の家事使用人がいたかもしれない。夭折者を除いて、明毅には四人の弟妹があり、弟二人は文久三年には、すでに幕臣として扶持を受けていた。三つ年下の明誠は、大砲隊出役として三人扶持を給され、十二年若い明教は、もっと明毅に近い道に進んだ。文久二年十一月、蒸気機術を学んで御軍艦組出役となり、三年五月には、御軍艦組勤方として十二人扶持を得たのが、この時点での地位であった。

二人の弟の進路には、明毅の影響が当然大きかったと思われる。だが、二人の弟と明毅とは、数年後、決定的な分離があり、それは幕府海軍の分裂の一環であった。

もう一つ、慶応二年三月一日、阿孝は男児を出産した。明毅の長男、幼名於菟太郎《おとたろう》、後の明篤である。出生地下谷というのは、明義の徒士組屋敷に違いない。明毅の不遇の時代は、反面で、彼に家庭の幸せをもたらしたのかもしれない。

父の死と相続

慶応二年六月十七日、明毅の父明義が病没した。十代の少年として塚本家に入ってから徒士身分としての勤務を続けてきた明義は、孫の顔を見て三カ月ほど後に世を去ったのだった。急な病気でもあったのか、相続の手続きなどは、とられていなかった。

折から、第二次長州戦争が始まり、勝が再起用され、明毅の閑職時代は終わろうとしていた。明義の死は表向きにされず、十二月七日になって、明義の辞職と明毅の家督相続の許可を受け、その逝去は公式には、実際の死の一年後の六月十七日とした。

明毅は、ここでようやく部屋住み身分でなく、塚本家当主として、幕臣の家を継承した。十二月二十五日、富士見御宝蔵番格《ふじみごほうぞうばんかく》と「系譜」に記されるのは、その表現であって、実務とは無関係であろう。明毅の現実の仕事は、洋式軍隊の要員として重視されることになっていく。だが、それは、幕府倒壊の過程でのことになる。

8　幕府倒壊に直面して

征長戦争と海軍復帰

慶応二年六月、幕府海軍の周防大島《すおうおおしま》砲撃が、第二次長州戦争の口火となったが、以後幕府海軍の活動は顕著なものがなく、明毅の参加も知られない。すでに長州藩と結んだ薩摩藩をはじめ、諸藩の離脱の動きが目立ち、戦況は長州勢が各地で優勢のなかで、将軍家茂は、七月大坂で病没する。この状勢のなかで、改めて勝が起用され、五月二十八日軍艦奉行に再任されていたが、その仕事は、戦争終結の議を長州藩との間にまとめることになる。

明毅は、八月九日、騎兵差図役《きへいさしずやく》勤方を命じられた。勝の再起用に続いて、現役への復活を意味するようだが、海軍でないとともに、小十人組とも富士見御宝蔵番とも無縁の洋式陸軍の役であった。横浜のフランス語伝習所では、騎兵士官による軍事訓練が行われていたというし、荒井郁之助は、横浜の太田村陣屋で、陸軍幹部士官養成計画に加わっていた（原田）。フランス軍事顧問団の来日（慶応三年一月）を待ちつつ、横浜駐留フランス軍指導下に洋式軍制の整備を目指していた幕府は、陸海軍を問わず、西洋技術に触れた人材利用を図ったのだろうか。

だが、まもなく十月二十四日には軍艦役勤方となり、海軍に復帰した。家督継承と父の発喪を挟んで慶応三年四月、長崎に赴くと「系譜」に記すのがなにを意味するかわからない。

イギリス軍事顧問団による指導計画

「系譜」に記さないが、慶応三年九月イギリス軍事顧問団が来日、築地海軍伝習所で海軍伝習にあたることになり、十月、その日本側役人に、軍艦役塚本桓輔と甲賀源吾とがあった。両人は、十一月、生徒取締兼務をも命じられたという（篠原宏）。

フランスの軍事顧問団は、すでにその年一月に来日して、活動していた。歩兵、騎兵、砲兵の協同による陸軍戦闘法の訓練を主にしたようだが、フランス海軍による富士山丸での伝習もあった。フランス公使ロッシュは、長州戦争中に、小倉口幕府軍の指揮者老中小笠原長行に、幕府艦による攻撃戦術を教えたりもしていたという（松浦）。

新しい技術と膨大な経費を必要とする海軍軍備は、主従関係による軍役とは馴染《なじ》まず、反面、将軍家や大藩では、これを備えることで対抗勢力を圧倒することを期待できた。ナポレオン三世の公使ロッシュは、幕府海軍をそうしたものに育てようとした。幕府側でも、これに応じて小栗忠順らによって、反幕勢力を圧倒する政策が推進され、横須賀製鉄所（造船所）建設なども、その一つであった。

前記、勝から「猾邪之小人」と指弾された木下らは、幕府海軍内での、いわばフランス派で、対して勝の塾は、幕府諸藩一致の海軍を目指したという（松浦）。

オランダ海軍による長崎伝習所での教育に出発した幕府海軍だったが、この時期、フランス海軍が、その地位を継ごうとする勢いにあったのだろうか。イギリスは、その指導下での海軍の近代化がロシアやトルコなど多くの国でみられ、「海軍の母」と称される地位にあった。そのイギリスの駐日公使パークスは、ロッシュとともに慶応年中の日本で大きな役割を演じ、その好敵手でもあったが、幕府の強化を図ってその役人に深く接したロッシュに対して、パークスは薩長雄藩に接近したから、幕府海軍との関わりは弱かった。

この点で、フランスに水を空けられていたイギリスが、遅ればせの顧問団を送った事情は、よくわからない。明毅が、この経歴を「系譜」に記さないのは、なにかの意味があるのだろうか。「系譜」で、明治元年正月十六日軍艦役となるとするが、三カ月前に軍艦役として登場することとともに、疑問である。慶応二年十月の軍艦役勤方という「系譜」の記との関連も含めて、わからない。

ただ、イギリス顧問団の伝習所は、実際には格別の活動はできなかった。慶応三年十月に伝習が始まったとしても、その月、大政奉還上表と、討幕詔書とが発せられ、二カ月後、薩摩藩邸への攻撃で、幕府は薩摩藩との戦闘に入り、戊辰戦争の時代に入るのである。

戊辰戦争と軍艦頭並——百日で辞職

慶応四年正月、鳥羽伏見での戦闘から戊辰戦争の時代に入るが、三年十二月二十五日、幕府軍は、江戸で市中を攪乱させていた薩摩藩邸を焼打した。このとき江戸湾停泊中の薩摩藩艦を幕府艦が攻撃しての海戦があり、翌年鳥羽伏見戦前日には、阿波沖でまた、幕府・薩摩両艦の交戦があったのは、その延長であった。戊辰戦争前夜ないしその初期に、幕府海軍の役割は、確かにあったのである。

だが、その後、徳川慶喜が大坂を離れ、江戸に帰って後、幕府海軍の戦闘参加は知られない。幕府組織の変化はあり、旗本を登用した五総裁が、老中の役務を担う体制になる。正月二十二日、明毅が軍艦頭並《ぐんかんがしらなみ》となったのは、これとつながる人事で、松岡盤吉、甲賀源吾も同日同じ辞令を受けたようだ。翌二十三日、勝は、海軍奉行並から陸軍総裁に転じ、海軍総裁に矢田堀が就任、副総裁には、榎本武揚がなった。榎本は、前年三月にオランダ留学から、新造の開陽丸《かいようまる》に乗って帰国したものであった。

「系譜」で、明毅の軍艦頭並任の次の記事は、閏四月十日、病を理由にこれを辞して寄合となるというものだから、その在職期間は、およそ百日ほどで、これは旗本格の地位であった。幕臣として明毅が到達した最後の地位で、その最高位であった。なお、慶応四年が明治と改元されるのは、九月のことだが、明毅の「系譜」は、正月から明治を用いている。

正月下旬、徳川慶喜は江戸城にあって、その動静はなお不安定、京都では、有栖川宮《ありすがわ》を大総督とする東征軍出撃の用意がされていた。将軍家上洛より、新政府軍の東征が予測されたのが、明毅の軍艦頭並就任頃の状況だった。

この頃、徳川海軍を駿河海浜に出動させて、東征軍を横から攻撃し、同時に陸兵を増強させて東征軍を破り、軍艦を大坂湾に進めるという案が、勝安芳にあったという。海軍兵力に多くを依拠する作戦で、実現していたら、明毅の実戦参加は不可避だったし、それ以上に、日本の内戦は、北越奥羽でなく、東海近畿で多くの流血を生んだろうか。

現実の事態は、徳川海軍は動かないまま、東征軍参謀西郷隆盛と勝との折衝を経て、四月、江戸城の無血開城となる。東征軍と徳川政権側との折衝の重要な課題は、徳川家存続条件と、とくにまた徳川家軍艦の処理にあった。明毅辞任後の五月、徳川家は田安亀之助《たやすかめのすけ》を駿河府中（静岡）の藩主とすることで決着、これが、以後の明毅の活動の場になる。軍艦の処理の方は、四艦が徳川家に残されたが、榎本の蝦夷地行き艦隊脱走で、交渉結果は無用になる。

軍艦頭並の百日ほどの明毅の行動は、とくに知られない。以後、江戸の彰義隊《しょうぎたい》や、北越奥羽等の新政府への抵抗戦闘に関与した形跡もない。ただ、榎本軍には、何人もの明毅の旧友と二人の弟も加わっていた。明毅の前半生を過ごした幕府海軍の最後の姿を示すものでもあった。

榎本艦隊の脱出

慶応四年八月、榎本は艦隊を率いて品川を脱出した。まもなく改元明治元年になる。オランダで新造の開陽丸を旗艦とし、回天丸等四隻の軍艦を含む八隻の艦船に、荒井郁之助、沢太郎左衛門《さわたろうざえもん》、甲賀源吾、松岡盤吉らの諸将がともに乗組んでいた。出発に際して、脱出の目的を、檄文や徳川家臣大挙告文に、宣言していた。その趣旨は、およそ以下のようであった。

王政日新は皇国の幸福でわれらも望むところであるが、今の政体は強藩の私意に出て、真正の王政ではない。徳川氏の世臣で服するものは心服ではなく、世道人心《せどうじんしん》を忘れぬものは、かえって賊徒の名を負わされる。肩に錦布《にしきぬの》をあて、官軍と称して江戸の町を横行する連中が、慷慨の人士を賊とし、財貨を分捕と称して奪う。われらは、もと、徳川遺臣のため、蝦夷地開拓を求めてきた。いま、全国士民の世道人心を忘れぬもの、意気を一つにして、皇国一和の基を築くための一挙である。

現実には、榎本艦隊は、出発直後から風波の難に遭い、当時もはや船として従っていた著名な咸臨丸は、清水港避難後、乗員多数は新政府軍に惨殺され、死体が放置された。以後も、艦隊の海難事故は頻繁で、榎本秘蔵の開陽丸も、十一月江差《えさし》で遭難にいたる。著名士人を多く乗せた艦隊だったが、高級士官の集団に率いられた軍人たちのなかで、実際の操船に当たる水兵のような有能な乗員には欠けていたのかとも思われる。

榎本らは蝦夷地で、松前藩《まつまえはん》と交戦して、これを逐って蝦夷地《えぞち》を占領、事実上新政府から独立の政権をたてるが、明治二年二月、甲鉄艦《こうてつかん》を入手した新政府軍は、三月榎本軍への本格攻撃に入った。甲鉄艦は、南北戦争中のアメリカ南軍がフランスで製造させた鉄帯の装甲艦で、幕府が購入し慶応四年四月横浜に入港した最新鋭艦であった。幕府崩壊後のこの艦の入手を、榎本は図ったが成らず、新政府が、ここで入手したのである。開陽丸を失っていた榎本軍は、甲鉄艦奪取を企て、回天、蟠竜、高尾の三艦で、宮古港《みやここう》に、新政府海軍を襲撃する一か八かの決戦を挑んだ。だが、風浪のため三艦離散、回天一艦で甲鉄艦と凄絶な海戦の末、撤退に至り、艦長甲賀源吾は戦死した。

四月雪解けとともに、新政府陸軍は蝦夷地に上陸して箱館にせまり、今や新政府艦になっていた朝陽丸等の艦も甲鉄艦とともに箱館湾に迫った。五月七日、箱館湾で、再び回天丸による甲鉄艦攻撃があった。この戦闘で、明毅の末弟明教が戦死した。彼はたぶん宮古海戦にも参加したのであろう。吉村昭『幕府軍艦回天始末記』には、この箱館湾内海戦と塚本禄助（禄輔が明教の字）の死が描かれている。箱館戦争最末期五月十六日頃の、五稜郭《ごりょうかく》での戦死者死体が放置されたのと違って、明教は、乗誓院裕明居士の法名で箱館浄玄寺に弔われ、後明毅によって沼津に改葬された。

もう一人の明毅の弟明誠は、明毅軍艦頭並在職中の慶応四年二月、砲兵差図役下役並をやめて彰義隊に入り、六月軍艦稽古人となり、八月回天で脱走、翌明治二年五月箱館で降伏と、「系譜」に記録される。彰義隊滅亡後、弟を頼って乗船したのだろう。以後の形跡は記録なく、ただ塚本家過去帳に挟み込まれた墨書紙片に、「寿量道応信士　明治三九年四月一三日死　俗名塚本誠」との記がある。過去帳に記載すべくして忘れられたのであろう。没年齢は明誠の生年からみて符合し、これが、上野の山と箱館との戦場を経験した人物だったことは間違いない。たぶん、明毅の晩年にも交渉をもつことなく、その没後まで、塚本誠として生涯を送った彼のような人物は、榎本軍参加者の中に、なお何人かあっただろう。

海軍と明毅の位置

明毅伝の海軍の部がここでようやく終わる。明毅は、長崎海軍伝習所から幕府倒壊まで、幕府海軍で前半生を過ごした。幕府海軍の創設期から、榎本海軍を幕府海軍と別とすれば、その最後までに関わったわけである。その行動範囲は、江戸・大坂間の往復や小笠原諸島から對馬に及ぶ海域や常陸の海浜にも及び、仕事の内容も、要人輸送、測量、警衛さらには砲撃と多岐にわたった。対馬の場合からは探索を加えてよいかもしれない。よく勤めたというべきだろう。それぞれの時点で、日本の状勢に与えた影響も小さくはない。

だが、明毅が、彼、ないしその属する海軍の行動を、どのように認識し、海軍の当時および将来の役割をどう理解し、または主張しようとしたか、これについて、明毅が吐露した意見の類は残されていない。筆者は、時に明毅に近い位置にあったと思える人物、例えば田邊太一などの言説からの推論によって記述したところがあるが、その当否は確かでない。

軍人として、というより、幕府職制上におかれた位置から、当時の明毅は、意見を表明することなく、与えられた任務を遂行するだけだったのではないか。然るべき地位にない藩士が「国事」を論じ、在野有志の論客たちが世間に活動する志士輩出の時代というイメージの時代だが、維新変革期の激動下に頭角を現して明治の著名人となったような人物の例での印象であって、それですべてを理解するわけにはいくまい。

旧例と伝統が強固な将軍家の幕府のなかで例外的な活動を見せたのが、勝麟太郎であったろう。何人かの豪商の援助を受けて蘭書を読み、早くから国事への関心を表明して、佐久間象山、島津斉彬らとの交渉もあった。そのような勝が、幕府内でも登用され勝安房を称するに至るまでには、海軍運営の実権を担っていた。むろん、勝に反対する勢力もあって、その地位は安定してはいなかったが、多くの海軍人士が、勝の下に働いた。明毅もその一人であり、幕政への発言権はなく、現場スタッフのメンバーとして活動する場にあったのである。

本章でしばしば触れた海軍の冬の時代は、勝の失脚期でもあり、明毅の不遇期でもあった。海軍人士の間の分裂も何度かあった。小笠原長行率兵上洛一件、神戸の勝私塾一件の摘発等では、そうした分裂が表面化したかにもみえた。明毅は、そのなかでも、勝と進退をともにしたようだ。ただ、幕政に深く関わっていった勝と違って、その立場は、終始、勝の下での現場スタッフというに留まった。

　幕府海軍の消滅期、海軍部内の分裂は、榎本艦隊の脱出によって決定的な場面に終わる。明毅と、その二人の弟との分裂でもあったのだった。そこでも、明毅の行動は、勝の路線に沿っていた。榎本艦隊への参加でも、浪士ないし新政府役人への道でもなく、徳川家の駿府（静岡）藩への赴任であった。二弟への思いは残ったであろう。

第五章　沼津兵学校と『筆算訓蒙』

1　沼津兵学校時代

駿府藩と沼津兵学校

「系譜」は、明毅が明治元年六月二八日陸軍御用取扱となり十月十九日江戸を発し二十三日沼津に従居と記す。この時点に即すれば、陸軍御用取扱任は、まだ慶応四年のことだが、これはもはや幕府の人事ではない。阿部潜（邦之助）という人物が、「六月以降多くの人物を陸軍御用取扱という肩書で配下に集めた」ことが、樋口雄彦氏の『旧幕臣の明治維新　沼津兵学校とその群像』に記されるのと符合する。以下、この章の沼津兵学校に関する記述は、主として、この本や、同氏著『沼津兵学校の研究』に依拠する。

阿部は、もと幕府の目付役にあった旗本だったが、この頃、徳川家が駿府の大名となるのに際して、近代的陸軍士官養成の学校設立を企画したもので、これが沼津兵学校となる。陸軍御用取扱という職務は駿府藩の職であり、この時期に即していえば、徳川家家臣への主君徳川家からの命であった。

この年五月、新政府は、田安亀之助（後の徳川家達《とくがわいえさと》）に徳川宗家《そうけ》を相続させ、駿河府中（静岡）の大名とした。七、八月、慶喜とまだ幼児の田安亀之助に続いて、多くの駿河移住者があった。膨大な徳川家臣は、先祖代々の旗本から、つい近年、家臣となった者まで多様であった。新政府の「朝臣《ちょうしん》」になるのでなく、榎本艦隊などのように新政府との戦闘に加わるでも、農業商業に転じるでもなく、徳川家臣としての道を選んだものは、その一部に過ぎなかったが、駿府藩七十万石には過大な数であった。それを抱えて駿府藩は発足し、翌年静岡藩と改称した。

阿部潜
（『同方会誌』50，より）

そのような藩で、藩士子弟を近代的陸軍の将校に育成する学校が設立された。士身分としてのプライド維持の機会を、藩士に与えるかのようであった。陸軍学校、徳川家兵学校などと呼ばれ、やがて沼津兵学校の名が定着する。軍艦を榎本に持ち去られ、海軍は望みようがなかったが、徳川家が、諸藩から引抜くように集めたりもした人材は豊富であった。蕃書調所に登用されてからオランダに留学した西周《にしあまね》（一八二九〜九七）が一例である。その西を、十月、陸軍学校頭取としたのをはじめ、徳川遺産の人材に支えられて、沼津学校は発足した。

明毅もまた、こうした人材の一人として、ここに赴任するのである。

海軍消滅後の明毅

明毅は、十月二十三日に沼津に着き、十一月四日陸軍教授方一等に任じられる。以後三年ほどは、沼津在職在住の生活となった。別の世界がここから開けていく。幕府倒壊という激変のなかでは、明毅の地位は比較的変動が少なかった。禄を離れ、士身分を失って生計が途絶えたのでなく、主君が変わったわけでもなかった。

沼津兵学校関係者と明毅（沼津市明治史料館蔵）
中央が明毅。

駿府藩—静岡藩は、徳川宗家を継承した藩であり、後年の「墓碑銘」で、「王政維新に及び徳川氏に従い駿河に徙《うつ》り兵学教頭たり」とするように、主君徳川家の移転に従っての沼津移転に過ぎなかった。変化といえば、勤務の場海軍が、彼の前から消滅したことが最大の変化であったろう。これまでも、陸軍への転出などが一時的にはあったが、榎本艦隊の脱走とこれへの不参加で、海軍との縁は切れた。以後の帝国海軍への明毅の関与はない。沼津での職務は、陸軍教授であったが、どうもそれに留まらなかったようである。海軍から陸軍への移転だけでなく、武官から文官への変化が、この時期の明毅の境遇に進んだのではないか。後に考えれば、これは、徳川家家臣から政府役人への、ゆるやかな変化への過程でもあった。

このことの意味は大きく、明毅自身の生涯の転機でもあれば、総じて武士身分のありかたの変化にも対応していたが、その点は、沼津兵学校の性格を考えるなかで確かめていくことにして、しばらく沼津移転前後の、彼の家庭生活をみよう。

沼津移転前後

明治元年九月、多くの徳川家臣が、船で清水港《しみずみなと》に送られて駿遠地域の住民になった頃、明毅の妹阿郁《おいく》が佐藤通硯存《たもつ》に嫁した。佐藤を陸軍二等軍医副とするが、この時の地位かどうかわからない。阿郁は、満年齢で二十六歳、当時として晩婚であり、多事のこの頃、塚本家当主として、「片付ける」苦慮もあったかと思われる。明毅の弟妹は、榎本軍に入った二弟の外、末妹阿婉《おやさ》だけが残されることになった。

十月十九日江戸発、二十三日沼津という道程が四泊を要しているのは、海路には慣れていた明毅が、家族連れの箱根越え陸路だったからに違いない。十四歳の末妹が同行者に入っていたか、使用人が同行したかなどはわからない。生後一年余の乳呑児の長男を抱えた妻は身重だったはずである。翌年正月、沼津で次男が誕生し、己巳次郎と命名した。

出産から十日ほど後の二月二日、妻阿孝が世を去った。三十歳の若さで、彼女との結婚生活は四年足らずで終わった。死因は出産に関わるものだろう。母を亡くした忘れ形見の次男も、五月二十八日に夭折した。

榎本軍に従って箱館に行った弟明教が、五月七日同地で戦死、次いで十八日の榎本軍降服の報が、明毅のもとに届いたのは、この少し後だったであろうか。翌三年二月から四月にかけて箱館降服人の多くは赦免を受け、中には沼津兵学校に採用されたものもあった。たぶん、その頃、明毅は法事をした。

不幸と沼津西光寺

時宗西光寺《じしゅうさいこうじ》は、古くから沼津道場の名で知られ、十六世紀初めには今川一門から田畑の寄進を受けたりした名刹である。この寺の年別に整理された過去帳には、明治二年「徳川亀之助様駿府御引越ニ付御家来方沼津表え御越」として、辰年（明治元年）十一月十六日、巳年正月十一日に拙寺へ御越の勝権一郎以下の名を挙げる。勝にスクルとルビをふるのは、勝呂《すぐろ》姓《せい》の意味だろう。静岡藩軍事俗務方頭取として、兵学校の管理部門に勤務した高藤三郎が、もと伊豆の豪農勝呂家の出で、御家人の養子に入り、旗本格になっていた人物に違いない。徳川家臣団駿府移住の一端を示す記事である。

実際にこの寺に葬られた移住者の最初は、明毅の妻だったようだ。西光寺過去帳のこれに続くのは、新檀中として「徳川藩御旗本塚本勘輔妻」の法名である。同寺で護ってきた墓碑には、「宝明院殿華屋乗性大姉　明治二年己巳二月二日　塚本明毅妻　佐藤氏墓」と刻された。軍艦頭並になった明毅は、旗本格として遇されたのである。

己巳次郎の死後、明教の訃報に接し、さらにその遺骨を受け取ることができた後、明毅は、箱館で付された明教の法名を改め、西光寺に、「明治二年己巳五月七日　箱館戦死」と刻した小墓碑を建て、

明毅弟（明教）の墓碑
（西光寺境内／沼津市明治史料館提供）

明毅妻（阿孝）の墓碑
（西光寺境内／沼津市明治史料館提供）

西光寺（沼津市本字宮町）（西光寺提供）

己巳次郎もこれと合葬した。お孝の墓とともに、以後百年余にわたり、塚本家では記憶に留めただけの中で、西光寺に護られ、平成二十二年（二〇一〇）に、新宿成覚寺に改葬した。墓碑二つは、無縁佛石塔群中に現存する。

榎本軍の死者への、思いの歴史でもある。

沼津での地位と職務

明毅の沼津での家庭生活は不幸で始まったが、二年正月に開校した兵学校での仕事は快適であったといえよう。多くの旧知の人を含む人材と職をともにし、そのなかでも優遇されていた。陸軍教授方一等という地位は、校長にあたる頭取西周に次いで高い地位であった。

一等教授方は五人、一等教授方並一人までが、頭取とならんで教授陣の首脳部を形成したという指摘がされている。頭取の役金（俸給年俸）五百両、一等教授方は三百七十両という給与は、二百両の三等教授方十四人以下と大きな差があった。年俸三百七十両というのが、どのくらいの額かは、両の交換価値が急激に低下している時期だけにむずかしいが、明治三年五月、兵部省《ひょうぶしょう》の海軍建議書では全国石高からの収入算定に、一石を七両二分とする数値を挙げる。旧幕時代の禄に比べると、小十人格御軍艦組百俵高役扶持附での三百両というのより高い。むろん、旗本格の軍艦頭並が千石の給知というのには到底及ばず、何人もの従者を抱えるお殿様という地位には遠いが、そうした負担がないだけ、家計は潤沢といえよう。庶民レベルからすれば、たいへんな高給者であった。

職務は教育であり、数学を担当した。算用数字を使っての数学ないし算術が、欧米の技術を学ぼうとするとき必須であり、一面では士大夫の教養とは異質なもので、その初学者を苦しめたことは、第三章の長崎海軍伝習所の例でみた。まったく同様なことが、ここでもあったわけだが、明毅は、今や教師としてその仕事にとりくんだのである。

赴任して数カ月後、身内の不幸が続いた明治二年五月だが、『筆算訓蒙』という本の凡例は、この月付である。本の意図や構成を簡潔に述べたもので、すでに内容のかなりを書いていて、それはまた、実際教育にあたった上での記述でもあったと思わせる。

数学教育については、『筆算訓蒙』の内容とともに後に詳記するが、赴任草々多事のなかでの執筆は、彼がこの仕事に、情熱を見出していたことを示している。

事実上の高等普通教育

生徒はどうであったか。沼津兵学校は付属小学校を併設し、明毅もこの教育にもあたった。兵学校への進学者は、この小学校の生徒（童生《どうせい》）からの選抜進学を建て前としたが、開設当初、まだその進学者はなく、三十歳未満の旧幕臣の内から期限付きで選ばれた暫定生徒《ざんていせいと》から選抜された資業生《しぎょうせい》が学生の主体で、選抜に合格するまでの限られた期間の暫定生徒も、生徒身分だった。明治二年中には、正月から九月までに百名前後の資業生が採用されたほか、三年春までは暫定生徒として残った者もあった。資業生の修業年限は四年間で、この間に第二試験に合格すれば本業生に進むことになっていたが、学校存続中に第二試験が行われたことはなく、本業生は存在しなかった。沼津兵学校が短命だったことによるが、歩兵・砲兵・築造といった専門課程の学生を欠く学校は事実上、高等普通教育機関であった。

学校首脳部もこれにふさわしかった。西周、赤松則良、田邊太一は当時まだ少ない西欧生活体験者で、伴鉄太郎《ばんてつたろう》と塚本は海軍伝習所でオランダ人に教育を受けた。武勇の士や軍事専門家というより、こういう欧米文明吸収の先駆者たちが首脳部を形成していた。西頭取には、兵学科に加えて文学科を設置し、文武官僚育成の総合大学構想もあったという。この構想は実現しないが、社会的需要にも似た面があって、資業生として基礎的な普通学を修めてから、医師や教師を目指す学生もあったと伝えられる。

高等普通教育機関を意図したわけではなく、士官育成を目指した学校だったが、ここで思い合わされるのは、長崎海軍伝習所でオランダ人が説いた「普通学」の重さである。普通学重視の姿勢は、本業生進学前に、資業生の長い期間を置き、それに見合う教授陣を用意した出発時の体制に示される。そして、その普通学の中核的地位にあったのが、数学教育であったろう。明毅は、そうした場に、新しい職場を得ていたのである。

再婚

近代の学校制度以前、新入生が、どんな経歴で、どういう学習を経験してきたかは実に多様で、教師を苦慮させるとともに、進学希望者への様々な壁を作らせた。徳川家臣子弟を対象とした兵学校では、旧幕時代の身分格式の壁をきびしい学力選抜制度によって弱め、諸身分出身の学生が共学していた。年齢が大きな壁になったのは、新タイプの学習を求めるうえでやむをえなかった。

駿府移住の徳川家臣の多くが、陸軍生育方《せいいくかた》（のち生育方）に編成されて、農商に従事して自活しな

万喜（明毅妻）

がら非常時に動員される位置におかれていた。このなかで、士官―藩士への「狭き門」として開かれたのが兵学校資業生であったが、年齢によって、みずからこれに挑戦する者と、子弟にその道を選ばせる者とがあった。

天保六年生まれで、元大砲組差図役下役並という経歴の石丸三九郎義孚《いしまるさんくろうよしたね》の例は、そのどちらもが無理な年齢で、明治二年八月には生育方肝煎《きもいり》という肩書であった。その九月生育方廃止後、十月には、沼津兵学校軍事掛筆生に名がみられる。

八月二十九日、明毅のもとに嫁いできたのは、この義孚の妹万喜《まき》であった。明毅は、妻を失って半年余、出生した子を亡くし、弟の訃報を耳にしたなかで、数学教育に取り組み、『筆算訓蒙』の著述をまとめていて、九月にはその巻一が刊行される。長男（後の明篤）は、満三歳を超えたはずだが、手元にいたかどうか。そこでの再婚であった。万喜は、天保十三年七月生まれだから、亡妻より少し若く、明毅とは十年近く年下である。

翌年閏十月、万喜に男児誕生、籌三郎と命名、後明籌《あきかず》、明毅の跡継ぎになる。五年五月、なお男児誕生、範四郎、後に明範《あきのり》。この二人が、万喜を母として沼津で誕生した。なお後、明治八年三月にも、女児操子《みさこ》を得るが、その出生地は東京下谷であった。実は、明範誕生の五年五月も、明毅はすでに東京赴任後で、家族移住が少し遅れていたのだった。明毅の沼津時代は、短い期間だったのである。

2　学校の名声と消滅

兵学校の同僚、上司等には多くの人材があって、明毅はそこから刺激も受け、教えられることも多かったに違いない。

頭取と一等教授たち

頭取すなわち校長職にあったのは、西周（一八二九～九七）。石見国津和野《いわみのくにつわの》藩医の家に生まれ、儒学を学んだ後、蘭学を修め、安政四年幕府の蕃書取調所に出仕し、文久二年、幕府最初の海外留学生としてオランダに行き、慶応元年末帰国まで法学等を学んだ。帰国後、開成所教授として「万国公法」を翻訳するなどの活動がある。沼津兵学校以後には、明六社《めいろくしゃ》同人としての活躍が知られる。

一等教授でやや年長だったのは伴鉄太郎（一八二九～一九〇二）。幕臣としては御徒の家の出で、明

西周（国立国会図書館蔵）

赤松則良
（沼津市明治史料館蔵）

田邊太一
（田邊美佐子氏提供／田邊真一郎氏蔵）

大築尚志
（沼津市明治史料館蔵）

毅に少し遅れて長崎海軍伝習所に学び、咸臨丸渡米に乗組等の後、慶応三年軍艦頭並、四年正月軍艦頭という経歴は、明毅に少し先んじている。慶応三年三月イギリス海軍伝習掛というのも、明毅とともにであったか。兵学校以後も海軍に生を送った彼が、沼津で担当したのは数学と漢学であった。

赤松則良（一八四一～一九二〇）も、幕府与力の家の出で、長崎の伝習所出身、咸臨丸渡米では伴と同船、西とともにオランダ留学という経歴。兵学校では、数学と築城を担当。後年も海軍にあって海軍中将にまでなった。

田邊太一（一八三一～一九一五）。明毅の少年期の師石庵の子で、後年墓碑建設者の一人。明毅とは、古くからの知友と思われるが、たまたま小笠原開拓航海に同行したのは外国奉行配下としてであった。文久三年遣欧使節参加、慶応三年にもフランス出張など幕府の欧米通の外交官僚。明治三年正月には、新政府外務小丞に引抜かれて、兵学校を離れ、担当教科は記録されない。

大築尚志《おおつきたかゆき》（一八三五～一九〇〇）は、もと下総《しもふさ》佐倉《さくら》藩士、蘭癖《らんぺき》大名と渾名された堀田正睦の藩で早くから蘭学英学を学び、文久二年二月、蕃書調所出役教授手伝に任じられたのが、幕府での前歴。沼津では、英学、蘭学担当。

一等教授は、明毅を含め五名で、担当不明の田邊の他、四名中三名が数学を担当し、三名すべてが、海軍関係者で、明毅の古くからの知友と判断できる。年齢でいっても西と伴がやや年長のほか、明毅とほぼ同年か少し年少ぐらいの同僚たちであった。

その他の同僚たち

一等教授並の渡部温（一八三七～九八）と二等教授方の乙骨太郎乙（一八四二～一九二二）が英学、漢学等を担当、二等は他に浅井道博（一八四三～八五）だけで数学担当である。乙骨は、昌平黌で明毅に目をかけた寛の子である。

渡部温
（『太陽』第４巻20号，より）

この三人が開成所洋学者の前歴をもつのを挟んで、以下、多数の三等教授には、幕府陸軍の経歴者が多く、とくに砲兵頭だった万年《まんねん》千秋《ちあき》（一八三三～一九〇七）をはじめ、砲兵学習者が目立ち、海軍関係者中心の洋学者が多い一等教授とは対象的にもみえる。彼らは、明毅にとって沼津で初めて接した人々であったろう。

だが、同じく砲兵頭前歴の間宮《まみや》信行《のぶゆき》（一八三四～一九二三）は砲術とともに数学も担当した。むろん砲術の学習にとって、数学や測地の技術は不可欠だったし、江戸での暮らしを経て

藤澤次謙（藤澤裕武氏蔵）

沼津の地で働く者同士の交友が生まれるのに時間は要しなかったであろう。

他にも人材があった。員外教授方とされる杉亭二《すぎこうじ》（一八二八〜一九一七）は、長崎の出身で勝の塾の塾頭役を長く勤め、蕃書調所から開成所の教師仲間になったもので、沼津では英仏蘭学担当というが、日本で最初の統計調査をすでに始めていた。日本洋画界の先覚とされる川上冬崖《かわかみとうがい》（一八二七〜八一）が、絵図方に、三等教授よりやや高い俸給で短期間ながらいたことも注意される。新政府参謀本部による地図作製の中心になっていく人物である。この二人の仕事は、後に明毅が地誌編纂事業に取り組むとき、どれほどか意識されたであろうか。あるいは、明毅は、短期間でも沼津で彼らに接し、そこから刺激を受けることがあっただろうか。

数学の外に、沼津の学校が先駆的な役割を演じたのに、体操教育があったが、そこには榎本軍に属して箱館で降服後兵学校に採用されたものもあった。一等教授諸氏の西欧体験とは、また別に、彼らの経験を聞く機会も、明毅にはあったと思われる。

静岡藩での交際者たち

沼津兵学校の管理を担当した静岡藩軍事掛には、権大参事《ごんのだいさんじ》服部常純以下、少参事に藤《ふじ》澤次謙《さわつぐかね》、江原素六《えばらそろく》、阿部潜、権少参事に矢田堀鴻あたりまでが首脳部だったと思われる。矢田堀は、明毅が長崎海軍伝習所にその従者として入って以来の上司であった。海軍出の矢田堀と並んで、幕府最末期の陸軍副総裁（総裁は勝安房）だったのは藤澤であった。

藤澤次謙（一八三五～八一）は、明毅とほぼ同年代だが、その出自は、明毅はもとより本書登場人物の多くと比べて、古くからの名門出であった。蘭学者たちとの交友が深く絵画の趣味などもあったが、出生は、蘭方医として幕府奥医師を代々勤めた桂川《かつらがわ》家の次男、三千石の旗本藤澤家の養子になり志摩守を称する殿様、れっきとした旗本である。

その藤澤が、明治二年十二月の書状で、明毅らの行状に触れた事例が、樋口氏前掲書に紹介されている。当地は、牛の価格が低く、諸子が社を結んで毎週一頭を屠り分配することとなって、塚本・万年などがその世話人である。「ビーフステーキの喰ヒ飽が出来申候」というのである。

牛肉の飽食というのは、江戸の武家社会でもまだあまりみかけないものだったろう。明毅を含む兵学校教授たちは、そうした食生活をものにしていたのである。西洋での生活を経験した赤松や西が、そこで指導的な役割を演じ、明毅や藤澤のように洋学に親しんだ諸氏が、この食文化に飛び込んだのであろう。こうしたハイカラ文化は、兵学校の空気にもなったと思われる。

しかもそれだけではないと思える。明毅や万年が世話人というのは、むろん屠殺処理ではなく、牛肉の分配や会計処理であったろうが、調理や会食にも及んだのではなかろうか。牛鍋《ぎゅうなべ》という日本式食肉法でなく、ビーフステーキというものの調理や食べ方が、分配肉を受ける各人にすぐ広がるとは思えない。藤澤が知ったのは、塚本や万年らのグループによる会食の場で、彼自身もそこに参加したのではなかろうか。

三千石の旗本と徒士身分の士とが同席する食事というのを、旧幕時代に想定するのは困難で、もしあったならそこには煩雑な儀礼や斟酌《しんしゃく》が必要だったに違いない。兵学校教師仲間でのハイカラな空気からは、そうした儀礼抜きの互いの交流の場が生まれていた。

沼津兵学校の名声

沼津に徳川家が開いた学校に多くの洋学者が教授として集まった。その名声は、諸藩の士人を惹き付けた。

士分の者が、禄とプライドとの維持に不安を感じるようになっていたのは、すでに幕府倒壊以前からの多くの藩での姿であった。戊辰戦争の敗者と勝者とを問わず、洋式軍隊の効用を実感して、軍制の整備に努めようとする藩の動きもあった。西洋の技術や文明の魅力を意識し、その学習によって新しい道に進もうとする人々は、藩の意図に沿っての学習に出発しながら、次第に軍事力よりも、教養人としての士人のありかたに目覚めていく。

学校が沼津兵学校を名乗ったのは、士人が戦士であるという通念によっていたが、諸藩の藩士にも戦いの場での技能や指揮能力よりも、藩財政などを含む藩政上での見識や実行力が求められるようになってきていて、幕臣の場合、その点はとくに著しかった。幕臣を引き継いだ静岡藩で、次世代を担うべき人材育成の施設として、士官養成を意味しての兵学校であったが、その建て前のもとで実際には藩士身分のステータスにふさわしい教育施設への指向が、学校の機能になっていき、ここに学ぼうとする人々の求めもこれに応じていったのではなかったか。

沼津兵学校に、諸藩からの目が注がれたのは、はじめ、幕府軍制改革の到達点がそこに継承されているかにみえたからだろう。フランス軍事顧問団指導下に育成された歩兵・砲兵等の中堅幹部が残されたのは、そこだった。だが、沼津兵学校、またその附属小学校が、多くの留学生を呼び寄せたのは、その点ではなかったようだ。

諸藩の留学生は、明治四年頃には、七、八十名にも上ったという。福井藩からの留学生が多く、徳島藩が続き、斗南藩《となみはん》すなわち会津藩の後身や、山口藩からもあったという。福井藩は、高給の御雇い外国人教師を招請して、西洋文明の吸収を図った大藩であったが、西周に師事した人物の引率に始まり、東京開成校よりも評判が良かったとも伝えられる。幕府軍事力の継承というより、洋学の最高峰という評価であろう。

沼津兵学校の潜在的な軍事力は、新政府の警戒の対象ともなっただろうが、その名声は、高等普通教育の面で大きかった。

天朝御雇という引抜き

諸藩からの留学生とともに、兵学校の人材を諸藩に貸出すこともあった。これも兵学校の名声の結果といえるが、その多くは明治三年後半以降で、上位等級の教授を含まず、資業生からの御貸人は、卒業予定者の就職でもあったろう。

転出という点では同じでも、新政府へのそれは、まったく違った意味をもった。兵学校側で、天朝御雇《てんちょうおやとい》と呼んだ人々は、静岡藩籍をもったまま求めに応じてそこに雇われたもので、天朝政府への御貸人という建て前であったが、実態は、新政府からの引抜きであった。

徳川家臣身分の者で、朝臣化を拒んで徳川家臣に留まった人材が、兵学校スタッフだったが、彼らを新政府役人に用いる企図は、兵学校発足時からあった。西周も明治元年十一月新政府からの出頭の命令を、病気を理由として辞した上での就任といわれ、絵図方の川上冬崖、三等教授揖斐章《いびあきら》は、十二月中に新政府役人に出仕の身となった。この二人は、少しの期間、兵学校の授業をやりながら政府役人の地位にあり、やがて後者になってしまったのだろうか。

新政府は、東京と京都・大坂に府、その他の旧幕領に県を置いて直轄領域を統治し、諸大名領は引き続き藩の支配に任せるという府藩県の体制から出発したが、明治元年十月の藩治職制などを通じて、藩に対する統制を強めていった。二年六月の版籍奉還《はんせきほうかん》によって、旧大名を政府の地方長官に位置づけた。静岡藩で陸軍士官を養成しても、それが藩の用にあたるとは限らず、藩財政は負担だけを求められる。すでに沼津兵学校の名声と諸藩からの留学生は、反面でこれが静岡藩一藩の施設であることを疑わせもしたろう。

明治二年中にも、天朝御雇は散発的に続いたが、七月に勝安房改め安芳が外務大丞とされたことも注意される。勝は、旧幕府で慶喜の下に家臣恭順派をまとめ、静岡藩創設後はそのリーダー格だった。版籍奉還後のこの時、任命を辞するが、十一月には兵部大丞任、これも辞退を続けるが、結局は政府高官に列したのである。以後、政府に、沼津学校の人材を入れる立場にも立つことになる。

明治三年に入ると、高級教官レベルの政府への転出が続出した。一月、一等教授田邊太一が外務少丞となり、桂川甫策《ほさく》が大学に転じた。桂川は、蘭医桂川家の本家継承者で、当時は沼津病院にあり、もとは兵学校で化学を担当したものであった。三月には、赤松則良が兵部省に出仕、嫌々ながらの出仕だったという。そして、九月、頭取西周が兵部省に招かれたのは、勝の推薦によったといわれる。西の転出で、新政府出仕を後ろめたく思う感覚が払拭され、以後、転出者が続出したともいう。

ともかくこれで、首脳部教授陣はほとんど総崩れになった。後年の資業生の印象では、最後は、塚本明毅と大築尚志の二人が、踏み止まっていた感じだったという。

西が転出した三年九月、静岡藩は、政府兵部省での兵学寮改革の機会に、沼津兵学校の教授・生徒・書籍等を兵部省に献納したいとの願書を提出した。藩の財政負担のことにも触れた願書は、西の在職最後の仕事かといわれる。その実現は、一年ほど後、廃藩後となる。

二代目頭取になる

明治三年十一月晦日、明毅は沼津兵学校頭取となった。同事に、大築尚志が副頭取となる等の人事があった。九月、西の転出以来、二カ月のブランクがようやく解消されて、明毅ら残った者が重職を帯びたのである。

だが、その仕事はもはや跡始末の類であったろう。教授の仕事は続き、四年三月には第七期の資業生試験で二十九名を及第させている。資業生の諸藩への派遣も頻繁なのは、学校の前途不安のなかでの就職斡旋であったか。多くの知友が兵学校を去った。矢田堀も、四年二月民部省出仕を申付けられ、やがて病気免職を願ったという。

四年七月の廃藩置県により静岡藩が消滅した。兵学校は、静岡県管理下に二カ月余存続した後、兵部省管下沼津出張兵学寮として、なお五年五月まで存在するが、その人事は、兵部省からの辞令で、帰京や沼津在勤が指示されるものであった。明毅の勤めた静岡藩沼津兵学校は、廃藩置県で消滅したのである。

四年間の沼津時代

明毅の沼津時代は、江戸幕府とともに幕府海軍が消滅してから、廃藩置県によって静岡藩が消滅するまでの約四年間、いわゆる朝藩体制《ちょうはんたいせい》の時期にあたる。

明毅は、二度目の就職先を失ったのである。

西の転出後、勝の日記には、明毅への手紙のこと、藤沢次謙と沼津表塚本頭取のこと等の記事がある。明毅自身の転職先の考慮ではなく、当面兵学校の維持策であったろうが、廃藩後には明毅の人事が動き、四年十一月に東京出仕となる。

明毅の沼津時代の終わりは、沼津兵学校の終わりであり、それはまた藩体制の終わりでもあったのだが、直接のかたちとしては、沼津兵学校の人材が、政府に吸収されていったことによった。

思えば沼津兵学校の人材は、徳川将軍家に由来した。しかもそれは、徳川家の権威が、諸藩、諸身分から吸引したことによる面が少なくなかった。西周、大築尚志のように、津和野や佐倉の藩にあったものが幕府に登用されたなどが顕著な例だが、明毅にしても、その実父が遠州横須賀藩士の家から養子に入って幕臣塚本家を再興させたのは、塚本家に吸引力があったわけではなく、徳川家家臣の地位がもつ権威によっていた。

徳川家のそうした牽引力は、むろん、全国最大の領主として諸藩に君臨する地位に由来するが、この時期、直接には、海外情勢を含む多くの知識や情報、その活用の能力等をもつ人材と財力などの集約力によるところが大きかったであろう。昌平黌や開成所、そして長崎海軍伝習所などが、その役割を演じた。

　そのような将軍家の役割を、今や新政府がもつようになってきた。そして、旧幕時代、将軍家が蓄積してきた人材群を、静岡藩でなく、徳川政権の継承者としての政権が相続していく動きが進んでいたのであった。明毅を含む沼津学校の首脳部たちは、そうしたリザーブ期間をここに送ったわけである。ただ、もう一つ、明毅自身はこの間に、日本の数学史に残る著述を世に送った。

3　筆算訓蒙

小倉金之助の評価

　小倉金之助《おぐらきんのすけ》の『日本の数学』は、一九四〇年初版、以来一九六二年の著者没後の六四年には第二二刷と、岩波新書として刊行され続け、二〇〇八年にも第四二刷が刊行という。長期にわたって、多くの読者に親しまれた名著である。

　その中に明治初年の算術と題する挿図として、明毅の著『筆算訓蒙《ひつざんくんもう》』の一部を掲げ、「明治初年に日本人の手に成った最良の数学教科書でしょう」と説明する。小倉には、これに先立って、一九三二年に『数学教育史』の著書があり、そこでも『筆算訓蒙』について、和算から脱却しながら西洋からの直訳でない傑作で、明治維新を記念すべき名教科書と絶賛している。

　広く多くの人に親しまれた岩波新書の影響もあり、数学史上の人物としての明毅の名がある程度知られていったかに思える。明毅だけに即してではないが、その数学が長崎海軍伝習所に由る面の大き

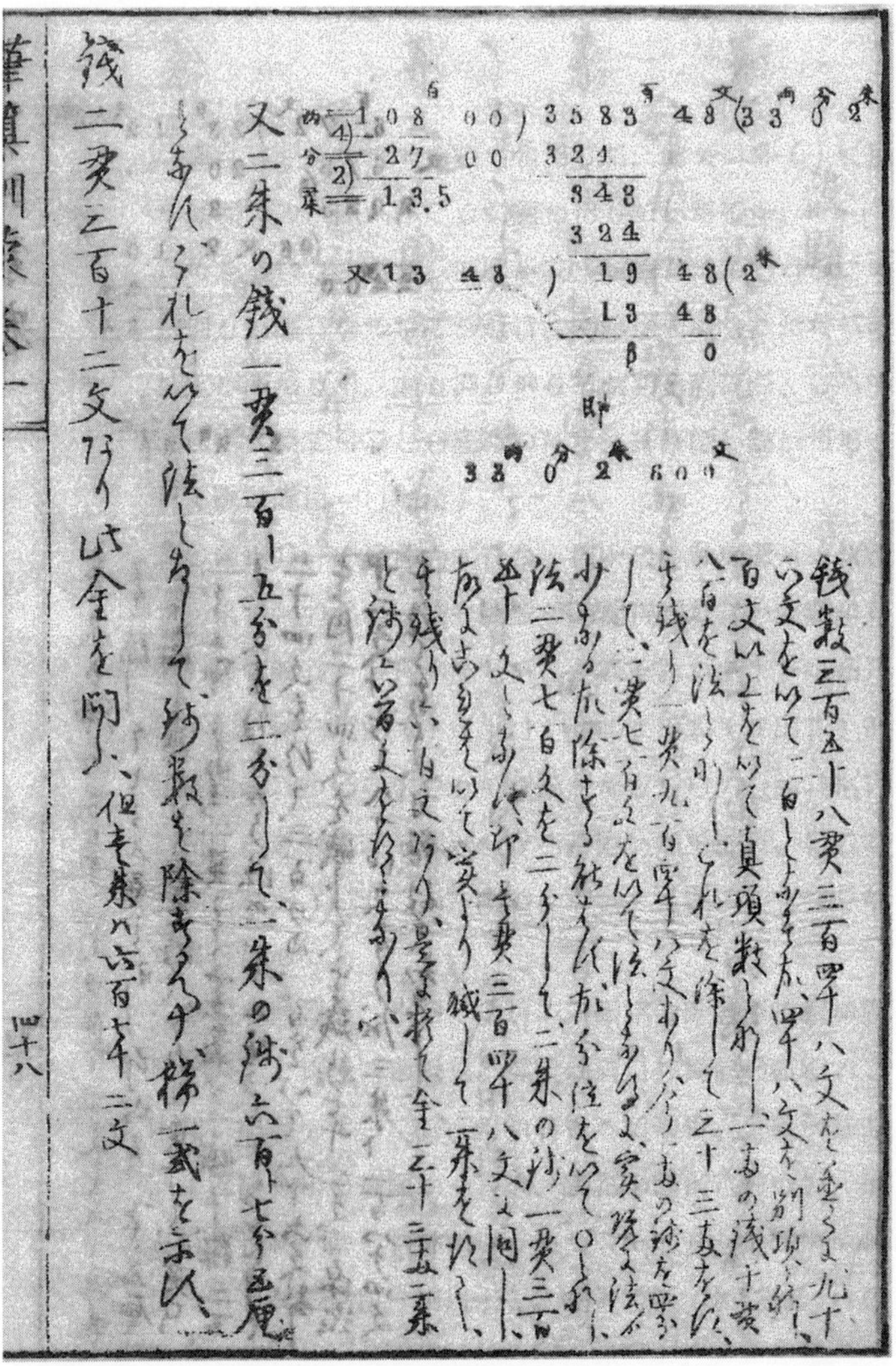

『筆算訓蒙』の算用数字表示例

さの指摘も小倉にあり、明毅伝の重要な要素を示す。

だが、それと、例えば太陽暦への改暦責任者としての明毅、あるいは地誌編纂に尽力した明毅像とを結び付けて理解されてきたとはいえまい。数学史ないし数学教育史には無縁の筆者だが、『筆算訓蒙』は、明治初年の知識を求める人々と、その関心を数字を通じて高めていこうとする著者の欲求とが、見事に花開いた本の面白さを感じ、そこに明毅の人物像を見出せるかに思う。

その版行

「塚本桓甫明毅撰、官許筆算訓蒙、明治己巳九月　沼津学校刊行」という見返しを持つ本の、この部分写真が『図説沼津兵学校』に掲載される。沼津市明治史料館所蔵のこれが、本書の初版本に違いない。同館に長く勤務された樋口氏によると、売捌き蔵田屋清右衛門、兵学校付属小学校の教科書として使用されたが、沼津版は巻一だけで、巻二以下は廃藩後、東京で続刊という。

私の手許にあるのは、やや摺りの悪い版本で、巻一から巻三までの三冊本、巻三末に巻四、五を近刻と予告し、発行書肆として、東京日本橋通一丁目須原屋茂兵衛以下東京の五店、西京寺町の田中治兵衛、大阪心斎橋の敦賀屋九兵衛以下大坂の三店、名古屋本町の萬屋東平、それに沼津上土町小松浦右衛門の計十一店の名を列記する。樋口氏によると初版本の東京売捌き人になっていたという蔵田屋清右衛門の名はみえない。

表紙題簽に再版の文字がある。むかし長野県松本市の古書店で安い値段で買ったもので、「しなのはにしなさかき　児玉光三」との蔵書印がある。旧蔵者埴科郡《はにしなぐん》坂《さか》城《き》町《まち》児玉氏については調べてないが、兵学校関係者ではないだろう。全国各地に、洋風算術を学ぶ人々が、この本の需要を生んでいたことを思わせる。あるいは、この版本は沼津学校の版権侵害だったかもしれないが、「幼学入門の資」となることを望んだ著者の意には叶ったであろう。

付属小学校の教科書として使用という説に、私ははじめ疑念を持っていた。数学のレベルというより、田地相続の配分とか、米百俵の価格などの例示が小学生イメージに合わない気がしたのだった。だが、これは私の誤解で、付属小学校の生徒は、原則十八歳までという年齢でもあって、今の小学生の例で考えるべきでなく、相場割から開平・開立にいたる小学課程の試験があった。在学者の回想にも、付属小学校で筆算訓蒙を教科書として用いた記事があるという。

ただし、教科書といっても、受講者一人ひとりが持っていて音読するといった使用法ではなく、また資業生中に、付属小学校の課程を経ずに入る者があった初期には、洋算に初めてそこで接するものもいたろう。洋算に初学の者すべての需要に応じるのが、筆算訓蒙であったろう。

本は木版で算用数字の部分は、たぶん木活字を用いている。

数字総論と表記

この本の意図は、凡例と本文冒頭の各種数表等の部分に示される。一通り紹介しよう。

筆算が今世に行われているが、西洋書の訳によっていて、日本で編成の本がなく、度量貨幣等も日本の制度を落とし日用に便利でない。この書は、設題の多くをわが度量と貨幣を主にし、万国歴史地理ならびに天文究理など諸学に関するものを載せ、初学者の習熟にあてようとする。外国度量の名は、訳して尺寸等で表示するとともに初出時に原名をあげる。時刻は「時辰儀《じしんぎ》」による、俗間の時刻は学術に翻訳できないからである。

ここで「時辰儀」とは、いまの普通の時計であり、俗間の時刻は、昼夜二分法によって、これを分割した不定時法で、学術に適しないことをいう。この凡例からでも、数値の計算が世界的視野での知識吸収に深く関わることが、意識されている。

本文は、数目に三種ありという句に始まる。これは日本での数字についての区分で、〇・一・二・以下九までの数を基数、十・百・千・万といった数字を大数、分《ぶん》・釐《りん》・毫《ごう》といった数を小数とよんで、筆算では基数だけを用いることをいう。

現代人にとっては、何でもないことのようだが、算用数字を知らず、漢数字だけで数の計算をする事態を想像してみればいい。実際、長崎海軍伝習所の早くの伝習生たちはそうだった。オランダ側では、ヨーロッパ式の数字や計算法を全然知らなかった学生が、大きな数の掛算や割算も日本のやりかたではほとんど出来なかったと指摘し、彼らがやがて平方根や立方根の開き方まで覚えたことを讃えた。

教える立場に立って、その経験を生かした教育が、筆算訓蒙の冒頭部であった。算用数字での位取り筆記法（命位）を教え、七十八、百二十四以下、八千三百六万一千十六といった諸数の横書《よこがき》を読者に求め、さらに「地球上の人口十二億九千一百六十万人なり、此数を横書すれば如何」とする。こうした大きな数のとき、とくに算用数字の役割が大きくなるわけで、一面ではこうした数を通じて、読者に世界の状勢を考えさせる本にもなる。

以下の各論にあたるところで、こうした設問は豊富多彩で、後年の読者をも楽しませるのだが、総論部分には、もう一つ各種数表という項があって、当時の日本人を苦労させた様々な数の単位の記載がある。一丈が十尺、一尺が十寸はいいとして、一里は三十六町、一町は六十間、一間は六尺であり、貨幣にいたっては金、銀、銭の計数があり、銭は九十六文を百文とした。そうした社会に生きる人々に、日常生活での数値計算法を教え、また世界と宇宙を理解するための数値の様々を提供する役割を、『筆算訓蒙』は担っていくことになる。

構成　巻一には、総論部分に続けて①加法、②減法、③乗法、④除法の四部の記事があり、それぞれ足し算、引き算、掛算、割算にあたる。次いで、諸等化法が⑤通法、⑥命法に分かれるのは、二里十二町二十四間三尺を尺単位にまとめるか、里の単位で小数点でまとめるかの差。⑦諸等加法、⑧諸等減法、⑨諸等乗法、⑩諸等除法は、それぞれそうした数の①〜④の計算法である。

それぞれの説明は簡略で、項目ごとに加法設題といった表記で例題を列記し、読者はそれに取組むことで、理解を進める仕組みになっている。この例題が、たいへん面白い。以下、節を改めていくつかを例示する。①以下の記号と設題のナンバーとで、それぞれの位置を示す。

4　『筆算訓蒙』の例題各種

以下では数値表示を算用数字とするなど、適宜、表現を改めるが、加法の第一、①―1は、原文のまま掲げよう。変体仮名等はひらがなにする。

「国史」と「国」関心

神武天皇《じんむてんのう》即位元年辛酉《しんゆう》は西洋紀元前六百六十年にあり、明治二年は西洋紀元後一千八百六十九年なり、然る時は、今歳は神武元年より幾何《いくばく》年に当るや

少し後に太陽暦への改暦業務にあたり、関連して日本古典の伝承する年月日を太陽暦に換算する、例えば二月十一日を紀元節とするのに役割を演じた明毅を思わせる例題である。だが、こうした点をこの本の特色とするわけにはいかない。この点は、改暦での明毅の役割や、その国家観にも関わる問題かもしれない。

この例の他、「国史」年表風の設問は、他に減法②―1で、大化の年号開始の年から今年までの年数を求め、②―2で、平安遷都《へいあんせんと》から今年までの年数を問うた二例があるだけである。そして神武紀元《じんむきげん》の問いの次には、西洋開闢《かいびゃく》より後一六五六年で大洪水、洪水の翌年から耶蘇紀元《やそきげん》まで二二九四年というから、一八六九年は、開闢から何年か、という問いがあり（①―2）、夏后氏《かこうし》・商・周それぞれの

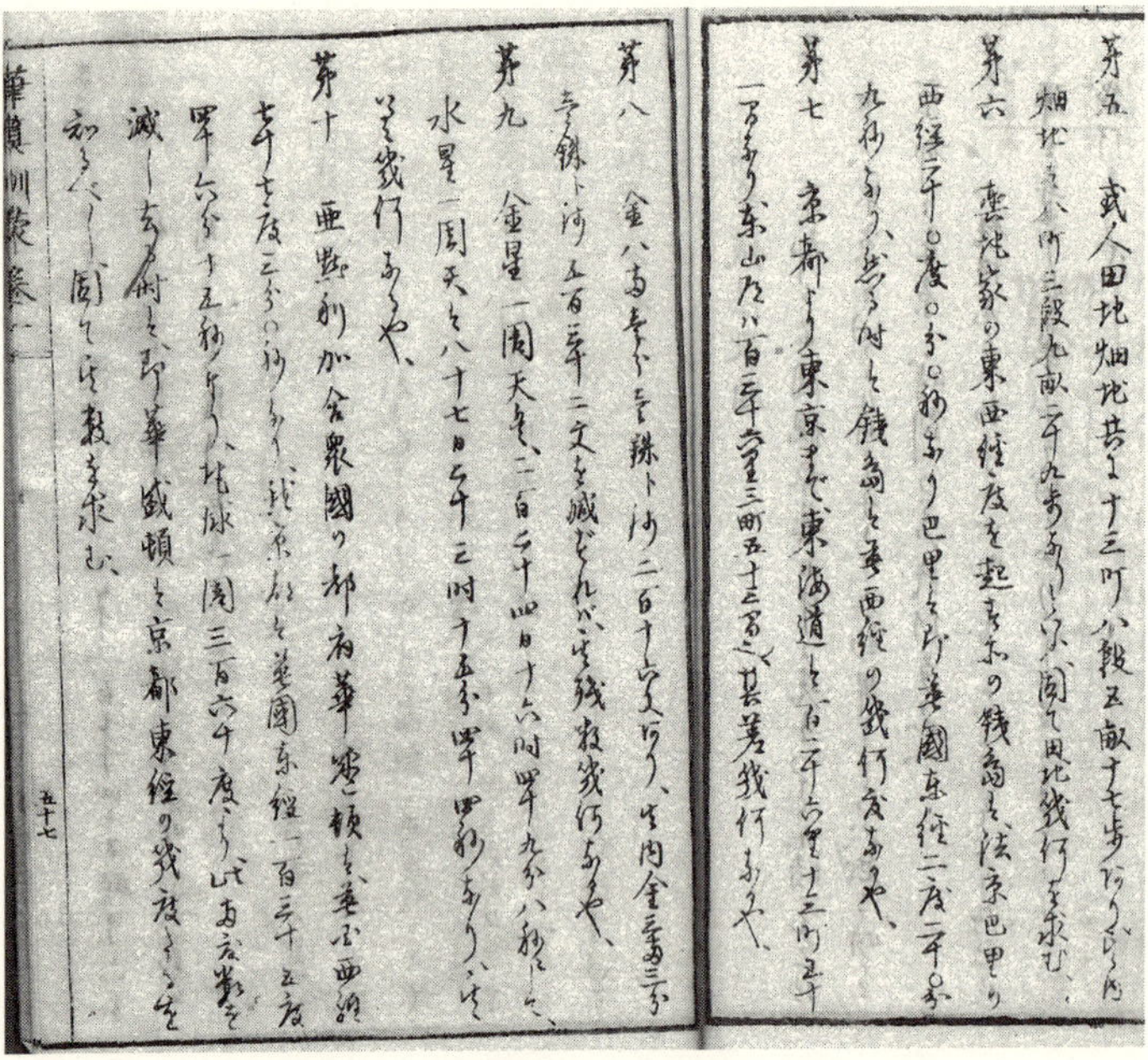

『筆算訓蒙』の例題

世代数、年数を挙げて、三代の年数を問う題もすぐあとに見える（①—5）。神武紀元伝承は、こうした例のなかで相対化されているのでもある。

アジア・ヨーロッパ・アフリカ・アメリカ・オーストラリア各州の人口数を挙げて地球上の人口を問う（①—10）とか、プロシャ国の領域拡大経過を記して、その現領域を問う（①—11）、ヨーロッパ列国の海軍艦船数を挙げて、その総数を問う（①—13）といった設問が続く。イギリスの本国面積と人口、その世界各州にある属国面積を挙げて、属国土地人民が本国よりどれだけ多いか（②—14）

を問う。北アメリカ州の土地人民数の内訳を挙げ、合衆国が近年ロシアから買入れた地とその人口（アラスカ）数も挙げて、合衆国の土地人口を問う（②―15）。凡例にいう「万国歴史地理」に関する数値が続出する。

複雑な世界状勢を、欧米列強の勢力進展として捉えるのは、一九世紀後半以来の日本人、あるいは東アジア人に広く共有された危機意識の反映であったが、これを数値の面で示していくのである。夏《か》殷周《いんしゅう》三代の年数や神武紀元年数などは、これに比べて、読者にとっても著者にとっても切実な問題と意識されたとは思えない。ロシアのペートル一世（ピョートル一世）、フランスのナポレオン一世、アメリカ合衆国の始祖ウアシントン（ワシントン）といった人物の年代・年齢（②―4、7、5）、またコロンビュス（コロンブス）・ウアスコガマ（ヴァスコ・ダ・ガマ）・マルゼロン（マゼラン）の三大業の時からの今までの年数（②―10）といった問いの方が、まだしも関心をもたれたであろう。西洋史に材をとった設問は、意外なほど多い。

日本国内の数値について無関心だったわけではない。文化元年（一八〇四）の人口調査数の男女数からの問い（②―8）、元禄年中と天保十一年の全国米収穫量比較（②―12）、西洋人の地理書による畿内・中国・東北等諸地域の方里数を挙げ、全国の方里を問う例（①―7）、また長崎の経度と京都との差をあげて京都の経度を問う（諸等加法説題⑦―1）に始まり、京都・北京・パリ・ペートルボーク四都の時刻差に及ぶ問い（⑦―8・9）などもある。「国史」領域以外のところで、万国のなかでの日本の現況を示す数値に注意している。

煩雑を恐れず、多様な設問の一部を紹介してきたが、算数としては、足し算から、せいぜい単位の異なる数値の加減程度の問いである。ただ、その多くが、大きな数値の計算であることに注意すべきだろう。漢数字しか知らないで千、万以上という単位の数の計算をするのは不可能ではないが、能率は悪い。算用数字の計算の便利さを実感するなかで、世界状勢、とりわけ欧米列強の勢力に脅かされつつある日本の姿を、数値によって理解させる意味を、この本は果たしていくだろう。

究理の学と実用・日用

分数を扱う巻二、比例を主題とする巻三とともに、なお例題をみよう。設問形式以外の説明文が増えるなど、巻一とは形式がかなり変わる。明治四年の日本人口と方里当りの数が出る例もあり、廃藩後東京での続刊という説を裏付ける。明毅の出京後である。執筆が、沼津在住期か移転直後かわからないが、沼津在住期だろうか。巻四や、対数用法に及ぶ巻五の続刊を予告した総目録があるが、これらは刊行されなかったようである。

凡例にいう天文究理《きゅうり》等諸学に関するものは、とくに多くなる。「泰西《たいせい》の格物家《かくぶつか》リンナウ（リンネ）なる者、世界の中動物の種類を計るに哺乳類二百三十種」以下の数値を挙げて、世界中の動物種総数を問う例（①—8）や、ヒトの脈拍数、平熱からの設問（③—8、正比例の項⑳—8）などは、すでに蘭学者が紹介したところだったろうか。焼酎、油、酒、また金、鉛の重さに関する問い（分数減分⑫—2、同乗分⑬—3、小数乗法⑱—5、正比例⑳—22）があり、水銀の重さから気圧測定に関する計算に及ぶ（⑳—31）。

円周略率としておよそ三と一一三分一六、または一一三分の三五五を挙げるのは古代中国で知られた数値だったようだが、およそ円形の物はすべてこれで測れるとして、周囲二寸一分三厘の球でも地球でも、その直径の数を求める（除分⑭―4、⑳―15）。一方で、略率とは別に円周の真率は、三六四九一三を以て一一四六四〇八を単位の下十位にいたるとき得られるとしてその数を問う（化分小数⑮―1）。

究理とは、掌に乗るような物体から地球に至るまでのすべてに通じる理であるとともに、厳密な細かい数値を求める場合もあることを教えるのである。

士官養成を本務に掲げた学校であり、戦争での数計算例は少なくない。洋書翻訳調の数学書でも、兵卒の所要数や砲数と兵数との関係数、艦の乗員数、籠城の兵食量などの例が好まれたようであり、ここでもそうした例がある。列強の勢力は、その軍事力によるところが大きかったし、金銭や数字に親しまなかった士人の教養に、計算の必要性を認識させる道でもあった。ただ、その軍事にも、究理の学からの数値が有効であった。「凡そ物の響は一秒時間に百八十七間に達す」として、砲煙を見て八秒後にその音を聞くとき、距離はいくばくなるや（乗法―1）のような例である。そして、光や電気の速度は、地球の大きさや天体の距離を算定するうえでも、多く利用されていく。

だが、その前に、日常生活経験のなかでの計算に触れておこう。沼津・東京間を毎日七里半づつ行き四日で到着、これを三日で到着するには毎日どれだけ行けばよいか（転比例㉑―4）は、著者自身の体験によるわけである。

およそ一歩で籾一升を収穫でき、摺るとき五分の減がある、一反の米収穫量如何（正比例⑳―7）

も、生活上の必要に出るだろう。この場合、一反は三百歩との注記があるのだが、金銭の計算では、もっと厄介だった。金銀銭三貨の比率だけでなく、銭でも種類による差があったし、百文の実態は九十六文という習慣もあったから、「省銭《しょうせん》十三貫五百文これを調銭《ちょうせん》に直す幾文なりや」(⑳―10)といった問いは、九十六文一貫とした数を百文一貫に換算する必要からであった。

そうした数環境は、究理の学への障壁でもあった。この環境に生きる読者が、欧米文明に学ぼうとしている。著者は、新エリート層を形成しようとする若者に、新たな体験の場を考えさせねばならない。一昼夜に八分遅れる時計を午後十時に合わせると、翌朝八時三十分に時計は何時を指しているか(⑳―24)などであり、連鎖約法の問題では、日本銀とイギリス通貨の交換率からスペイン通貨との交換率を求める問題まである(㉓―19)。究理の学への道は、一種の交換比率を通過せねばならなかったか。

著者はまた、列強勢力の進出という面以外の世界を意識する道を、別に一つ用意したかにみえる。地球と宇宙への眼である。

宇宙と測地測天
緯経度と時差

『筆算訓蒙』の総説部分の説明の中で、各種数表の紹介をして、度量衡の単位等の煩雑さを記した。そこで触れなかった概念に、歴数《れきすう》という言葉がある。天地及び象限を計る所なりとして、度、分、秒の単位をあげる。当時も一般に用いられた概念だったかは疑問で、東経何度何分という言い方以外、現代人にもあまりなじみでない言葉だが、地球上の位置を示す数値としても、日月運行の度数を計って暦を作るうえでも重要な概念であった。

前に引いたように、京都などの位置を地球上の経緯度で表示する(減法⑤―9、乗法⑥―6、諸等加法⑧—1、2）。これは、それぞれの地の間の時差に直結していて、経度から時差を求め、また時刻差から経度を求めることができた（⑧—8、諸等乗法⑨—1、諸等乗法⑩—3、5）。各地の正確な位置は、地球上の経緯度で表示できるものであり、経度は地球の自転によって時間の差を生み、緯度は地球表面を熱帯・正帯（温帯）・寒帯に区分する（②—9）。読者は、こうして地球上のみずからの位置を認めることができるのだが、それはまた普遍的な時間概念の主張でもあった。

経度緯度によって位置を確かめるのは、明毅にとって、長崎海軍伝習所で教えられ、以後軍艦乗組中に習熟していった技術であったろう。だが、とくに経度の確認には、太陽角度と月との距離測定の術の外、土地ごとの気候や昼夜の別を超えて、普遍的な時間を分秒単位で表示する正確な時計が不可欠であり、西欧世界が、これを入手したのは十八世紀後半、第二次大航海時代のことであった（角山榮）。

通行暦ないし俗暦で、一昼夜百刻（俗間では十二時）として、夏至は昼65刻75、夜34刻25、時計の平時に比べて昼夜はどれだけで、朝夕の七つ時は何時になるか等の問いがある（正比例⑳—32、45）。実感としての時刻は、季節に左右され、季節の変化は天体の運行によっていて、通行暦は、この観察に依拠していた。

普遍性を求める究理の学からは、通行暦はローカルな実感でしかなく、『筆算訓蒙』の凡例は、時刻はすべて時辰儀（洋式時計）によって算する、俗間時刻は学術に施し難いと断わっている。

だが、日の出日の入りに直結しない時間になると、天体への観測の意味が薄れるわけではなかった。

気象と天文の観察については、明毅の古くの学友荒井郁之助が、その後中心的役割を演じ、日本の経度の正確な数値は、明治十八年一月、その「日本の地学経度」の講演で大成したが、これも諸地点での同時刻の諸天体観測値によるものであった。

『筆算訓蒙』の記述は、むろんそれ以前のものなのだが、そうした検討のもとになる諸天体観測に関した問いはごく多い。太陽の大きさやそれとの距離、海王星という最も遠距離とされた星への距離など（乗法③―9、18、20、除法④―13、14、諸等命法⑧―9、諸等減法⑨―11、小数乗法⑱―4、正比例⑳―23等）、マニアックなほど大きな数字を出しているかにもみえる部分も、その宇宙への関心の現れである。

膨大な宇宙の中の地球上に日本の位置を定めることと、共通の時間測定の上で各地の時刻差を考えることとが一つになっているのであった。

数値の役割

『筆算訓蒙』の扱う範囲は巻三までとっても反比例の複合、二次方程式までで、現代の中学生でも解ける程度といえよう。数学の本というより筆算の意味役割を説いた本であった。ただ、そこに海外事情や究理すなわち自然界の事物についての情報が、多様豊富に盛り込まれて、明治啓蒙文献の一つとしての役割を十分に演じている。そうした各種の情報が、数値によって紹介され、利用者は、算用数字による計算の便利さを習熟するなかで、多くの新知識を得ることができた。数値に表された知識は、信憑度を高めるとともに、比較、体系化への思考の道を開くことにもなっていったのではなかったか。

幼少期、昌平黌時代までの明毅の教養は、当時の士人の例に洩れず漢学を主とするものであり、ペリーショックを機に世界情勢への関心を高めて蘭学ないし洋学を学ぶというのは、当時の多くの青年に共通した経験であったろう。医学や本草学の面で口火を切った西欧科学への関心だったが、当時の武士層青年の多くと同様、明毅の洋学も列強の軍事力への関心に始まった可能性が大きい。

医学や本草学と砲術や団体調練などの軍事技術の他に、経緯度を入れた地図の作成や、日月食や暦の策定につながる天体観測、土地測量の場面での洋学への接近もあった。伊能忠敬（一七四五〜一八一八）、高橋至時《たかはしよしとき》（一七六四〜一八〇四）といった名を思うことができる。医学等の場面では、当時に関する限りでは数値を意識する場は多くなかったのに対して、ここでは計算が大きな役割を持った。数学史家の小倉金之助は、こうした中で独自の発展を見せながら論理性を欠いた和算家に対して、天文暦術者の自然科学への接近を指摘しつつも、西洋数学の本格的な学習での、長崎海軍伝習所の大きな役割を指摘している。

明毅は、まさしくその伝習所に学んだ。航海の術に必要な数理の学習に苦闘したのは、沼津兵学校で同僚となる伴鉄太郎、赤松則良も同じだった。彼ら海軍人は、その数学の成果を、海岸測量などにも活用していった。航海に必要な海図は、欧米列強が求めただけでなく、日本人船乗りにも必要であって、外国艦船と共同での沿海測量もあった。排外感覚と離れて欧米文明に接した経験は、宇宙のなかでの地球と、その中での位置という考え方にも、入っていくことができた。

日常生活の上での必要に応じるだけでなく、数値によって、列強状勢とともに、また森羅万象《しんらばんしょう》を観る眼を養おうとする『筆算訓蒙』の姿勢は、以後の明毅の生き方にも継承されていくことになる。

第六章　太政官出仕と改暦

1　太政官に出仕

兵部省・陸軍省に就任

明治四年七月に廃藩、すなわち静岡藩消滅、そして九月に沼津兵学校は政府に移管、兵部省管轄となる。十一月、明毅は出京、その二十五日、兵部少丞兼兵学大教授に任じ、十二月十二日正六位に叙せられる。いったん沼津に帰ったが、翌五年三月五日陸軍兵学大教授に任じ、五月十五日、四男範四郎（後明範）の誕生を迎えて翌日出京、その二十八日陸軍少丞に転任という目まぐるしい官歴を経過する。静岡藩の廃止とともに、明毅の所属は、兵部省の管轄下に入り、沼津兵学校頭取から、それに見合う兵部省官員の職に移され、五年二月兵部省の陸軍省・海軍省への分離を受けて、陸軍に転ずるという事務手続きに過ぎないともいえる。政府の立場からは、そうであったろう。

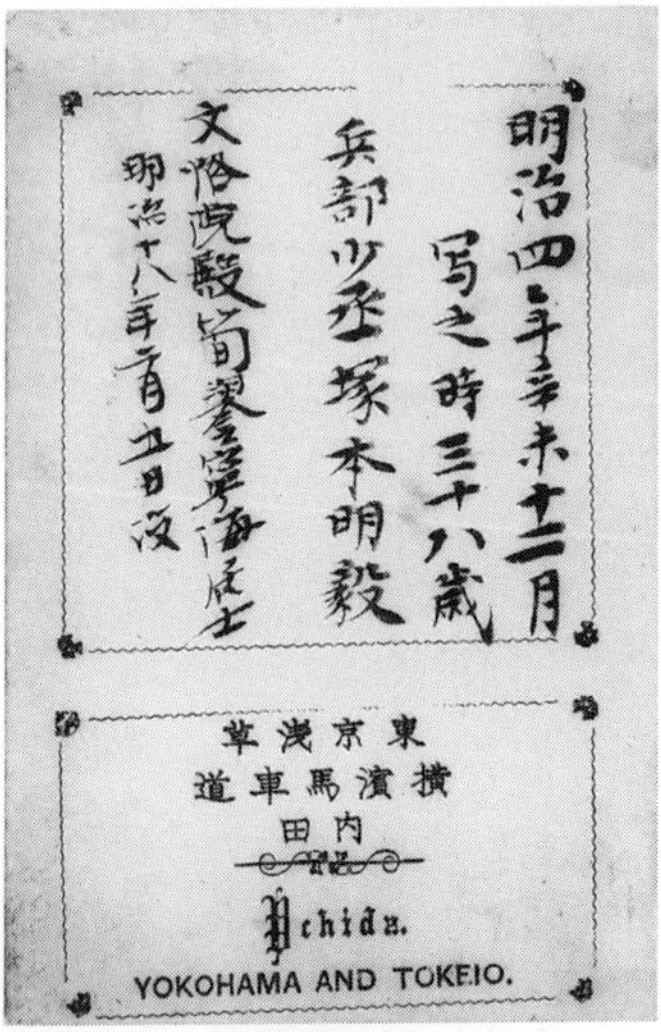

明毅写真の裏書

明毅の身の上にとっては、沼津から東京への移転であり、同時に、新政府への初めての就任、徳川家家臣からの離脱であり、端的にそれを示すのは、正六位叙という位であった。幕府倒壊期に、朝臣の道を選ばず、出生以来の徳川家家臣の位置に留まった明毅は、ここではっきり朝臣―天皇家の臣という位置に置かれたのである。「行状」の筆者は、沼津兵学校勤務の記事までで、「これ先生の徳川氏に仕える顚末《てんまつ》也」として、これと幕臣時代とを一括し、以後の政府役人期とを区別する。事実、明毅の生涯五十余年のうち、三十代後半のこの年を挟んで、徳川家臣として働いた十三年ほどと、明治政府役人の地位で没するまでの十四年ほどとに大別できるのである。

変換は、明毅にどのように意識されたのだろうか。変換の当座と、いくらかの年月を経て後とでは、その感覚の意識はかなり変わってくる。一九四五年夏、大日本帝国の崩壊を十八歳の軍国少年として迎えた私の経験から思えることである。

幕府海軍に身を置いた明毅にとって、その消滅と幕府の倒壊はショックだったはずだが、敗戦によって滅びたという意識は薄かったろう。徳川家は、駿府（静岡）藩として存続し、明毅を含む有能な技術官僚は、そこで貧窮に陥るでもなく、士のプライドを失うでもなく、温存された。沼津に移る明毅に、亡国敗残の身という感慨が大きくあったとは思えない。

これに比べて、沼津兵学校のスタッフが、次々に「天朝御雇」として新政府に引抜かれたあげく、設立者の静岡藩が消滅する事態は、もっと大きな世の転変であったろう。明毅自身、進んで新政府の朝臣になったのでなく、ほとんど最後まで、兵学校に踏みとどまった。敗北、屈服の意識は、幕府倒壊期より大きかったかもしれない。けれども、幕府倒壊後三年ほどの歳月が経過していた。新政府への仕官が、旧幕臣のプライドを傷つけるという意識が、もはや薄らいでいった。榎本武揚や荒井郁之助など、箱館で新政府に抗した首脳者も、明治五年正月赦免、すぐに政府出仕が進んでいく時期であった。

明毅が就任した陸軍兵学大教授、次いで陸軍少丞という地位で、何をやったかは知られない。教授といっても、格別の陸軍大学などがあったわけではない。この時期、考えられるのは、廃藩置県後、全国の土地と兵力とを管下に収めた政府が、その潜在能力を含めた実状を認識しようとした試みである。もっぱら国内戦争を想定した陸軍でも地図の作成、兵要地誌《へいようちし》の編纂、また必要に応じて徴発できる物資の一覧を意図した調査（のち、『共武政表《きょうぶせいひょう》』）などが進められ、後の全国地誌編纂事業の前史の一部になっていた。陸軍省参謀局で、原野・河川などの自然条件と古戦場や戦闘状況とを記す軍事目的の地誌構想に、明毅が参画したかとの説もあるようだが、その形跡はとくに知られない。

陸軍省在籍期は半年ほど、兵部省期を併せても一年足らずで、太政官に移る。

明治五年九月十九日、権大外史任。四年九月の規定では、月給二百両、兵学大教授と同額である。昇格でも降格でもないが、職場には大きな変化があった。

太政官正院で文官になる

数学の教師とはいえ、沼津での地位は陸軍教授方であったのを含めて、明毅のこれまでの経歴は武官であった。権大外史は、兵部や陸軍ではなく、太政官正院《だじょうかんせいいん》に属していた。明毅は、ここで武官から文官に転じたのである。海軍に出発した彼の経歴で、初めてであり、以後、陸海軍の職につくことはなかった。

もっとも、榎本武揚が明治七年にロシア駐在公使に任命されたとき、海軍中将にも任命されて兼務とされたように、当時、文官・武官の区別が強く意識されたわけではなかった。だが、榎本の例は、外国交渉の場での格付上のことで事情が異なる。明毅の太政官への転出は、陸軍大輔山県有朋との確執によるかの説が紹介されてもいるが（島津所引佐藤光）、その後の活躍からみても、むしろ太政官への引抜きとみるべきであろうか。

太政官正院とは、何をする役所か。国会はもとより、内閣もまだできていないこの時期の政府組織の中身はわかりにくい。太政官は政府機構のなかで、最高の官職として総裁・議定《ぎじょう》・参与《さんよ》を置いたのに出発し、廃藩置県後明治四年七月、太政大臣・参議等による正院と、諸省長官らによる右院、および左院から構成されるものになった。正院は、政府の最高政策決定機関であり、現代の制度と対応させるのは無理だが、強いていえば各省の上に立つ内閣官房に近いものといえようか。その正院で、大臣・参議等の下に置かれた役人が、八月以降は、正権の大少内史と外史で、内史が外史より上、大が少より上、正が権より上というランクだったろう。大外史は、文書記録の伝達等を担当、権大外史は、その次官格という。

明毅が就任したのは、最高の権力機関の中の、実務官僚だったといえようか。だが、その役割は大きかったかにみえる。河田羆は、後年、『大日本地名辞書』の序文で、明毅が太政大臣に地誌編纂の必要を建言し、その結果、正院に地誌課が設置されたと記す。

太政官布告で、「今般正院ニ於テ皇国地誌編集相成候《こうこくちしへんしゅうあいなりそうろう》」という太政官布告が九月二十四日付で出されたのは、明毅の正院入りの五日後にあたる。河田の指摘が正しいのかとも思える。明毅の正院入りは、文官としての出発であっただけでなく、その後半生を貫く地誌編纂事業への出発でもあったかにもみえる。

だが、その前に、もう一つ、改暦事業への参画があった。そこにはまた、当時の政府の問題と苦悩とが関わっていた。

留守政府での改革

明毅が沼津から東京に出てきた明治四年十一月、外務卿岩倉具視《いわくらともみ》を全権大使とし参議木戸孝允、大蔵卿大久保利通等、政府首脳部の面々が副使となった大使節団が、横浜港を発して、欧米諸国に向った。廃藩置県を終えた時点で、欧米列強諸国との旧幕時代の条約の不平等性改定の交渉を目的とし、実態は政府高官一統の先進文明視察旅行であった。

首脳部の大挙外遊のあと、太政大臣三条実美、参議西郷隆盛以下の留守政府は、大事は、使節団帰国後とする建て前であったが、そうはいかなかった。財政に熱意を持った参議大隈重信《おおくましげのぶ》を中心に、使節出発直前に赦免が決まった箱館降服人を含んでの旧幕臣人士等をも登用した政府は、次々に新施策をとっていった。

明治六年九月の岩倉帰国までに、地券渡方規則（五年二月）から地租改正条例（六年七月）、学制頒布（五年八月）、徴兵の詔書（五年十一月）など、いずれも広範囲の人々に大きく影響する改革令が頻発する。全国土を一括統治する政府として当然の施策であったろう。全国一律の税制による政府財政の確立には地租主体の税制とともに、政府予算の策定も不可避であり、この面で、年によって一年が十二カ月にも十三カ月にもなる暦制度の不便さも、当然意識される。

留守政府中での大きな改革の一つに、改暦が挙がるのも当然であった。

2 改暦という大事業

改暦の議

月の満ち欠けによって暦上の月日を定め、太陽の運行をみてこれを調整する太陰太陽暦が、古くから東アジア世界で行われていて、十干十二支《じっかんじゅうにし》を組み合わせた甲子《きのえね》といった表示、ないし十二支の子年といった表示で、年や日時を呼んだりもしていた。一年は三百六十日で数年ごとに閏月を置いて調節した外、平年でも一カ月の日数は不定で、月の大小をきめるなどは、暦術家の職務になっていた。その暦術は、中國の暦を基本に日本での天文観測により、古くは令制《りょうせい》の中務《なかつかさ》省《しょう》管下の陰陽道《おんみょうどう》の家が担当して、土御門家《つちみかどけ》が世襲していたが、天文観測の実績などで、幕府天文方に権能が移っていった。明治初年に用いられたのは、幕府天文方が西洋暦書をも参考にして作成した天保暦で、狭義の旧暦は、これを指した。農事の便宜からも広く版行されていたが、陰陽道による葬祭の吉凶や物忌みなどの記載も多かった。

王政復古の掛け声の下で、土御門家が暦法の家の権限復活を願って許されるといった事態が、新政府の出発点にはあった。幕府天文方の測量局が廃止され、天文台も破却される（二年四月）のだが、明治三年二月、天文暦道を大学の管轄とし、八月、この局を星学局とすることで、ようやく旧幕時代の天文方の、観測・改暦技術の継承体制ができたであろうか。幕府の天文方は、蕃書和解御用からやがて開成所に発展していく組織の母体でもあって、洋学者の習学の場でもあった。星学局設置のとき、督務を命じられた天文暦道御用掛内田《うちだ》五観《いつみ》（一八〇五～八二）は、算学者として知られるとともに高野長英に兵学を学んだともいわれる。太陽暦への改暦についても、彼の下での星学局メンバーの算定作業が大きな役割を演じたと解されている。

三年十一月、土御門和丸は大学御用を免ぜられ、星学・改暦の場から去った。同じ頃ロンドンで星学機械買入が図られ、四年五月、観象台（天文台）建設地の選定が進められる。

星学局は、四年二月、大学を通じて、頒暦はすべて大学から府藩県庁に売渡し、そこから管内の商人等に売る案を伺い、三月、大学は若干の修正意見を付した。伊勢神宮神職による配暦や、暦商人の利権などに配慮して、公用の頒布は太政官大史局からとするなどの修正であったが、政府は、規則制定までこれまで通りと指示した。太陽暦への改暦を予定しての意見といえるかどうか疑問ではあるが、

（法規分類大全政体門，所収）

や物忌みなどの記載が少なくない。

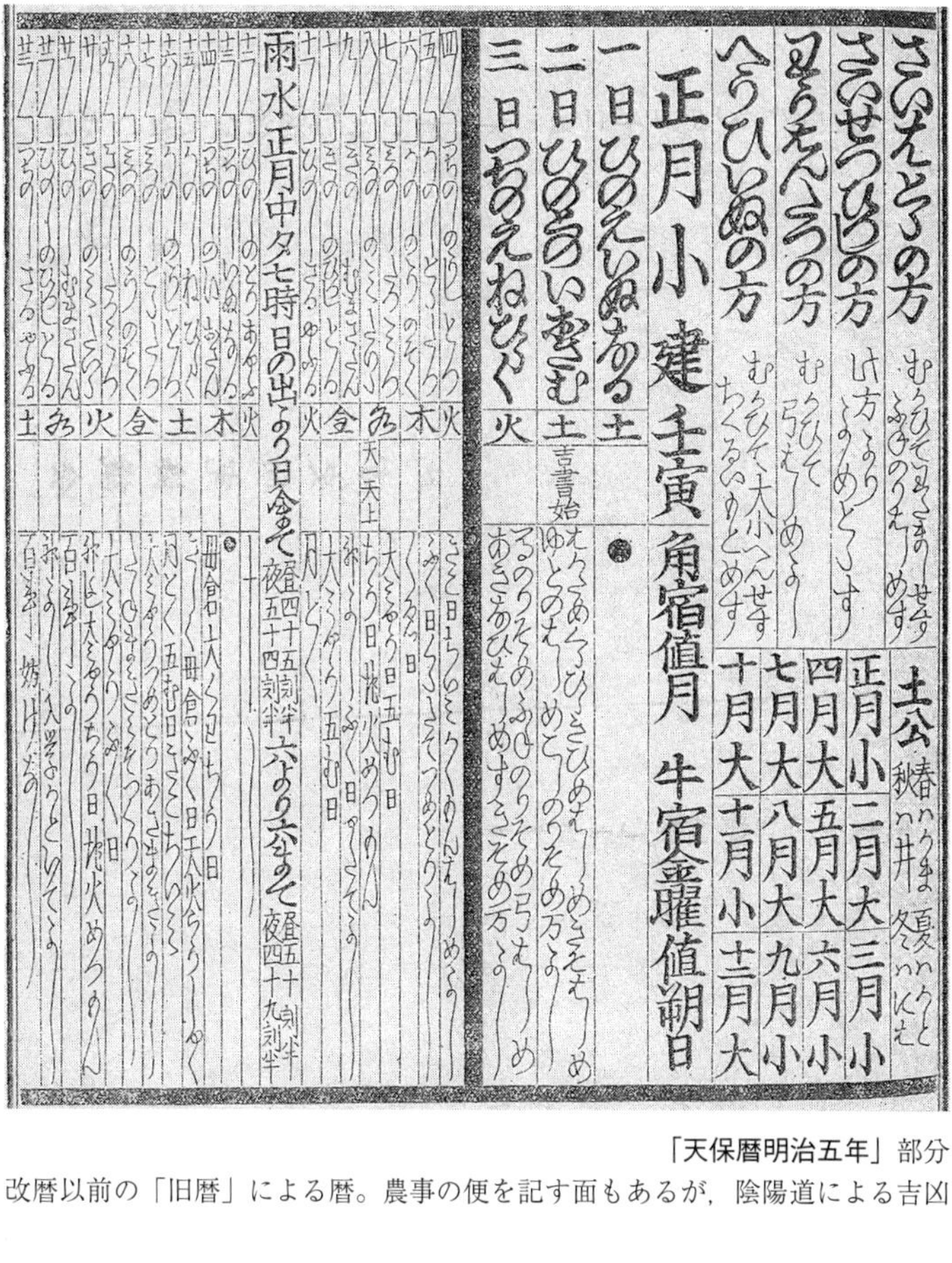
さいとくの方
へうひいぬの方
正月小　建壬寅　角宿値月
一日ひのえいぬ　ある　土
二日ひのとのい　をさむ　土　吉書始
三日つちのえね　ひらく　火
土公　春ハかまど　夏ハ門　秋ハ井　冬ハにわ
正月小　二月大　三月小
四月大　五月大　六月小
七月大　八月大　九月小
十月大　十一月小　十二月大
雨水正月中夕七時

「天保暦明治五年」部分

改暦以前の「旧暦」による暦。農事の便を記す面もあるが，陰陽道による吉凶

日本明治六年 神武紀元二千五百三十三年 歳次癸酉太陽暦東京時刻

太陽暦 一月大三十一日	曜	記事	太陰暦 壬申十二月大	
一日	水	日赤緯南二三度〇〇秒 一時差一二四秒減視半径一六分一八秒	三日 ミつのとのう｜	天智天皇
二日	木		四日 きのえとら	清和天皇
三日	金		五日 きのとのう	崇神天皇
四日	土	日赤緯南二三度三八分三三秒 一時差一七秒〇減視半径一六分一八秒	六日 ひのえさつ	安寧天皇
五日	日		七日 ひのとのミ	光明天皇
小寒午後二時二十六分		日出午前七時十分 日入午後四時五十分	十二月せつ	
六日	月	上弦午前六時四十六分	八日 つちのえむま	武烈天皇
七日	火		九日 つちのとひつ｜	
八日	水		十日 かのえさる	
九日	木		十一日 かのとのとり	
十日	金	日赤緯南二二度五七分五三秒 一時差二二秒四減視半径一六分一八秒	十二日 ミつのえいぬ	
十一日	土		十三日 ミつのとのい	
十二日	日		十四日 きのえね	
十三日	月		十五日 きのとのう｜	
十四日	火	満月午前一時四十二分	十六日 ひのえとら	
十五日	水		十七日 ひのとのう	安閑天皇 東山院天皇
十六日	木	月最高午前十一時	十八日 づちのえさつ	
十七日	金	土用午前九時九分	十九日 つちのとのミ	
十八日	土		二十日 かのえむま	

太陽暦明治六年（部分）

暦について、こうした面からの変革の論議が、星学局からあがっていた。四年七月、大学は文部省となり、星学局は、天文局と改称された。

太陽暦採用の意見は、早くから生まれていた。五年十一月、陸軍省が、暦法御改正御取調中につき参考のため上申した京都兵学所御用掛市川斎宮《いちかわさいぐう》の建議書は、内容から見て明治二年中の文書である。市川斎宮とは、『日本人名大事典』に市川兼恭《かねやす》（一八一八〜九九）として略伝がある人物かと思うが、わからない。趣旨は以下のようである。

本朝従来の暦法は、月の運行を本とし、朔日・十五日を知るには便宜だが、周年の節気・月割等には不都合で、閏月を設ける煩雑さがある。津田真一郎《つだしんいちろう》（真道《まみち》）の年号を廃し紀元を立てる建議は至当であり、周年は西洋の時割三六五日五字（時）四九分弱によって年三六五日とし、四年ごとに一日増の閏年、百年目の閏年を平年、四百年目に又閏年とする。世人の交際で信を立てるには時刻を定めるのが最重要で、昼夜十二時や十二支の刻割に対して、近来船来《はくらい》の袂時計《たもとどけい》は細密で使用に便で、これを用いて鐘で世間に裨益《ひえき》させるべきである。こうした意見で、閏年の年割や、紀元二千五百二十九年（明治二年）の略暦等を添付していた。

改暦建議と改暦の詔書

太陽暦一歳は三六五日五時四八分四五秒という数値は、明治二年九月刊行の『筆算訓蒙』にも記されていた。市川意見書は、明毅や『筆算訓蒙』の読者には容易に理解できたはずであるが、三年間寝かされていたことになる。

有識者には太陽暦採用論があったが、多くの人々にとっては突如という感じで、明治五年十一月九日、太陽暦に改暦の詔書が出た。同日、太政官布告によって、その年十二月三日を明治六年一月一日とする旨を告げるというスピードで、事態は進行した。

太政官権大外史塚本明毅による改暦建議書が十一月（日付欠）で記録されるのは、これに先立つ形ではあった。

本邦通用の暦は、月の満ち欠けによって是を太陽の纏度《てんど》に合わせるから、二、三年の間に閏月を置かねばならず、閏月前後には季候の早い遅いがあり、推歩の差を生じる。時刻も、一日を百刻とし昼夜の長短によって時を定め、事業にごく不便である。殊にまた二十四候日月食の外、中下段に掲げるところは妄誕《もうたん》不稽《ふけい》に属し、民知の開達を妨げる。思うに太陽暦は、太陽の纏度によって月を定めるから、日に多少の異があるが季候早晩の変がない。四年ごとに一日の閏を置けば七千年で一日の差に過ぎず、太陰暦に比べ便不便は問題にならない。

以上が建議書の前半で、改暦の効用を説いた部分。そしてこれがそっくり改暦詔書の主部分になっている。纏度とは、日月星辰の径行する度数で、妄誕不稽というのは陰陽道による吉凶の判断の類を指している。こういった一般に耳慣れない言葉や表現を含め、また、太陽暦の説明文も、そのまま詔書の文章になる。時刻の点が詔書に含まれないが、太政官布達では、この趣旨が指示されている。

形式的には、明毅の建議書を可とした政府によって詔書案策定、詔書頒布ということになる。だが、建議書と詔書との、特殊な用語までもの極端な一致、この間の日数の少なさ、ないし無さを思うと、実態は、詔書原案と明毅建議書とは、同時に同一人物の手で成り、その同一人物は明毅とみるのが自然であろう。

建議書の後半部分は以下のようになる。

そもそも各国と交際を結んで以来、彼の国の制度文物で我が治に有用なものはすべて採用してきた。太陽暦のように各国が普通に用いているものを採らないで、我が国だけ太陽暦を用いないのは不便である。改暦が必要である。だが、今急に改めると、三月はまだ寒く、月初めに満月を見るなどで民間の紛擾《ふんじょう》を招き、農事の期を誤る恐れもある。故にしばらくは、太陽暦の下に太陰暦を併記し、妄説を削り、祭典日を挙げて、両三年経過の後、太陰暦を削るなら下民も便を覚るだろう。

急激な変化による混乱への配慮が注意される。そこには、すでに改暦事業の用意が進行していたことと、一面で改暦事業への障害もまた、意識されていたことを伺うことができる。

改暦と明毅の役割

改暦を急いだのは、留守政府の事情であったろう。その政府部内で大隈重信が、実務能力を持ち、財政通を自認して内政刷新に意欲を燃やしていたが、大蔵省は、予算編成に定額制の導入を意図しながら、歳出に及ばない歳入に苦慮していた。そして明治六年は、在来の暦だと閏年にあたり、吏員給与は十三カ月分を必要として、十二カ月ですむ太陽暦への切り替えは六年度に間に合わせたかった。五年九月新橋・横浜間に開業した鉄道は、冬夏で時間が異なる時刻ではなく、西洋時計の時間への習熟を必要とし、同様な欲求は外でもみられた。欧米文明吸収が進むのだが、一面で、国民統合の上で天皇家の祭祀日を確定したい政府にとって、西洋諸国の暦を耶蘇暦とみての反発も無視できなかったろう。暦の販売を利権とする業者からの抵抗も考慮しなければばならなかった。

明毅の改暦への関わりについては、「行状」が、陽暦採用の議があるのに当って、これに参画して建議し、暦官数名を率いて推算、わずか十余日で稿を終え、改暦の詔書にいたったとし、これをうけた墓碑銘では、太陽暦頒布を「先生の力也」とする。これに対して、星学局から天文局の暦官たちの役割を大きく評価して、明毅の役割をやや形式的なものとみるかの見解もあるようだ。

明毅が、『筆算訓蒙』で太陽暦一歳の日時分秒数を挙げ、また各地の時差についても論じていることは、先に記した。究理には洋式時計を用い、通行暦は使えないともしていた。早くから太陽暦をよいとする考えだったことは疑いない。ただ、明毅は急進的な改暦論者ではなかった。それは、建議書後半の主張にも見えていた。

急進派は、天文局と文部省の方にあった。毎年末に翌年の暦を作って配布するのは、文部省天文局の仕事で、七年二月には同省編書課の担当になっていたが、明毅建議書の説いた太陰暦併記を廃止すべき伺いが、同省から毎年出された。

明毅は、六年五月、太政官職制の改正とともに、少内史に任、内史には地誌課が置かれていて、七年八月内務省地理寮出仕を兼ねた。その間、六年五月、頒布暦に干支を記すのをやめようとの天文局伺いを、塚本少内史の廃止不可意見によって却下した例も知られる。八年二月、文部省の伺は、太陰暦併記の太陽暦では、人民は旧習に泥《なず》み、併記部分だけを見るとして、併記廃止を主張した。そこでは、太陽暦を採用なら四季の区分も西暦十二宮の名に従うべきで、白羊宮等の四宮で、四季の初を定める意見も加えられていた。これに対し、三月の内務省の答議は、明毅の手に成るものと思われる。そこでは、太陽暦の優れた点を強調しつつも、こんにちの本邦細民の常態を指摘し、農夫や漁民の便否を問わずにいきなり慣習を変えさせるのは困難と訴え、併記継続を主張した。左院が、この意見により文部省伺いを否決。その後編暦事務は九年二月から内務省に移り、旧暦併記は一九〇九年まで続いた。

『筆算訓蒙』で、洋式時計の時間に馴れるのを読者に求めた明毅は、旧暦の暦によって耕作期や潮時をみる「細民」の生活への配慮を忘れない役人でもあった。太陽暦改暦の急進性が、とかくの批判を浴びることも多かったようだが、明毅はむしろ慎重な姿勢で、漸進的な改革の推進者であったといえよう。改暦への様々な反抗、障害に対処する位置に立っての仕事が、明毅の改暦事業参画の中心であったわけで、その責任者だった。

やや意外なことに、欧州視察中の岩倉使節団一行中にも、改暦反対の空気があり、ことに外国通の書記クラスの人々もこれに違和感をもったという。久米邦武編『米欧回覧実記』（田中彰校注、岩波文庫）によると、使節団が改暦の報に接したのは、明治五年十一月、パリで電信を受けたときであったが、一行中の田邉太一らも、この措置に不満であったことが、同書の註に引用の久米の回顧録に記されている。改暦は、留守政府にとって、改革への思いきった決断であった。

生前の明毅を知る近親の老人たちには、彼がこの間に反対者から危害を加えられたこともあるとの伝えがあった。尊攘運動のなかで、洋学学習者を襲った危惧が、このとき、彼の身の上にも現実化したのであろうか。それは、一面では、彼がもはや、現場スタッフなどでなく、政府要職の位置に置かれたことの結果でもあったろう。

祭日と紀元――『三正綜覧』

改暦と明毅の役割について、もう一つ加えておくべきことがある。紀元節を建国記念日と呼んで復活させた一九六六年頃には、紀元節設定の当事者として明毅の名を挙げる動きもあった。新暦には、天長節祭や大祓《おおはらえ》などや、賀茂祭や熱田祭など有力神社の祭日のほか、歴代天皇の祭日を記すことになったが、なにを祭日とするかは、改暦事業以前の明治元年八月の布告に始まり、改暦詔書後の五年十一月二十四日に、当分御仮定の日として、六年十月頃までに日を確定していった。

祝祭日の制定は、改暦とは別なレベルで進められていて、改暦によって日の画定とともに整備が図られたのである。

歴代天皇の祭日を暦に載せるには、古来の文献に伝える命日を太陽暦に換算して示さねばならず、神武天皇即位の日も同様だった。この算定を求められたのが、太政官少内史塚本明毅で、それぞれの日付を「推歩」確定していく仕事が急がれたわけである。それは、大変な労であった。だが、それだけのことであろう。ここに、明毅の思想などを探ることは出来ないであろう。

ただ、明治六年を紀元二千五百三十三年と呼ぶ神武紀元の採用は、改暦論者のものであった。皇紀《こうき》と呼ばれて、その二千六百年にあたる昭和十五年（一九四〇）には、盛大な国家祝典によって、国民の国家意識昂揚が図られた。今では、右翼国粋主義者やその影響下にある人に親しまれる年紀法である。改暦論のなかで、この年紀が持った意味は、これと違うものだった。前記市川斎宮の意見書、またそこに援用される津田真一郎（真道）の建議がそれを教えてくれる。それは、年号廃止論であり、太陽暦での年日数の数千年後の差、百年規模の閏年計算をする上での必要が意識されてのものだった。六年一月、太政官左院で、この年号書式が論議され、改暦には無関係として詔勅や外国往復書簡に紀元年号を用いると決め、「皇紀」・元号並列という奇妙な結果に終わった。

紀元表記についての明毅の意見表明の例を知らないが、祭日校定の仕事は、日本・中国の古文献の記述年代を、今の時点との差で数値化する作業であり、それは『筆算訓蒙』でもよく例題になっていた。この数値化の必要から、太陰太陽暦と太陽暦、さらにイスラム世界の太陰暦の三暦による暦日の対照表が作成され、『三正総覧《さんせいそうらん》』と題して、明治十四年六月、内務省から宮内省に進献の手続きがとられた。内務省地理局の編纂で、十三年一月付の凡例は、御用掛塚本明毅の筆に成り、その監修によると解されている。

現在では、史料との対校不足や誤植の多さなどが指摘されているが、日本古文献に干支で記す年月を西暦に換算しようとする研究者は、二十世紀後半まで、この本の恩恵に浴した。

第七章　地誌編纂事業——太政官正院時代

1　官撰全国地誌を目指して

皇国地誌編集計画

明治五年九月十九日、明毅が太政官正院に権大外史として赴任、その五日後の地誌課設置が明毅の建言によるとの説を先に挙げたが、その設置に当たって、太政官布告は、「今般正院ニ於テ皇国地誌編集相成候ニ付是迄諸省並各府県右編集関係ノ事件ハ一切管轄候」と通達した。十月四日、地誌課は正院外史所管となり、明毅は地誌課長として、その任に当たることになった。

改暦建議書が、その直後であり、これに忙殺されたかにみえるが、明毅自身が、この地誌編集事業によせた抱負については、以後、彼と仕事を共にした河田羆によって語られている。ただ、「皇国地誌」という本は、実際には遂に出来上がらなかった。

以後、十三年ほどの明毅の生涯は、地誌編集に熱情を抱きながら、官界の波に翻弄《ほんろう》されて志を得なかった悲劇の歴史という感が強い。

風土記継承と官撰地誌

墓碑の冒頭が和銅の風土記に始まるのは、河田羆が「行状」で、明治五年頃に明毅が言ったという言葉に拠っているとともに、地誌編纂の歴史をまとめようとしていた建碑当時の河田の考えからの整理でもあったろう。幕府の享和三年（一八〇三）以来の地誌編纂事業を担当した調所は、幕末に至るまで活動していた。幕府儒官の家に生まれた河田は、昌平坂学問所でこれを身近にみてきていて、明毅の協力者として、地誌編集にあたったのだった。

幕府による『新編武蔵国《しんぺんむさしのくに》風土記稿《ふどきこう》』等の膨大な国別地誌類は、新編風土記の名のように、古く八世紀の王朝が、諸国に国内の地名由来や産物、古老の口伝を書き上げさせたものの継承という形をとっていた。風土記継承の試みは、近世も早い時期から、会津藩などでみられ、貝原益軒《かいばらえきけん》の『筑前国続《ちくぜんのくにぞく》風土記《ふどき》』のように、和文で綴り、土産考《どさんこう》の巻を設けて、そこで本草学の成果を生かすなどの本も出現していた。会津や筑前の例が、まとまった領域を支配する藩による領国地誌で、領国支配の一環でもあったのに対して、十八世紀に入って享保期には、全国地誌への動きが活発にみられた。将軍吉宗の政権が、全国規模の薬草や産物調査などと古文献蒐集とともに中國地誌の輸入にも勤めたのは、全国の国土を意識したものであった。民間在野の文人たちによっても、日本惣国風土記と銘打った偽書が出回るなどの状況下で、領国単位ではない広域の地誌として、『五畿内志』が、「日本輿地通志畿内部」として出現している。河内・摂津など畿内五カ国は、いずれも多くの小領主に分たれていた国々で、特定藩主の領国地誌にはなりようがない。そうした土地で地誌の編修に当たったのは、浪人並河五市郎という人物で、やがて幕府から調査協力の触れを受けて、五畿内分を完成させた。以後、これにならっての諸国の地誌が、いくつか試みられることになる。

これらを受けて享和三年から、幕府は大規模な地誌編集に取り組んだのだが、畿内と同様、小規模領主に分属していた武蔵や相模で、『五畿内志』がモデルになる。全国には到底及ばなかっただけでなく、諸領主の分割領有という条件からは、幕府の権力を以てしても、調査の不備は避けられなかった。隣接領分との境いと幕府の目を意識する小領主役人の調べは、村にとって煩わしく、民間在野の有志による方が、こうした地では有効だったともいえよう。

そうした条件に対して、廃藩による国土統一後の今こそ、遠く王朝以来の業の再興であろうというのが、明毅の抱負でもあり、皇国地誌計画の趣旨でもあった。

統一国家による地誌

廃藩による国土統一といっても、いきなり日本国ができたわけではない。琉球藩や開拓使管下の地を除けば、全国が府県域になったとはいえ、大藩の領域だった国では藩主の代わりに政府派遣の知事が来ただけ、一国がいくつもの領域になっていたところはいくつもの県域に分かれているという例が多く、人々の意識する国は山城とか武蔵とか言った国であった。各州（国）の風土は、府県に聴取しないと知ることができないから、凡例を作って書き上げを求めるというのが、明毅の考えであり、全国地誌は、国別の地誌を、府県を経由した村町の書き上げによって、町村誌から郡誌の積み上げによる構想になってくる。それによって、まだ人々の意識に熟していない日本国の地誌を提供しなければならなかった。

直接の先行例は、武蔵や相模での幕府の仕事だったが、そうした地域もあれば、大藩領域の国もあるというなかで、町村誌の積み上げに先立って、ともあれ日本国像を素描することが求められた。国毎に分かれた現状以前に、古くからの日本国域の存在があり、今それが復活したという王政復古史観と、文明開化によって日本国域が一体性を強めていく状勢という現状認識とが、この考えを支えた。

政府の編纂すべき日本国誌像は、こうして日本国史像と強く結び付き、同時に諸外国に向けて、統一国家像を明示する役割を担うべきものにもなっていた。

政府部内の多様な地誌要求

皇国地誌編集についての太政官通達は、政府の諸部局で進められていた地誌計画を、正院の皇国地誌に一本化することを求めていた。だが実際には、前記陸軍省の例をはじめ、諸部局での地誌欲求は、それぞれの必要に応じて出発していた。

四年七月、民部省廃止とともに、地理司が大蔵省に移管され、七年一月にはさらに内務省地理寮、十年一月には同省地理局となって、明毅に深く関わるのは後述するが、この地理司の業務に、もと地誌編集があり、それは租税収納の必要からのものであった。租税司が大蔵省と管轄になった後、明治三年七月、民部省管下に再設置された地理司は、「山勢水利土地ノ肥瘦《ひそう》、民ノ貧富、田畑ノ多少、荒《こう》蕪《ぶ》ノ有無ヲ詳《つまびらか》ニシ地誌ヲ編集スル」ことを業務に挙げていたという。

国内戦を予定して、戦場の地形や通路、物資調達の便等の知識を必要とする陸軍省の欲求や、地理司が業務に挙げた租税収納の確保のための地域経済の実情把握といった必要が、当時の政府として当然な、現実的なものだった。

こうした現実の要請に比べて、皇国地誌編集の方は、理念的な要素が強いように感じられる。明治二年四月、天皇は三条実美に沙汰して、史局の総裁に任じ、六国史《りっこくし》以来中絶の歴史を編纂して、名分《めいぶん》を正し華夷内外の弁を明らかにすべしと命じ、これが政府の修史事業の始まりになったといわれる。正院に歴史課と並んで地誌課を置き、皇国地誌編集に当たらせたのは、これに継続する動きという面を強く思わせるのである。皇国地誌という名称が、明毅の発案に出たかどうかはわからないが、風土記が滅びた後の復活を意図したという明毅の感覚に適合していた。

修史事業と関連して

けれども、明毅は、もともと細部と数値での表現を好み、名分に拘泥《こうでい》するタイプではなかったようである。地域経済の実情把握への欲求と、村々の膨大な知的集積による多くの資料の収集とその整理とが、目指す仕事となるはずであったろうが、なにぶん資料は膨大であり、課題は大きかった。当面は、簡約な全国地誌を作って皇国地誌編集の標的とすることになる。

仕事は早かった。およそ半年の間に、日本地誌提要《ていよう》の草稿をほぼ終えたという。そこに思わぬ要請が入った。オーストリアのウィーンで開かれる万国博覧会に、政府は日本館開設を図り、五年正月博覧会事務局を正院に設置、そこで日本地誌の概要を紹介するのに使うというのであり、全国地誌は、ここで日本政府による日本の諸外国への紹介文献という役割を帯びることになった。その内容は後に詳記することにしたい。

明治六年五月三日、少内史に進んだ。機務の文案を草し、官記位記を造り記録の事を掌るとされた正院の職で、権大外史からの昇任であろうが、このとき、正院地誌課は歴史課とともに、内史所管となり、「地誌地図ヲ編輯スル事」を業務と定められた。皇国地誌編纂の道は、ここで大きく整ったかにみえた。翌四日、地誌課長任、同日歴史課長に任じられたのは長松幹《ながまつみき》であった。

ただ、数日後、宮城《きゅうじょう》で火事があり、それまでに集まった資料の多くが焼失するという事故があった。上総の人立野《たつの》良道《よしみち》が集録《しゅうろく》し宮内省《くないしょう》に献上した上総《かずさ》志料《しりょう》・安房《あわ》志料《しりょう》もこのとき焼失とされる。幕末期までに各地の篤学の人々が集めた古文献や、新政府の求めに応じて村々で収集整理された資料が、ここで消滅した例は多かったに違いない。政府の地誌編纂事業は、民間の多年の知的活動の成果を集中する事業でもあり、こうした不慮の事故でそれが失われる機会ともなった。

明毅は、これに屈せず、なお資料の集積に努めたという。それはどんな資料であったろうか。

民撰地誌の流れ

藩による地誌は領主層の権力の誇示でもあったが、治世のため、領分掌握のため、また領内の資産を把握するためでもあり、数値をあげた正確な記述が求められる。そして村の実状は住民の知識に依らなければならず、村からの書上を基本資料とした。村明細帳と呼ばれる書上類は、時に村誌と呼ばれるように、村住民による地誌でもあった。

村役人の職務としての村明細帳《むらめいさいちょう》の書上以外に、居住地や周辺の地理や歴史を記録にとどめ、さらに失われた記録を探ろうとする人々も生まれて来ていた。家の由緒が、領主に特典を求めるのに有効なこともあり、山や水の利用についての村の権益主張には、古来の慣習や記録が必要であった。村明細帳にも、こうした要素が交えられたが、こうした点を中心に、村や町住民の側からの地誌が各地に芽生えていった。

村町レベルの地誌が、もっと広い範囲の区域の地誌になっていく動きもあった。早くから文字利用に熟していた村の寺社関係者や、医師や浪人などが、その主な担い手であったろう。寺社の参詣者や、様々な災厄除去をねがう人々に応じるように、広い範囲の町村を通じて寺社の縁起と効能とが文字に記され、それに応じての旅人の記録を生んでもいった。各種の学芸愛好者、とりわけ近世初頭に『毛《け》吹草《ふきぐさ》』に諸国名産一覧をのせるほどのネットワークを持った俳諧者《はいかいしゃ》たちの旅行も各地の地誌文献の成立に貢献し、寺子屋師匠たちが、こどもに教える教本《きょうほん》には、居村周辺の村名から諸国の国名に及ぶ地名の筆記がしばしば課された。

為政者の側からの地誌の他に、様々な身分による民間の地誌類ないしその萌芽が育っていった時代が、旧幕支配下にすでに進行していたわけである。ただ、そこには相対立する側面もきびしく存在した。

村明細帳の作成者は、村びとの負担の増加を避け、できれば軽減を図りたい、村から潜在的な資源を見出して、調達を図ろうとする領主層とは、きびしい対立を孕むわけである。領主の側の地誌編纂調査者が、村を訪うとき、村ではできるだけ早く退散するのを願ったのは、この事情からであった。山や水利用権をめぐって村々の対立がある場面は一般的だったし、寺社の縁起にも対抗があり、延喜《えんぎ》式内社《しきないしゃ》の位置を争う場面が、神道諸家の抗争と連動しかねなかったし、幕末期には、天皇御陵や南《なん》朝《ちょう》旧跡への国学者らの関心が、各地地誌記述者にも影響することになっていったかにみえる。

旧幕の地誌編纂活動を超えるべき任務を自覚した明毅の前には、そうした状況があった。民選地誌の流れを官撰地誌の中に取込むことが、以後大きな課題になろうが、当面、とられたのが、村名調査であった。

村名調査

明治七年四月二七日付で、塚本少内史の名で、各府県に求めた村名調査が、この時期の資料収集の一つの例を示す。管内各村の名を、新田・枝村《えだむら》等を含めてすべて記載し、明治元年以後の分村合併等があれば、それを記せというものであった。注意を惹かれるのは、とくに村名はすべて今の呼び方でのものとして、「かな」を加えよとする点である。

旧幕時代、一村として認定されたのは、諸国の国絵図とともに幕府が作成させ、手元に置いた諸国の郷帳《ごうちょう》に登録された村であった。大名の領地等も、この村によって構成されるわけだが、諸領主が一村として扱う村と幕府郷帳の一村とは必ずしも一致せず、また住民たちの場で、自村、他村と意識される範囲は、さらに別であることが少なくなかった。こうした事態のなかで、村の由緒から各村の範囲を探る在村学者も生まれていったが、それは、村々の優劣を競い、山や水利用をめぐる地域間対立に深く関わる地誌になるわけであった。

明毅を責任者とする明治七年の調査は、全国地誌の基礎資料として、村を対象とするとともに、由緒や古来の呼称に関わらず、現実に存在する村のありようを資料として求めた。その際、とくに重要なのは、文字にかかわらず今の呼称を、かな書きで求めたことであったろう。文字の上での村名は、十七世紀以来の郷帳に、漢字表記の仕方を含めて、きちんと登録されていたが、読み方は閑却されて

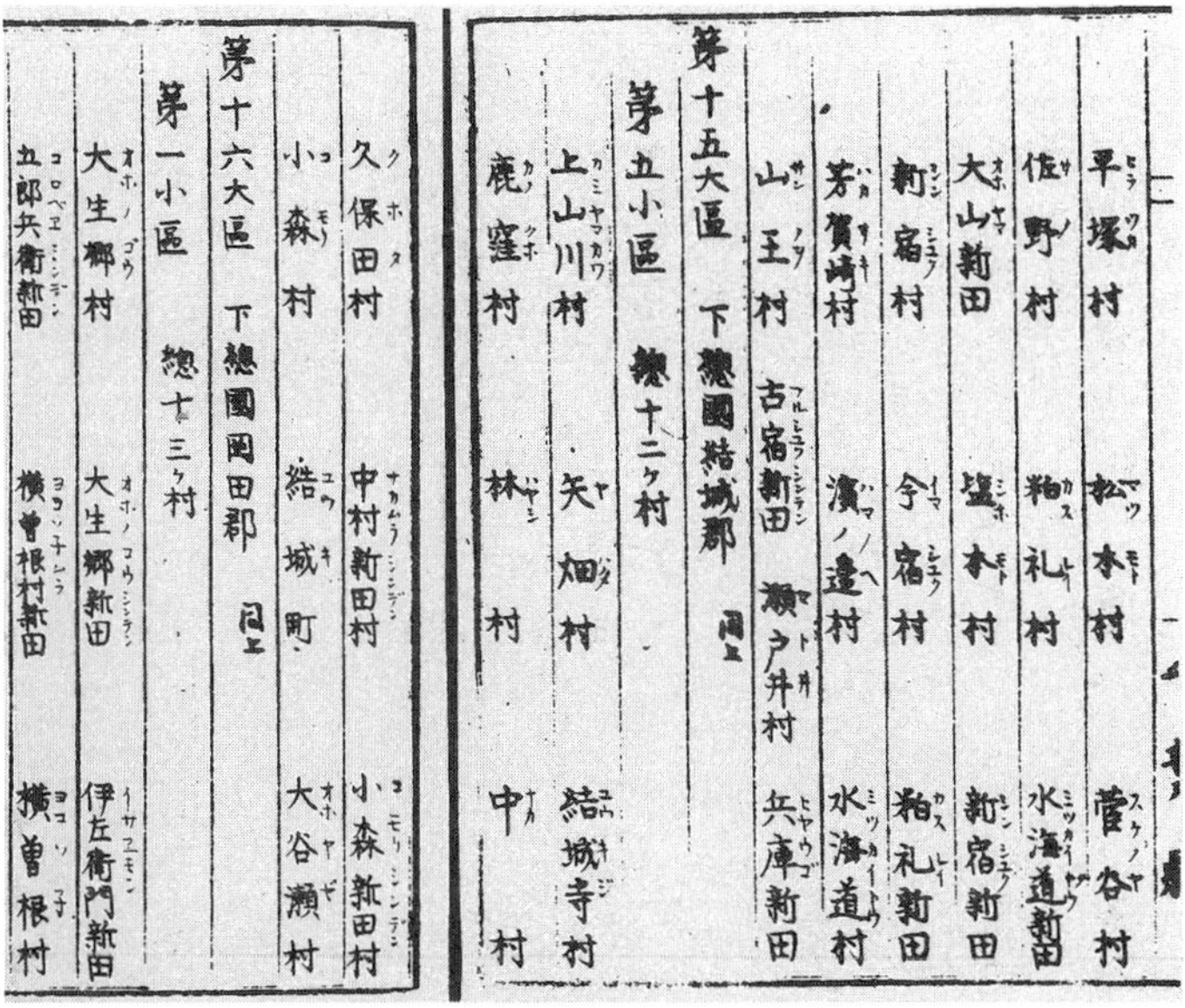

平塚《ヒラツカ》村　松本《マツモト》村　菅谷《スゲノヤ》村
佐野《サノ》村　粕礼《カスレイ》村　水海道新田
大山《オホヤマ》新田　塩本《シホモト》村　新宿《シンシユク》新田
新宿《シンシユク》村　今宿《イマシユク》村　粕礼《カスレイ》新田
芳賀崎《ハガサキ》村　濱ノ邊《ハマノヘ》村　水海道村
山王《サンノウ》村　古宿新田《フルシユクシンデン》　瀬戸井《セトイ》村　兵庫《ヒヤウゴ》新田
第十五大區　下總國結城郡　同上
第五小區　總十二ヶ村
上山川《カミヤマカワ》村　矢畑《ヤハタ》村　結城寺《ユウキジ》村
鹿窪《カノクボ》村　林《ハヤシ》村　中《ナカ》村

久保田《クボタ》村　中村新田《ナカムラシンデン》村　小森新田《コモリシンデン》村
小森《コモリ》村　結城《ユウキ》町　大谷瀬《オホヤゼ》村
第十六大區　下總國岡田郡　同上
第一小區　總十三ヶ村
大生郷《オホノゴウ》村　大生郷新田《オホノコウシンデン》　伊左衛門《イサヱモン》新田
五郎兵衛新田《ゴロベヱシンデン》　横曽根村新田《ヨコソ子ムラ》　横曽根《ヨコソ子》村

「明治前期村名小字調査書」部分（明治７年）
全体にカタカナでのルビがあるのに注意。

いた。文書に依存した郷村支配を端的に示す例であり、例えば上条村という村名は、幕府役人は知っていても、カミジョウ村か、ジョウジョウ村かを知らないことが多かった。幕府と諸領主、さらに村住民の三者間で、別々のむらが意識されたのもこれによったわけである。

旧幕時代、この点が意識され、幕府部内で、かな表示の村名調査が行われたのは享和二年（一八〇二）のことで、『新編武蔵国風土記稿』等につながる幕府地誌編纂事業の始まりの時期だったことは、偶然ではない。地誌編集は、現地の生活実態を知ることに出発しなければならず、明毅もまさにその道をとったのである。享和期の幕府の調査が、全国の村名に及んだとは思えないのに対して、明治七年の調査は、よみかたを含む全国村名調の最初のものとなった。この調書は、一部を除いて現存し、近年影印本が刊行されるに至った。今も研究者に利用される調査であった。

2 『日本地誌提要』

成立と構成

明治八年一月、政始《まつりごとはじめ》の場での奏上で、総閲として少内史兼地理寮五等出仕正六位臣塚本明毅、纂修兼校正として大主記臣新藤（河田）羆以下十人の連署によって、『日本地誌提要』が上表された。上表とは、天皇にたてまつることであり、勅命に由来する命によって作った本の完成披露を意味した。

凡例によると、この書の原稿は、もと地図に添えてオーストリアの博覧会に出すために、明治五年十月から翌年三月までわずか百日で編纂したため、旧来の図書や見聞からみて間違いもあり、稿を改めて各府県に実地によって訂正させ、校勘して編集したとする。博覧会出品以前について、もともと皇国地誌編纂のため、とりあえずその標的の役割をもつ簡約な全国地誌として稿を作ったものであることは、前に記した。

一八七三年ウイーンの万国博覧会提出の『日本地誌提要』（以下書名としてこの本を記すときは『提要』と略称）と比較できるものに、一八七七年パリ万国博覧会に出品の太政官修史局による『日本史略』

がある。この本は、のち増補の上、『稿本国史眼《こうほんこくしがん》』の名で明治二十三年に刊行され、いわば「欽定《きんてい》」（天皇命による）国史書として、力を持った。

『提要』の方は、これと違って七年十二月に前半、十年四月から十二年までに後半が刊行されてから、以後広く読者を得る機会がなかったが、一九八二年に復刻版が出ている。だが、『提要』直接の読者よりも、この本をもとにした教科書の利用者を生み、またこの本の構成や形式が、以後の書上げの求めなどを通じて各地郡村史誌の編集者たちに与えた影響力は大きかったろう。

『提要』は、州（国）ごとの区域、山川、戸口、租税の類の大要をあげるのを主とし、簡略で知りやすいのを目指したという。はじめに全国の要領を記し、次に二京、すなわち東京・京都の記事、以下畿内諸国をはじめ諸国ごとの記述に及んだ。

こうした様式は、一州（国）単位では、『筑前国続風土記』『新編武蔵国風土記稿』などでみられ、そこでは、一州の総説のあとに、郡別に諸項目の記載があるのだが、ここでは、それより規模大きく、州ごとの諸項目がとられることになった。

日本国領域と統一国家像

巻一総国以下毎州（諸国）の記述が疆域《きょういき》に始まるのは、諸先行地誌の大方の例と変わらない。総国の疆域は、以下のように述べられる。

四方皆海。西北は日本海を隔て朝鮮に対し、「北ニ樺太島《からふととう》アリ、」ロシアに接す。「東北千島諸島《ちしましょとう》断続シテ」ロシアに連なる。東南は太平洋に面し、西南に「琉球諸島アリテ」台湾及び支那地方に

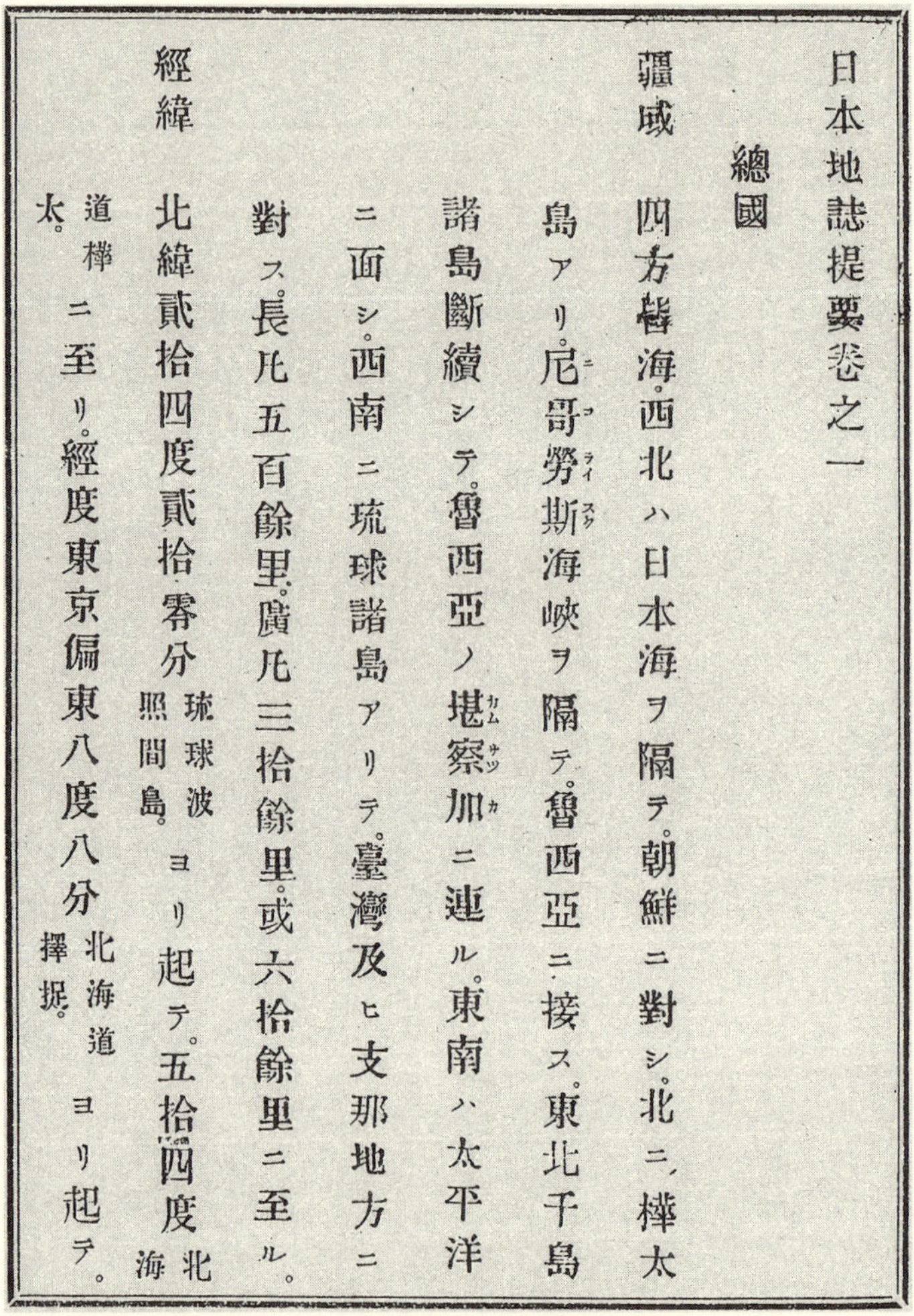
日本地誌提要卷之一

總國

疆域　四方皆海。西北ハ日本海ヲ隔テ。朝鮮ニ對シ。北ニ樺太島アリ。尼《ニ》哥《コ》勞《ライ》斯《スク》海峽ヲ隔テ。魯西亞ニ接ス。東北千島諸島斷續シテ。魯西亞ノ堪《カム》察《サツ》加《カ》ニ連ル。東南ハ太平洋ニ面シ。西南ニ琉球諸島アリテ。臺灣及ヒ支那地方ニ對ス。長凡五百餘里。廣凡三拾餘里。或六拾餘里ニ至ル。

經緯　北緯貳拾四度貳拾零分琉球波照間島。ヨリ起テ。五拾四度北海道樺太。ニ至リ。經度東京偏東八度八分北海道擇捉。ヨリ起テ。

『日本地誌提要』巻首部分

接す。

注意すべきは、「　」で示した三つの地域の微妙な表現である。

明治八年五月、明毅の古くからの知り合いだった榎本武揚が、駐露公使としてロシア政府との樺太・千島交換条約に調印した。『提要』上表後数カ月のことである。それ以前の日露安政条約によると、樺太は、日露両国民雑居の地で国境未画定、千島は、エトロフ島・ウルップ島間の海峡が国境のわけだが、総国の彊域の記述は、ややぼやかした文章になる。経緯の項でみると、樺太全島を日本国範囲、エトロフ島を日本の東端とする。なお八年五月条約の結果は、追補に記されているが、『提要』本文では、千島はクナシリ・エトロフと周辺にとどまり、樺太については、附として、ごく簡単な記事がある。

琉球諸島については、日清両国に服属の体制をとってきた琉球国王尚泰《しょうたい》を、明治五年九月、琉球藩主として日本国統治下におき、とくに四年末の宮古・八重山島民が台湾で殺害された事件をめぐって、清国政府との折衝と七年五月の台湾出兵を機会として、諸島の領土化の実効を固めていった。だが、琉球藩廃止沖縄県設置の明治十二年以後も、諸島の領域については未確定部分を残していた。『提要』巻七五は、琉球にあてられ先島までの諸島嶼を記述する。

総国部分に記されないが、小笠原諸島の帰属もまだ微妙だった。明毅も参加した旧幕府の調査以後、幕府は一時この諸島の経営を放棄していて、明治六年頃からようやくその日本領有を諸国に確認させる策を進めていたのであった。『提要』では、伊豆の巻に附としてこの諸島の地誌を載せる。『提要』執筆時は、日本国の領域が初めて確定していく時期にあたり、『提要』は、日本政府の立場で、それを内外に宣言する文献という役割を果たさねばならなかった。日本国なるものの存在自体が、ようやく意識されていった時代、日本の地誌として、初めての試みであったといわねばならない。

官撰地誌と政府機構

総国の形勢の項目は、奥羽から本州・四国・九州に及ぶ山脈と河川、海峡と平野の概要を要領よく略述するが、北海道の山脈や川、平原はまったく無視されている。一体、北海道に限らず、総国の領域とは、住民としての郷土意識を共有する場ではなかった。『提要』の視線は、基本的には、日本政府管轄下の地の記述であって、その住民の場で、自村から生活上の交流によって知り合っている近隣の世界、旅で接した世界へと視野を広げていく地誌ではなかった。

凡例で、山河湖沼原野等について、名人題詠によって有名といったものは略す、つまり古来の名歌があり、枕詞になったりしているところは略としたのは、旅案内記風の多くの民選地誌と違った姿勢であり、仏寺の寺格等にこだわらず、また陵墓古跡等も簡要を旨とするから略とする。簡略化と地域間の争いを避ける意図にもよろうが、総じて、信仰と遊楽の旅に即した地誌から距離を置く地誌である。お役所風というか、官撰地誌にふさわしいというべきだろう。この姿勢は、一面では、国民意識昂揚のための史跡顕彰というタイプの歴史関心との距離にもなっている。

総国部の記述にかえると、全国の幅員（方里による面積）、郡、社寺、人口、田圃面積、租税の細かい数値とともに、軍管・鎮台、砲台の位置と陸海軍の将兵、艦船数、学校、開港場、鉄道（東京—新橋と大阪―神戸に未設置の大坂―京都）、電機（電線）などが、一部未設置分を含めて、誇らかに記される。諸国（各州）の記述でも、燈台などを含めて、この種の記載は漏らさない。こうした「官による文明」の施設が全国に広がっていく時代が、『提要』の時代であり、『提要』はそれを特筆した官撰の地誌であった。

沿革の項目――『提要』の史観

凡例にいうところ、沿革は国府《こくふ》の定置《ていち》に始まり、武人《ぶじん》割拠《かっきょ》して封建《ほうけん》の勢《せい》をなした事情を略記し、廃藩《はいはん》置県《ちけん》に終わるとする。統一国家像を謳歌する『提要』として、先行する分裂の時代を武人による封建制の時代と捉えて、その沿革を記した。

地誌課の撰になる『日本国郡沿革考《にほんこくぐんえんかくこう》』という本があり、明毅自身、明治十三年には東京地学協会で「国郡沿革考」との報告をしている。明毅の報告については後記する。『日本国郡沿革考』には、文久二年亡の荒井《あらい》顕道《あきみち》の考証も含まれる。顕道は幕府代官を長く勤め、『牧民金鑑』の著書がある人物で、荒井郁之助の実父であることも注意される。

『提要』の沿革像は、これにより、嵯峨朝の国制を郡県の治の確立期とし、頼朝《よりとも》の守護・地頭設置で「封建ノ漸ヲ成」し、正平四年（一三四九）関東管領《かんれい》設置で「形勢終ニ一変シテ封建トナル」とする。以後、群雄割拠、守護から近世大名に至るまでの諸国政権の一覧が、各州の沿革記述になるわけである。

各地の守護大名から近世大名の一覧が、不備はありながらも『提要』によって示された。類書があまりないなかで、天皇紀中心の「国史」とは少し違った意味もあったろう。だが蠣崎《かきざき》氏から松前《まつまえ》氏の移動にいたる記事を載せた北海道で、榎本武揚の事実上の政権をまったく無視した。その神社の項で明治二年勤王戦死者を祭る招魂社《しょうこんしゃ》を挙げるのが、榎本政権存在の跡を示すだけで、これは、五稜郭の最後の戦闘で死んだ榎本軍の戦死者遺体放置の中で、官軍戦死者のために造られた神社であった。党派性むきだしの官撰地誌記述を、弟を賊軍として失った明毅は認めていたことになる。

地誌としての『提要』であるのに、その沿革の項は、地域の支配制度ないし支配者変遷の経過であって、各地の土地、あるいは天地の自然環境の変遷ではない。太政官史官の編纂で、府県担当者の調査回答による官撰地誌は、所詮、官の支配の書籍であった。形勢の項には、民の気風が、風俗頑陋《ふうぞくがんろう》（下野《しもつけ》）等の表現も含めて記述される。

国土の変遷と住民生活

礦山の記述が、各州で詳しい。試掘場も含めて金銀銅鉛山から石炭山に及び、越後では火井の項目もあって石油採取法を伝えてもいる。記載がないが、明治四年信濃での石油採掘事業も知られていて、『提要』の挙げるのは、鉱業ブームの時代のごく一部にすぎない。鉱業は、むろん大地へのヒトの大きな加工であったが、他にも従来とは違った人手は多様であった。下総の原野の項では、もと正伯原《しょうはくはら》と呼ばれて本草学者丹羽家の拝領地、薬草園だった地が、明治六年天皇親臨の演習以来、習志野原《ならしのはら》と呼ばれて以後多くの陸軍施設の場になっていく発端が記され、隣接する小金原《こがねはら》は、三郡にまたがる幕府牧《まき》の地だったのを、各村に分付して開墾進行中のことが記される。

こうした直接の加工以外に、村や町の相互の距離が短縮されていったことも、人の生業や需要を動かしていった。駅路の詳記は古来の地誌の多くの例であったほか、『提要』では、港湾・海峡・島嶼・暗礁・岬角等、また燈台の記載が豊富である。鉄道が経済に及ぼす影響はまだ限定的だったが、水運の発達は急速で、それは燈台施設や蒸気機関利用だけでなく、こうした水路情報の進歩と流布によるところが大きかったであろう。『提要』の書自身が、その役割の一部を担ったともいえよう。交通革命の時代でもあり、こうした人力が生んだ需要や生産が、自然界の変遷をも生んでいった。

一方で人々は、大震災や火山の噴火、大型台風を意味する颶風など、天地の変動が引き起す災害への対応に迫られた。人と自然界との交渉によって、変遷を重ねてきた大地の沿革といった視点は見えず、統一国家像の提示に急で、とくに万国博を機会に外国人に統一日本国を誇示する欲求に大きくよっている。沿革は制度の沿革を記すだけで、国土像は、これまで不変であったかのような像を提示して、近代国家の施設を際立たせてもいる。

こうした点、調査が村レベルに及ぶにつれて変わっていく可能性もあったのではなかったか。村や町の住民生活の実態に触れた民撰地誌の、一見趣味人風の記述から学びとることも出てきたかとも思わせるが、それはまだ後の課題であった。

物産の項目その他

『提要』の項目には、物産の項もある。凡例では「繁殖ニシテ地方ノ益アル者」を採るとするのは、名物といわれるものに拘泥しないという姿勢だろうか、日常食品の意図的除外などの例もあり、選択基準はまちまちだったようである。全体に、動植鉱物を含めて採集物類が意外に多いのは、当時の実情の反映であるとともに、紀行文などに由来する名物評に拠る面もあっただろう。一面では様々な手工業製品が各地にみられた。交通革命が、この状況を大きく変えていこうとしていた。

八年十一月、陸軍参謀局の編纂による『共武政表』が、郡別と輻輳地《ふくそうち》ごとに物産を載せて、『提要』よりむしろ詳細であるかにもみえる他、古く民部省通達に始まった府県物産調《ふけんぶっさんちょう》が、六年には内務省《ないむしょう》勧業寮《かんぎょうりょう》の仕事になり、九年には全国農産表《ぜんこくのうさんひょう》になるなど、地誌編纂とは別に統計調査が進んでいった。数値での表示を好んでいた明毅にとって、年々の更新を必要とする統計を、典籍としての永続性を期する地誌にどう位置づけるかも以後課題になっていこうが、地誌編纂用の資料提出要請が、府県担当者にとって、重複もする煩雑さとなり、多忙・困惑といった実務上の難事にもなった。

近世を通じて新しい栽培作物が普及していった到達点を正確に示すのは困難だが、ある程度一般化して住民の日常食にもなった地域差を『提要』に見ることも出来る。甘藷の文字で記されるサツマイモが、西日本諸州から陸前（名取郡前田村）にいたるまで各地に記録されるのに対し、馬鈴薯と表記のジャガイモは、北海道でジャガタライモのルビ付で記される他、甲斐と信濃に各郡での産を記して、東北諸州にはまったくみえない。記述がないのが非存在を意味するとはいえないが、注目しておいてよい。ただ、肥前で長崎に野芋を挙げるのは、あるいは早くにこの地に入ったジャガイモのことかもしれない。

十八世紀の「享保元文諸国産物帳《きょうほげんぶんしょこくさんぶつちょう》」では、地域による動植物の異名同物、同名異物を糺す役割をも演じていた。この調査も、官による一種の地誌であった。官撰の地誌にも、そうした機能がありえたのであった。

『提要』は、膨大な皇国地誌編纂のための準備書でありながら、それ自身、大部の書物になっていたが、これから皇国地誌に至る道は、前途に大きな課題と困難を予測させる本になった。ただ、不幸にしてその結果は実現せずに終わったのである。

なお『提要』で、他に現代人からみて異様なまでの紙数が費やされているものに、温泉と瀑布（滝）の記述がある。温泉は、薬効を詳記し、治療、健康のための記載であったろう。滝についても、同様な意図があったのかもしれない。

3　修史局への併合まで

正院地誌課と民部省由来の地誌課

『提要』上表のとき、明毅の官職は少内史兼地理寮五等出仕となっていた。少内史は、明治六年五月任以来の正院での職で、地理寮五等出仕は、七年八月に命じられたものである。明毅の地位は、引き続き政府部内の奏任官《そうにんかん》として高位にあったが、地誌課の位置には変動があった。

正院の地誌課は、明治五年十月に歴史課とともに置かれて、皇国地誌の編纂にあたることになったことを先に記した。だが、その実態はまだ、内史・外史が史官と呼ばれて既発の命令・恒例典則等の資料を類別編集するという職掌の範囲に含まれるほどのものだったのではないか。歴史課が記録・分局・御系図を担当し、地誌課が政表を担当するというのが、この時点での両課であった。

六年五月、地誌課・歴史課はともに内史所管になり、歴史課は国史を、地誌課は地誌地図を編集することとされ、このとき、明毅は権大外史から少内史に遷って、地誌課長となっている。正院地誌課の地誌編集作業は、ここで初めてやや本格化するのであろう。

だが、地誌を担当する役所は、すでに廃藩置県以前から他にあった。二年七月、民部省に設置された地理司での構想も伝えられ、民部・大蔵両省の合併、復活を経た三年十月の地理司事務章程では、地誌の編集を業務の一つに掲げていた。廃藩後の四年七月、地理司は大蔵省管下に入り、六年十一月内務省設置によってその省に移った。岩倉使節団の帰国に続く征韓論者の敗北の後に、六年十一月、内治優先を掲げた大久保利通が新設したこの省が以後、諸省の中心的地位を占めるようになってくる。

正院地誌課も、その大波を受けることになる。七年一月工部省から測量司を内務省に移したが、八月、これを廃して地理寮に量地課を置くという内務省への達しに付け足して、内史所管地誌課を地理寮に合併のことが通達された。この少し前には、地理寮を改組して地誌寮とする案もあったが、それよりもなお地誌課の位置は低く抑えられたといえよう。

政府上層部間の権力抗争も含んで、変転を重ねた省制度のなかで、転々としていた地誌課に正院の地誌課も統合されたのである。

明毅の位置と内務省の寮下の地誌課

この時期、明毅の地位が軽かったわけではない。七年一月四日、政始《まつりごとはじめ》という行事が始まった。天皇が正院に出て、三職以下諸省長官参列のなかで、大蔵卿大隈重信、陸軍卿山県有朋に次いで、工部卿伊藤博文が阪神間鉄道の工程を奏し、次に少内史

郵便はがき

料金受取人払郵便

山科支店
承　　認

66

差出有効期間
平成25年5月
30日まで

6078790

（受　取　人）

京都市山科区
日ノ岡堤谷町1番地

㈱ミネルヴァ書房

ミネルヴァ日本評伝選編集部 行

◆以下のアンケートにお答え下さい。

＊　お求めの書店名

＿＿＿＿＿＿市区町村＿＿＿＿＿＿＿＿＿＿＿＿書店

＊　この本をどのようにしてお知りになりましたか？　以下の中から選び、3つまで○をお付け下さい。

A.広告（　　　　）を見て　B.店頭で見て　C.知人・友人の薦め
D.図書館で借りて　E.ミネルヴァ書房図書目録　F.ミネルヴァ通信
G.書評（　　　　）を見て　H.講演会など　I.テレビ・ラジオ
J.出版ダイジェスト　K.これから出る本　L.他の本を読んで
M.DM　N.ホームページ（　　　　　　　　）を見て
O.書店の案内で　P.その他（　　　　　　　　）

＊新刊案内（DM）不要の方は×をつけて下さい。　□

ミネルヴァ日本評伝選愛読者カード

書 名 お買上の本のタイトルをご記入下さい。

◆上記の本に関するご感想、またはご意見・ご希望などをお書き下さい。
「ミネルヴァ通信」での採用分には図書券を贈呈いたします。

◆あなたがこの本を購入された理由に○をお付け下さい。(いくつでも可)
A.人物に興味・関心がある　B.著者のファン　C.時代に興味・関心がある
D.分野(ex. 芸術、政治)に興味・関心がある　E.評伝に興味・関心がある
F.その他（　　　　　　　　　　　　　　　　　　　　　　　　　）

◆今後、とりあげてほしい人物・執筆してほしい著者(できればその理由も)

〒

ご住所　　　　　　Tel　　　（　　　　）

年齢　性別

お名前《ふりがな》　　　　　歳　男・女

ご職業・学校名
(所属・専門)

Eメール

塚本明毅の奏上が最後であった。明毅の奏上は、北海諸州の開拓と琉球群島が藩王の封を受けたいま、皇国の全図を製しおわったことを述べてこれを呈したもので、地誌担当者としての地位により、諸省卿と並んでの奏上であった。

翌八年の政始での明毅上表文は、『提要』上表の文になるわけで、『提要』序にみえる文よりやや詳細だが、このとき既に少内史兼地理寮五等出仕となっていた明毅の上表に比べ、地理頭杉浦　譲《すぎうらゆずる》の文は、内務卿代理へ謹白で上奏を願うかたちとなっている。内容も、明治五年の耕地反別と官林調を地理寮所管の業として挙げたにとどまり、『提要』の規模には比較するまでもない。

明毅は、兼務として地理寮出仕というかたちで地誌に携わっていたが、内務省地理寮の地誌課所属官員ではなく、正院に身分を置いていた。『提要』上表の時点で、地誌課が地理寮管下に入っているから地理寮出仕のかたちをとったが、『提要』編修の経過は正院地誌課に由来していた。民部省以来の地誌編修業務の方が、これに統合される方が自然ではないかと、明毅は感じていたのではなかろうか。天皇との距離が序列を測る体制という点でも、強大な省とはいえ内務省内の一寮所属の地誌課というのは、意に染まないものであったであろう。

国史と修史局

地誌課の状況に対して、歴史課の方は、内外の批判勢力に悩まされた政府部内で、天皇と国史とに統合回復の機能が期待できたのだろうか。五年十月の歴史課がまだ国史編纂に取り組む姿勢でなかったのは、地誌課と同様だったが、六年五月、国史編纂を職務とされた直後、宮城炎上という不測の事態を機会にした国史関心の高まりもあった。

東京に天皇が定住してすでに年を経ていたが、京阪の人民の動揺に配慮して、まだ東京奠都《てんと》が明白に定められてはいなかったという。皇居建設を機会にこの状態に終止符が打たれた。これに駄目押しをするように、伊勢神宮を東京宮中に遷座する意見がもちあがった。主唱者は、薩摩藩出の有力者伊地知正治《じちまさはる》で、西郷隆盛や板垣退助らの賛同を得たという。この遷座は、遷都に匹敵する経費を要するとして見送られたが、その代わりに、非命他郷に死んだ淳仁《じゅんにん》天皇と承久の変で流罪となって死んだ後鳥羽《ごとば》・土御門《つちみかど》・順徳《じゅんとく》の三帝の神霊を畿内諸社に還遷するという知恵が生み出され、翌七年にかけてこの行事があった（『同時代史』）。天皇家の歴史を中心に国民統合を図るイベントとなったであろう。

こうした空気を受けての正院歴史課では、七年十一月の国史編輯例則を府県に通達している。内容は、維新以来の地方政治沿革等を記して歴史課に差出しを命じるのが主眼で、ただし山陵御墓および歴世に関する有名社寺、古跡、遺跡等の所在や碑文などを載せよとした。八年一月、政始に大外史中村弘毅と権大外史連名で、『太政類典《だじょうるいてん》』の一部明治四年から六年にいたる分が成ったとしてこれを叡覧《えいらん》に供したのもこれと繋がり、歴史課の仕事が当面維新後の記録整理編述にあったことを示す。この頃、幕末に勤王の志を抱いて尽力し、非命に死んだ者への祭資金下賜のことがしばしば見えるのも、歴史課の調べによったであろう。

八年四月、正院中歴史課を修史局と改め、歴史課長だった長松幹を局長に、重野安繹《しげのやすつぐ》を副長に任命したあたりで、拡充が図られたようである。その五月、親王か大臣を総裁とした六国史の例を挙げて、総裁の下での官撰史書編纂を願う建議書が提出され、文中には、明治二年三条実美に幼帝が下したとされる修史総裁への宸翰《しんかん》が想起された。大臣とは、この時期、太政大臣と左大臣・右大臣のことで最高の官、この下には参議があり、諸省の長官である卿は、それより下という位置だった。建議を待っていたかのように、六月、参議クラスの一等侍講伊地知正治が、修史局副総裁に任命された。大臣に準じる地位の重臣をとりあえず副総裁としての修史局発足であった。

地誌課を正院への伺い

明治八年五月権大内史に昇進した明毅に、同月、法制兵務課長を仰付けられるとする「太政官日誌」の記事は、誤りでなくても、一時的なものだったろう。

その八月、明毅は、地誌課を正院に置くことを、伺いの書式で建議した。膨大な機関になった内務省の一局地理寮は、工部省からの測量司と正院からの地誌課を併せて事務多端で機構改正を迫られていた。歴史課は修史局として格上げというなかで、地誌課の不安定という事態への異議申し立てであったが、書面は、実務上、修史局との連携、協力の必要を説くことに始まる。

地誌編輯例則に着手すべき処、広く古今の沿革の拠り所を考えねばならぬ点が多々あり、そのたびに修史局に相談が必要である。

これは、皇国地誌編輯例則のことで、『提要』をさらに進めて、村誌、郡誌レベルの記述にするための記載項目例である。この年六月に公布されているから、建議の時点で、すでに過去のまずかった例というわけであったろう。府県への委嘱《いしょく》に先立って、修史局との打ち合わせがあるべきだった。こうした事情は、国史編輯例則に挙げる項目と、地誌編輯例則、あるいは『提要』の沿革部などを一瞥するだけで十分理解できる。歴史課と地誌課との府県に求める事項は、重なりあっていたのである。以下、兵備・鉱物・社寺などの資料も、府県での記載だけではわからず、関係省寮に尋ねて広くあたらないと精細は知られないが、地理寮中の一部にあっては行き届かず、正院に地誌課を復活すれば各省府県への往復調査も簡単敏捷で、修史局と並んで、ともに便宜を得、将来成稿を印刷するにも手数が省けるとする。地理寮官員の身分を兼務扱いとする案にも触れるなどは、明毅の構想が、民部省由来の地誌課を正院地誌課に併合する案に近かったかとも思わせる。明毅とともに正院地誌課にあって、地理寮傘下に異動を余儀なくされたものも、新藤罷の例などのようにあったのである。こうした管理上の配慮をも縷々《るる》記したが、なかでも、修史担当局との連携の必要をとくに強調した文面であった。意見は、以下のように総括された。

地誌は資政の典籍で、廟堂《びょうどう》に備え置き内史所管に属するのが至当の儀と存じられる。費額も史誌両方の費用に、修史局と隔たっては不都合であろう。

修史局修撰となる

建議の翌月、明治八年九月二十日、「系譜」に記される明毅の官歴は、叙従五位兼任一等修撰とする。地誌課を内務省地理寮から離して修史局に合併する措置がとられた結果であった。「系譜」で、その二十二日、本官廃せらるとするのは、内外史を廃止し、大史・少史に一本化する措置によるものであった。明毅は、修史局修撰に専任となり、引き続き地誌を担当することになる。

修史局一等修撰には、このとき長松幹と重野安繹が任命され、それぞれ局長、副長の兼務を命ぜられた。明毅が従五位に叙せられたのも、長松と同位にしたものであろう。なお内外史廃止のなかで、このとき権大史になった巌谷修も従五位で、やがて修史局に入り、権少史となった久米邦武も後年これに入る。また法制局と修史局以外の局名がこのとき廃止となる。

この少し後の修史局人事を記しておくと、明毅と深い関わりをもち「行状」を書いた河田羆は、旧姓新藤の名で、七月地理寮七等出仕から九月三〇日三等修撰、八月二十八日川田剛が一等修撰、依田百川外が三等修撰、同三十日か長　荧《ちょうひかる》兼任一等修撰を拾える。

建議が、修史局と並列して連携の密を図ったのに対して、政府は、修史局に併合して、地誌担当と修史局との連携については、建議の趣旨を最大限に生かした。建議からここまでの対応は、敏速であった。

島津俊之氏は、この次第を、明毅の意図に反して地誌編纂事業を修史事業の傘下に置くものであり、これが後に地誌関連業務の修史館からの離脱につながることになると評する。その動機となった明毅建議書へのきびしい評価ともなる氏の見解は、あるいはなお後年の、史料編纂所体制下に埋没した地誌編纂事業までをも見通してのものかもしれない。

ただ、この時点での歴史担当者と地誌担当者との交流は、なにかまだ別な可能性を含まなかっただろうか。煩雑な機構変遷の記述とは別に、彼らの交流に目を向けてみたい。

第八章　修史局から修史館へ

1　修史局と文人たち

修史局の同僚
——文人集団

明治八年九月から明毅の職場になった修史局は、正院の歴史課を母体としていた。歴史課で課長だった長松幹と並んで地誌課長だった明毅がそこに加わるのだが、歴史専攻者の中に異分子が入った感はなかっただろう。明毅も含めて、一等修撰に任じられた人々のなかで、後年日本史学史に名を残すのは、わずかに重野安繹ぐらいだろうか。その史家としての名も、後継者と自任した人々によった面が大きく、当時は、漢学者として川田剛などと並び称されていた（三宅雪嶺「三傑伝」）。歴史家という専門家意識はまだ生まれず、明毅の職歴にもあった大少内外史の職が記録や文書を扱っていたのを史官と呼ぶこともあったような位置とみえる。史書の筆者には、文章力と、その背後に和漢の典籍の読書による表現力が期待され、ただ、そうした文筆能力に加えて考証癖が、重野にも川田にも認められた時代であった。そうした能力は、昌平黌の秀才明毅も含めて、修史局修撰に共有されていた。修史局は、文人集団の場であった。

総裁は欠員としての副総裁伊地知正治（一八二八～八六）は、これと別であり、参議の経歴ももつクラスの重臣で、薩摩藩士として武人として活躍した人物であった。八年八月に定められた修史局職員としては、その下に総閲という職があったが、任命された形跡はない。

その次が一等修撰で、長松幹（一八三四～一九〇三）、重野安繹（一八二七～一九一〇）、川田剛（一八三〇～九六）と明毅があり、長荧（三洲）（一八三三～九五）があった。巌谷修（一八三四～一九〇五）が正院にあって八年九月以来権大史で、修史局メンバーと交際が深かった。二等修撰任命の記録がなく、三等修撰には、新藤（河田）羆（一八四二～一九二〇）、依田百川（一八三三～一九〇九）などが任じられ、この下になお協修、書記、繕写生の職掌があった。明毅からみて、重野と川田がやや年長、新藤（河田）が一回り近く年少のほか、みんなほぼ同年齢の働き盛りであった。

副総裁に薩摩藩の伊地知、その下に局長に長州藩出身の長松、副長に薩摩藩出身の重野という体制は、いかにも薩長藩閥政府下の修史局を思わせる。備中人で同国松山藩（高梁藩《たかはしはん》）に仕えた川田が、幕臣出の明毅とともにこの藩閥外にあり、川田と藤森天山《ふじもりてんざん》門で同門の依田が、幕末期去就を疑われた下総佐倉藩の出で、新藤は、旧幕臣から静岡藩を通じて明毅に近い位置にあった。近江の水口藩出の巌谷もこれに近いだろうか。

史学と地理学との関係というより、こうした藩籍関係の位置の方が、当時の人間関係に即していよう。川田・依田らと明毅との親しい交友は、この事情を背後にもつようである。ただし、修史局の初期、重野との仲も疎遠というわけではなかった。

この文人たちのなかで、明毅の特殊性は別にあった。現代流にいえば学歴である。昌平黌出や藤森塾といった「学歴」にないものは、明毅の長崎海軍伝習所経歴であった。そこで、また沼津兵学校の同僚たちと学んだような「学歴」は、これら文人たちに欠けていた。西洋学芸の知識でも、とくに数学をはじめとする自然科学的視野である。一方、和漢の古典学教養は受けていたが、日本の伝統芸能や江戸の学芸などについては、明毅の方が、彼らから学ぶところ大きかったであろう。

文人との交遊 ――一円吟社の会

依田百川《よだひゃくせん》（学海《がくかい》）が丹念な日記を残してくれたため、明毅と修史局仲間たちを含む多くの人士との交遊の模様が知られる。『学海日録《がっかいにちろく》』として刊行される文献に、以下多くを負う。

依田は記録者であるだけでなく、幅広い文人たちと相知り、彼らの交遊の場に明毅らを誘った組織者でもあったようだ。幕末の老中として開国交渉に当たった堀田正睦の下総佐倉藩の出身で、明治期の藩政中枢に位置していたが、藤森天山門下の漢学者として多くの文人と親しみ、同藩出の西村茂樹《にしむらしげき》とも古くからの知友であった。廃藩後、官を辞して、森春涛《もりしゅんとう》らの詩人たちとの会合を楽しみ、報知新聞に働いたりしていたが、西村のすすめで、明治八年六月、地方官会議書記官に出仕、次いで八月、修史局三等修撰に任じられた。藤森で同門の川田剛が一等修撰となったのと同時であった。

明治八年十月二十一日、依田は、兼ねての約で森春濤の雅会に出向いた。川田（剛）、長松（幹）、重野（安繹）、塚本（明毅）、岩谷（巌谷修）、草ケ部（日下部鳴鶴《くさかべめいかく》か）も来合せて、この場、中村楼から更に駒形《こまがた》の川増という酒楼に移り、諸人は碁を囲みなどして笑い楽しんだという。明毅の名が、依田の『日録』にみえる最初であり、九月から修史局で職をともにしたとはいえ、歓談の機会はこれが初めてだった者も多かったであろう。

森春濤の雅会というのは、遅くとも七年十一月以来毎月二十一日に、一円吟社《いちえんぎんしゃ》の名で開かれてきた雅会で、これには明毅の古くの知友であった田邊太一の出席もあった。川田もこの会のメンバーだったようだが、十月のこの会は、一円吟社の場を借りて、修史局修撰たちの新組織顔合わせの懇親会だったようだ。

二次会とみえる川増の楼は、静かで打ち語らうによく、ことにこの日は、重野修撰の心配りで珍膳を選び整えてのもてなしだったという。後年にみられた依田の重野への敵意や、そこで強調された重野と川田との葛藤のかげは、ここではその片鱗も見いだせない。

この会の出席者のうち巌谷修は、一六居士の名で書家として著名だが、これより前明毅は、彼から四文字の書を贈られている。聊逍遙処《いささかしょうようのところ》と書き、乙亥蒲月《いつがいほがつ》　寧海先生の為に咲《わら》い正《ただ》せ　一六居士修書とする。乙亥蒲月は、明治八年五月で、寧海は明毅の号である。巌谷との修史局就任以前の交渉は、正院で少内史の職をともにしたことに始まるだろうか。七年一月に、巌谷は少内史から権大内史になっていて、八年五月の明毅の官歴はこれに続くものだった。明毅が寧海という号を、このとき称していたことが知られる。詩の作を知ることはないが、森春濤らの詩人グループとの交友の条件は、すでにあったのであり、事実これ以後、明毅は次第にこの会の熱心な仲間になっていく。
九年四月に、塚本修撰のはからいで、小石川の水戸家後楽園跡の名園の花見を「同僚あまた」とともに楽しんだと、依田が記録するのは、明毅が依田と修史局同僚たちを誘っての清遊だったか。十月には、明毅は重野らとともに新富町《しんとみちょう》で太閤記《たいこうき》による芝居を観覧している。これは依田の誘いによるようで、依田が為永春水《ためながしゅんすい》の戯作《げさく》が種《たね》とか、明智《あけち》の衣装が天正・文禄頃の絵巻によるかとかいう感想を『日録』に記すのは、明毅も聞かされた話だったかもしれない。

成島柳北らとの交渉
——洋々社には不参加

明毅は、江戸生まれの江戸育ちだったが、長崎での青春期の勉学の後、海上の勤務が長く、その後沼津に移り住んだ。江戸の文人や芸能との接触は深くはないわけである。だが、この時期の東京の文人たちも、江戸が東京に変わる前後に各地から出て来たものが多く、彼らが文壇の中心勢力を形成するかにもみえる。

そのなかで、江戸を身につけた文人として、成島柳北《なるしまりゅうほく》（一八三七〜八四）があった。幕臣、それも儒官の家に生まれ、幕府の史書編纂に当たり、将軍の侍講をも勤め、西洋の学問にも長じて、幕末期には外国奉行にもなった。この間明毅との交渉があったとは思えない。明治政府の誘いを拒んで官に仕えず、自らを無用の人と呼んで、世間有用の事をしないと宣言した。明治七年には、朝野新聞《ちょうやしんぶん》の社長に迎えられて、世相批判の文筆を世に投じていた。江戸花街を描いて、その女性たちの目で、洋服を着た役人たちを描くといった毒舌は、『柳橋新誌《りゅうきょうしんし》』以来であった。このような人物が、明毅の交際圏に入ってくるのに注意しておきたい。

八年十月、依田はこの柳北と向かい隣に住むようになり、九年三月柳北が筆禍入獄時に見舞うなど、交わりを深め、一円会の常連にもさせていく。明毅もまた、柳北と相知り、少し後、一円会の存立が危ぶまれたなかで、再建主張者の筆頭は、明毅と柳北になるにいたる。没後の回想記事によると、明毅は数十枚の古銭を持っていて、その鑑識を得手とし、質量を比較して考証の素材にしたという。明治十年七月、柳北らの発起で古銭展示会が開かれたことが朝野新聞にみえ、明毅の趣味は、これによったのだろうか。

依田は、一円会の他に洋々社《ようようしゃ》という会にも参加していた。洋々社は、依田と親しい西村茂樹らが八年三月から開いていたグループで、毎月の会合記事は、柳北が社長の朝野新聞社から刊行していた。西村は、福澤諭吉らと明六社を組織し洋学の智識をもとに世間有用の業を勧めていて、この会では西暦沿革を論じ、地学大意を講じ、東京の地名を話題にするなど、明毅の関心に関わっていたかに見え、依田は、洋学と漢学について論じるとともに、南北朝期の史論や考証をも展開していた。「無用の人柳北」と違って、政府官僚として改暦事業の担い手であった明毅としては、洋々社の方が近い立場にあったようにみえるが、洋々社に加わらず、趣味人風の一円社に浸ったのだろうか。文明の旗振り役の位置とは、少し違った一面を示すかとも思われる。ただし洋々社では、長老格の大槻盤渓《おおつきばんけい》が新撰組近藤・土方を悼んでの碑文を報じるなど、明治の東京への反抗気分があった。民権論のなかでの君主の地位論議が、言論取締を強化する政府への反感と微妙に関係し合うなかで、江戸趣味人文化世界が、一円会にも洋々社にも共通していたのであろうか。柳北も、八年十二月、依田や川田、大槻盤渓、また明六社メンバーだった中村敬宇らと紅葉を隅田川で楽しみ詩作に興じてもいる。

修史局廃止と修史館発足

明治九年十月、熊本の復古派士族の鎮台《ちんだい》襲撃事件に始まり、福岡県秋月《あきづき》等に波及して、萩の乱に及んだ反政府暴動は、電信の発達と新聞によって、広く世に伝えられ、政府に衝撃を与えた。しかももっと大きな騒乱は、十一月以降、茨城県、三重県等各地で起こった農民反乱であり、定額税収の確立を図る政府の地租改正策が実行化段階に入って、過酷な税制へのはげしい抵抗が、各地で、政府の存立をも脅かしていった。

この事態に、政府は地租の減額を決め、十年一月、天皇の詔でこれを布告することで対応せざるを得なくなった。その結果は、政府歳入の大幅減となり、諸官省の定額削減となり、官僚たちは、職を失う不安に大あわてとなったことを、依田は記録する。

十年一月十八日、正院とともに修史局もいったん廃止された。ただし政府の記録では、翌日、伊地知に年二万五千円を支給し事務委任を内達したという。

依田の『日録』によると、二十日、川田からの呼び出しを受けて赴いた川田宅で、事情を聞いた。十九日、三条実美が川田・長松・重野・長・塚本の諸子を召して、歳費減の次第を伝え、五人に修史の事務を任せるから、再興の事を議して申し上げよとのことで、諸氏の意見をまとめた。川田は、他の四氏の意見に賛同しつつ、別に個人の意見を書くといって、その川田案作りに依田を呼び、依田は川田宅で、意見書作成に協力したという。

伊地知への内達の方が形式で、実態は依田のいうように明毅を含む五人の一等修撰の意見によって、修史館が発足したのであったか。明毅の位置は、依然重かった。なお、川田の個人意見は、各省での編纂事務は廃止して、修史館に統合せよという趣旨で、そこでいう各省の編纂事務がどういうものか、この意見が、修史館体制にどう反映されたのかなどはわからない。

一月二十六日、修史館を太政官に置くことが定められる。翌月には、西南戦争が始まるという時であった。

2 修史館

修史館と明毅らの生計

修史館の職制は、総裁の下に一等編修官以下四等までの編修官、その下に一等から五等までの掌記《しょうき》を置き、館長は一等編修官が月番《つきばん》で兼務するという体制で発足した。明毅は、一等編修官として引き続き地誌の編纂に当たった。総裁は伊地知、一等編修官は修史局の一等修撰が、ほぼそのままこれに任じたようで、上層部の体制は一見不変である。

だが、依田によると俸給、人員ともかなり減となった。依田は四等編修となり、一等編修の歳給三千円に対して七百円で、前官より五百円減、「されども費給の多少を論ずべきにもあらず」と記すが、実はかなり気にしているようだ。実際には年俸三千円は総裁で、一等編修の明毅の年俸は千八百円、修史局以前の権大内史の月俸二百五十円より大分減額になっている。

この年暮れに、依田は川田から家計について聞いた話を記している。川田と同じ一等編修の明毅の家計の見当もつく。川田の月収百五十円余、これは年俸千八百円に相当し、正しい数値だろう。七十五円を一家の食料と僕婢《ぼくひ》の雇賃《やといちん》にあて、三十円を川田の小遣いとするという。依田の場合は、月俸五十八円三十銭で、食費と婢女雇に十五円、臨時費十円で、私費は二十五円、これで車賃（五円）、昼飯代（三円五十銭）等にあてるというから、交際費は、川田とあまり変わらない。ちなみに、八年十月、府県巡査の月給は四円から七円だった。明毅の家計も、家事使用人を置く程度の暮らしより、数等裕福な暮らしが可能で、小遣いに不自由はなかった。その頃十五、六歳の少年森鷗外は、依田に漢文を習っていたが、父から依田について、お役は編修官、百円の月給で清福を楽しむ人と聞いていたという（ヰタ・セクスアリス）。

十年七月の一円会には、明毅は川田、長松、依田の修史館同僚や、成島柳北、小野湖山《こざん》、田邊太一らと不忍池の涼を楽しみ、数日後には、また、依田、川田、成島、田邊らと、水神森八百松楼で、新橋の名妓を呼んで遊んでいる。

西南戦争とコレラ流行の恐怖の報が、人々を脅かしているなかでも、修史館の文人たちは、なお優雅な遊びを楽しむ余裕に恵まれていた。

修史館の仕事——地誌担当部局は縮減　明毅や依田らは給与を減らされても、こうした暮らしを維持していたが、地位を失った者もあった。依田によれば、地誌課では、北澤《きたざわ》・望月《もちづき》・服部《はっとり》の三人がやめたという。このうち北澤正誠は、依田や川田と古くからの知友で、以後も依田との交渉は頻繁で、依田は、彼にアルバイトの斡旋をしたりもしている。後、十二年四月には東京《とうきょう》地学協会《ちがくきょうかい》の幹事になっている。ただし、地誌の仕事にあったのは、望月・服部とも短期間だったらしい。

依田の日録では、地誌局は、塚本編修が長で、進（新）藤編修・小島掌記等がこれを助けるとする。古く地誌課以来の新藤（河田）羆が四等編修、小島尚絅《こじましょうけい》（?〜一八八〇）が掌記として勤めたわけで、明毅以下の三人が、地誌担当の主力だった。ただし、地誌局という局が、修史館の中にあったのではない。『東京大学百年史』の関連記事によると、修史館は三局に分かち、一局は、一等編修が月番で勤める総裁局、明毅も数カ月に一月は、ここにあった。二局が甲乙二科に分かれ、甲が南北朝から織豊期と皇統を担当、依田によると川田がこの長で、依田はここに属した。乙が徳川時代、依田によると重野がこの長。三局も甲乙に分かれ、甲が明治以降、乙科が地誌となる。依田は、この三局を長松が長として、乙科にあたるものを地誌局と呼んだのである。

修史局から修史館への改組によって、地誌課を離れたのは、依田が記すよりもっと多かった。島津氏によると、明治九年下半期から十年上半期の修史局・修史館の人員は七十四名から五十五名へと減少し、その大部分が地誌関係であって、修史局地誌課の二十九名から修史館三局乙科の十三名という減員が認められるという。修史局と修史館とでは、地誌課の地位が大きく変わったわけである。管理部門の一局を除き、二局計四科のうちの一科、すなわち四分の一が地誌担当ということであろうか。歴史課と地誌課とが並立したかにみえる正院時代と違って、地誌は添え物になっていったのであろうか。

地誌担当者の仕事は、各地に所蔵されている地誌類を借用して写本を作ることでもあった。河田は、後年、明治十八年に内務省地理局から『地誌目録《ちしもくろく》』を発行しただけでなく、二十七年からは『史学雑誌《しがくざっし》』に、「本邦地誌考《ほんぽうちしこう》」を連載している。そのなかで、『月之出羽路《つきのでわみち》』二十四冊『雪之出羽路』十四冊を、白井真澄《しらいますみ》撰《せん》としてあげ、明治八、九年頃、修史館地誌課で借写して還した。後に原本は焼失し、今内閣記録課で蔵するのは、地誌課から納めたもので、他に副本はないと記している。明治八、九年頃というから修史局時代の誤りかもしれないが、柳田國男《やなぎたくにお》の注目で広く世に知られた菅江真澄《すがえますみ》のこうした本を世に残す仕事も、やっていたわけである。

川田が、明毅への思いを墓碑銘の文のなかで書くのは、修史局から修史館に至る頃の回想であろう。機構として地誌が軽んじられていっても、明毅は歴史畑の友人と意気投合していた。

明毅の抱負

役所がひけると、人力車《じんりきしゃ》を連ねて、上野の山に花を見、隅田川に月を賞して、燈火の下で大いに酔い談じあった。そのなかで、明毅が語ったその抱負が回顧される。

もと幕府に仕えて志は武功にあった。今や時期は変わった。報国のみちは、ただ文章にあるだけだ。思えば、古典や史書を取り合わせ取捨して、風雅なほめ歌を作るのでは、俺は君に及ばない。天地を測り、大は宇宙からこまかくは毛や鼇まで解き明かすことは、君は俺に及ぶまい。いつか、ともに筆をとってどちらが有効か、みてみたい。

その言葉が、今も耳に残り、彼は世になく、私も老いたというのが、碑文全体を結ぶ文章になる。明毅の抱負とともに、この時期の川田との交友ぶりを示す。

しかも、史官の関心も雅頌《がしょう》を作ることだけを求めたのではなかった。依田は、『塩尻《しおじり》』のなかから、吉野の前鬼村の記などを見て、この頃妻の弟藤井善言が訳した『日本耶蘇教会史《にほんやそきょうかいし》』の、吉野山《よしのやま》の山《やま》伏苦行《ぶしくぎょう》を記すなかで前鬼《まえおに》・後鬼《のちおに》が出るのを想起し、元亀《げんき》・天正《てんしょう》の頃の一種の教徒かという考えを記したりしている。その他、依田の日録にみえる彼の関心は、明毅の壮語の関心と通じあうものが数多く見出せる。菅江真澄の写本を作っていた地誌担当者との共通関心も少なくなかったはずだった。

依田はまた、川田とともに、南北朝期の史料を当たっていて、浅草文庫《あさくさぶんこ》で蒲生氏郷記《がもううじさとき》・会津陣物《あいづじんもの》語《がたり》等《とう》を校定し、徳川氏の治世の始め頃、このような書を集める者が多かったようだと書いていた。明毅の地誌編纂事業は、府県委託の郡村誌資料収集整理にあたって、照合すべき基本文献の整理確定に向っていったなかで、依田らのしらべとの接域は大きかったに違いない。

修史館制度変革――監事職と管理体制

十年十月八日、御系譜掛を修史館から外し、宮内省につけるという制度改革も、天皇紀基本の修史の立場からは、大きな変革であったわけだが、これは担当者の移動に留まったであろう。修史館体制を大きく揺るがしたのは、その二十六日、職員制の改訂であった。

監事《かんじ》という職が新たに設けられた。一等編修官と同じ給与で、同じく四等官であったが、その職掌は、「編修ヲ監シ功課《こうか》ヲ督《とく》シ兼テ諸務《しょむ》ヲ《を》弁理《べんり》スルニ当ル」というものであった。十一月七日には、館長を廃して監事が取り扱うこととし、なお後年十四年十二月には、総裁を大臣が兼務するに至る。監事新設の際に、そこまで意識されていなかったかもしれないが、一等編修官が輪番で総裁室に座る体制と違って、編修官の上に立つ管理職の新設だったことは意識されていたろう。

西南戦争の戦火なおきびしい五月に、木戸孝允が病没した。一年後の翌年五月、大久保利通が凶刃に倒れて、西郷ともに維新の三傑と呼ばれた人物がすべてなくなった。それまでの一年、西南戦争でいっそうきびしくなった政府財政のなかで、大久保の政権下に、修史館にも、新たな嵐が到来してきたのだった。

大久保の死後、三宅雪嶺は「三傑伝《さんけつでん》」という文を書いて、三人を論じた。その末尾に政治上の三傑が他の方面に影響したとして、漢学において、西郷に今藤悔堂《いまふじかいどう》あり、木戸に川田甕江あり、大久保に重野成斎ありとし、川田と重野とが官にあって、漢学の権を争い、文学派が川田に傾き、経学派《けいがくは》が重野に傾くとした。当人の意図如何にかかわらず、修史館編修の中でも、川田と重野は、一般に両巨頭と目されていた。

修史館に新任監事として入ってきた人物への対応などから、やがて川田と重野との分裂にも波及し、明殺の位置も動くかと思われる。

三浦安の着任と反撥

監事として修史館に来たのは、三浦安《みうらやすし》（一八二八〜一九一〇）という人物だった。人物の好悪《こうお》がはげしく、感情を直截《ちょくさい》にあらわす依田の日録では、以下のように述べられる。

もとは内務権大丞にもなったもので、三条・岩倉の諸大臣に知られて重用されたが、内務省の変革から官を離れたあげく、大臣に働きかけて、監事の職を設けた。もとより文学もなく、諸史などもいささかも読んだこともない男であるのに、伊地知が旧知の間柄なので、その情でこの職についた。

経歴を追ってみると、七年六月、地方官会議御用掛に任命された人物にこの名がある。伊地知は、この会議の議長だったから伊地知の知る人となったのはこのときだろうか。

八年五月には、内務省五等出仕の辞令を受けている。三条・岩倉に知られてというのは、監事職がそれでできたかの説とともに疑問だが、内務省役人だったことは確かである。これ以前と以後とを人名事典で検すると、もと伊予西条《さいじょう》藩士で、本家筋紀州藩に入って重職に上り、坂本龍馬の船との海難事故処理等に当たった。後年は東京府知事にもなり、雄弁と硬骨で知られたという。活発、有能な政治家のようだが、文事に特筆すべきものがないのも事実だろう。

依田は、前記の文のほか、「学海先生一代記」という本人の死と葬儀に至る洒脱《しゃだつ》な絵物語を残した中にも、三浦とのやりとりを描き、「日録」にあわせて復刻されている。たいへん面白く、明毅や依田自身もせりふともども描かれている（口絵参照）。

三浦「拙者の職務でござる。足下《そっか》は職掌《しょくしょう》を御承知ないか」
百川（依田）「不学無術の監事などのさしづは受る覚《おぼえ》はないぞ。いけ馬鹿々々しい。」
塚本「おもしろいおもしろい。もっとやっつけろ。三浦はきいた風なやつだ。」
川田「そら初った。依田が暴言が。よせばよいに。あとでしやう事ないて。」
名を記さない男「これはいかが、大激論が起った。どう結局がつくかしらん。」

各人の発言の通りというわけではなかろうが、こうした空気があったことは事実だろう。名を記さぬ男はだれだろう。あるいは重野だろうか。川田の発言は、なお依田の支援者の場だが、この無名者は、反三浦でなく傍観者ないし三浦の立場にたつ編修官もあったことを示すかのようでもある。

十年十二月八日、修史館は地誌編修事務を廃した。二十六日、内務省地理局に、自今地誌事務の取り扱いを命じ、一応、事業の継続が図られる。

修史館を去る

「系譜」では、明毅は、十二月二十日一等編修官を辞職とし、これが「系譜」記載官歴の最後となる。事実は修史館から地誌を外した八日に職を失ったので、二十日とするのは、内務省地理局勤務と接続させるうえでの書類上のことだった。

明毅が修史館を去った事情について、「行状」は、上官の意に逆らう故とする。「行状」の筆者河田羆は、明毅と行動をともにしてきて、このときもともに修史館を去った新藤である。河田は、なお後年の『大日本地名辞書』に寄せた文では、総裁伊地知氏と議合わざるに因るとしている。河田には、重野などを批難する言辞を避けようとする配慮が働いたようにも思える。

依田の「日録」は、前記三浦についての記述と併せて、塚本は性直で、人におもねらず、総裁と平日快くなかったところに、三浦の出現で、讒言もはげしくなり、地誌が廃されたとする。しかも加えて、総裁の家に出入りして諂《へつら》っていた男が官を進めるなどという言葉を加えている。

のち明治十四年十二月、総裁を大臣兼務とし、編修長官正副・監事を編修官の上に置き、重野が副長官となったとき、川田と依田も修史館を去って他に転じた。依田は、この人事を、重野による川田追放策によるとし、さかのぼって四年前の地誌廃止も、重野の明毅追放策だったとする。修史館には地誌は無用で、これを廃すれば大いに経費を減ずると伊地知に説いて塚本を逐い、しかも塚本には安否を問い、解官《げかん》のことを惜しむという姦悪ぶりだったともするのである。この時点での依田のはげしい感情からの文章だが、十年頃には重野と観劇をともにしたりしていて、敵意を持っていたようではなく、十一年十二月、玉松操《たままつみさお》墓碑文をめぐって岩倉家への重野の文から川田と重野の反目が顕在化するようで、この観察の適否はわからない。ただ、三浦監事体制にはげしく反発した依田や明毅に比べて、伊地知と同藩出の重野が、大久保政権への親近感もあって、編修官の月番館長といった文人支配色の強い体制を変革し予算削減にも容易な管理体制の構築に同調しやすかったことは事実だろう。

地誌が史局にあることへの違和感が、編修官の大勢であったとは思えないが、その問題以前に、文人風の場から三浦に反発する濃度の違いが、川田と重野との巨頭並列の難しさを露呈させた事情が、明毅追放の背後にあったと考えられるようだ。

それにしても、明毅が、依田と同じく直情径行型の人物で、上司の意に従う官僚機構になじまなかったことが、直接の事情だったのは確かであったろう。

第九章　内務省地理局

1　出戻りの境遇

明治十年十二月、明毅は内務省地理局に出仕の身となった。地理局は、この年一月、地理寮を廃して局にしたもので、七年八月に地理寮出仕となってから一年ほど勤めていた職場に戻ったわけである。

地誌課の流浪

思えば、地誌担当の役所は、太政官正院の所属から地理寮へ、そこから修史局、次いで修史館へと移り、ここでまた地理局管下に戻るという変転をみせた。修史局への併合は、明毅自身の上書を機会にしたが、地誌編纂の事業は、予算の都合などで動かされた感じが強い。

地理寮という役所も、民部省地理司から大蔵省管下へと変転を経て、七年一月に内務省地理寮となったもので、その役割にも変化があった。七年の職制は、全国州郡村里の経界《けいかい》、山林・原野・沼池・

河海区別の事務を掌るところとされていた。州郡の経界というのは、武蔵とか相模といった国を分割したり統合したりして府県を定めることをも含んでいたわけで、この時期の各地での府県の統合や分割に関わり、政府の地方支配の中核的役割を担ったわけであろう。

だが、このような仕事を支える実務の多くは、別に他の機関に委ねられていった。八年三月、内務大蔵二省の管下に置いた地租改正事務局主導下の事業が大きかったし、地図作成事業には、陸軍参謀局、参謀本部また海軍水路部などの諸機関があった。四年三月に民部省地理司の任とされた石高《こくだかちょう》調は、明治の郷帳作成に当たるものだったろうが、むしろ史的考証の面でのまとめに移行していくようで、国土の実効支配の具体化は、産物等についての統計業務の進展にもみられて、大蔵省統計寮編修の統計雑誌創刊は、九年十二月であった。

国家統治上の必要から全国土の資産を登録するといった目標の地誌が実務によって進められていくなかで、地理寮はその機能を縮小されて、山林行政などを担当する部局として地理局となり、全国地誌のような壮大な計画からは離れていったのだろうか。

地理寮から地理局への変化の際、局は、地籍・山林・量地・計算・文書の五課体制で、八月に編暦観天の業を地理局の担当として量地課にあわせて測量課とした。修史館からの地誌課の移管は、修史館側から起こった予測外のことだった。ここで、地誌課を加えて六課制となったが、あわただしく、荷を負った感であった。

この間に、地誌編纂に早く関わっていた局長杉浦譲が、十年八月病没した。

河田回想と明毅の仕事

今度も明毅と行動をともにして、地理局に赴任した河田羆は、明治四十年頃、『大日本地名辞書』の刊行にあたって、求めに応じてその序に、地誌官撰の沿革を記したなかで、この頃の境遇を述べる。十年の移管時、事態は惨憺たるものであった。あわただしく課を置いたが、もとより経費もなく、わずかの給与を受けて、庁中の一室の隅に仮住まいする感じで、地誌編纂の業は、大頓挫を来たし、何とか一線を残すにとどまったという。

明毅も、修史館を逐われ、準奏任という扱いで地理局に拾われたかたちであった。給与も大きく減額となったであろう。だが、そのなかで河田らとともに、地誌の仕事は続けた。

河田によると、翌十一年四月、やや課員を補充し、府県資料の進達も進んで集成の業につこうとした。その間、日本国郡沿革考六冊、郡郷考若干冊《ぐんごうこうじゃっかんさつ》、遷都考証《せんとこうしょう》一冊等を編纂し、また製図手二、三人を雇って、実測東京全図・大日本国全図・日本府県分割図・畿内全図・伊賀伊勢志摩尾張四州図・甲斐駿河伊豆三州図・武蔵相模二州図等を刻し、明毅は傍ら三正綜覧を著したという。

このうち、日本国郡沿革考については、先に『提要』についての記述でも触れたように、幕末期の諸氏の考証を整理したもののようで、十七年十二月地理局発刊の『地誌目録』には、地誌課撰の八冊写本が登録され、また「行状」では、明毅の監修する本として九巻のこの名の本が、未定稿として挙げられている。『提要』編修以来、明毅の下で改訂増補が進められてきた本であったろう。明毅個人が、十三年、東京地学協会で国郡沿革考の報告をしていて、この課題への執心を示すが、これが、府県からの進達資料を整理するうえでの基本考証となることもたしかであった。

遷都考証という書名も、「行状」では、同様に明毅監修書の未定稿とし、郡郷考というのはわからないが、「行状」で同じ表現がされる古郷考、古駅考と関わるに違いない。これらも、府県資料校定に利用さるべきものであったろう。

地図の版行も、むろんその用に供されるもので、伊能作図のほか、天保年中の幕府による国絵図七十余枚が精密度に欠けてはいても参考になるが、大きくてひろげるには不便として明毅が縮写させて閲覧に便ならしめたという「行状」の記にあたるだろう。「行状」によれば、自ら考えた和名抄《わみょうしょう》の郷《ごう》名《めい》をこれに附記させたという。閲覧に便であっただろうし、ほとんど明毅の著作と呼んでいいものだったかと思われる。

ただし、同じ河田の記述でも、十三年六月の「日本地誌源委ヲ論ズ《にほんちしげんい》」では、天保国絵図が大きすぎて見るに不便として地誌課で六分の一に縮写したのは明治七年で、いま課にあるといい、また遷都考証は、明治九年地誌課の撰で成ると、地誌目録にみえる。河田の証言は、少し前の時期のことも一緒に書いている部分があり、ここで挙げた明毅の仕事も、地理局出戻り以前のものを含んでいる。

郡村誌資料と明毅の「著作」

明毅の構想による地誌編纂方式は、村を調査単位として、例則を定めた上で、各村毎に地誌の資料を、府県を通じて差し出させ、これによって村誌から郡誌と積み上げて、一国に及び、これをもとに全国地誌の編纂に至るというものであり、七年四月には、この構想に沿って年額七百円の府県への支出が決められていた。その後、この経費交付の増額や、同様に府県からの資料提出を求めていた歴史担当部局との折半などのこともあったが、地租改正などで多忙な地方官や町村吏員の負担の大きさ等から、この方式への批判や不満もあった。コピイはもとより写真もこうした場での利用にはほとんど及ばなかった時代、村レベルの資料作成だけでなく、多くの進達があればそれを整理する手間もたいへんであった。

　地理局の年報は、十二年から十三年六月までについて、地誌の進達のうち、郡誌に及んだのは十巻だけだが、局の予算人員も少なく、陸前の三郡誌の修正に着手したにとどまるとしている。郡名異同《ぐんめいいどう》一覧《いちらん》と藩屏沿革表《はんぺいえんかくひょう》に着手したとするのは、前記の例と同様、進達資料の整理に必要な仕事であった。翌年の年報では、村誌進達百四十八巻、郡誌十一巻としながら、壱岐の国誌の整理に入り、相模は郡誌が未進達だが、沿革・形勢・山嶽等の編修に入るとして、村からの積み上げ方式によらない試みを記している。

　年報が特記しないが、十三年十二月地理局羽山庸納編纂として地理局が刊行した郡区町村一覧《ぐんくちょうそんいちらん》は、進達さるべき村誌の村名をルビ付で、郡毎に一覧したもので、ここでは明毅の名は記されない。

　十四年六月、塚本明毅監閲としてできた郡名異同一覧は、十三年の年報で着手とされたものだが、進達されたり、進達さるべき村誌の郡への配列・整理に不可欠のものだったに違いない。六国史、古事記以下の古書、延喜式、倭名抄《わみょうしょう》、拾芥抄《しゅうがいしょう》、東鑑《あずまかがみ》以下の諸書、郡名考《ぐんめいこう》、天保郷帳、明治沿革帳、地誌提要の諸文献にみえる郡名の異同を一覧表にしたもので、郡名考は、青木敦書《あおきあつのり》の私撰だが執るところありなどとしている。

　同じく、「行状」が明毅監修書にあげた地名索引の刊行は、明毅没後の十八年四月になる。全国の

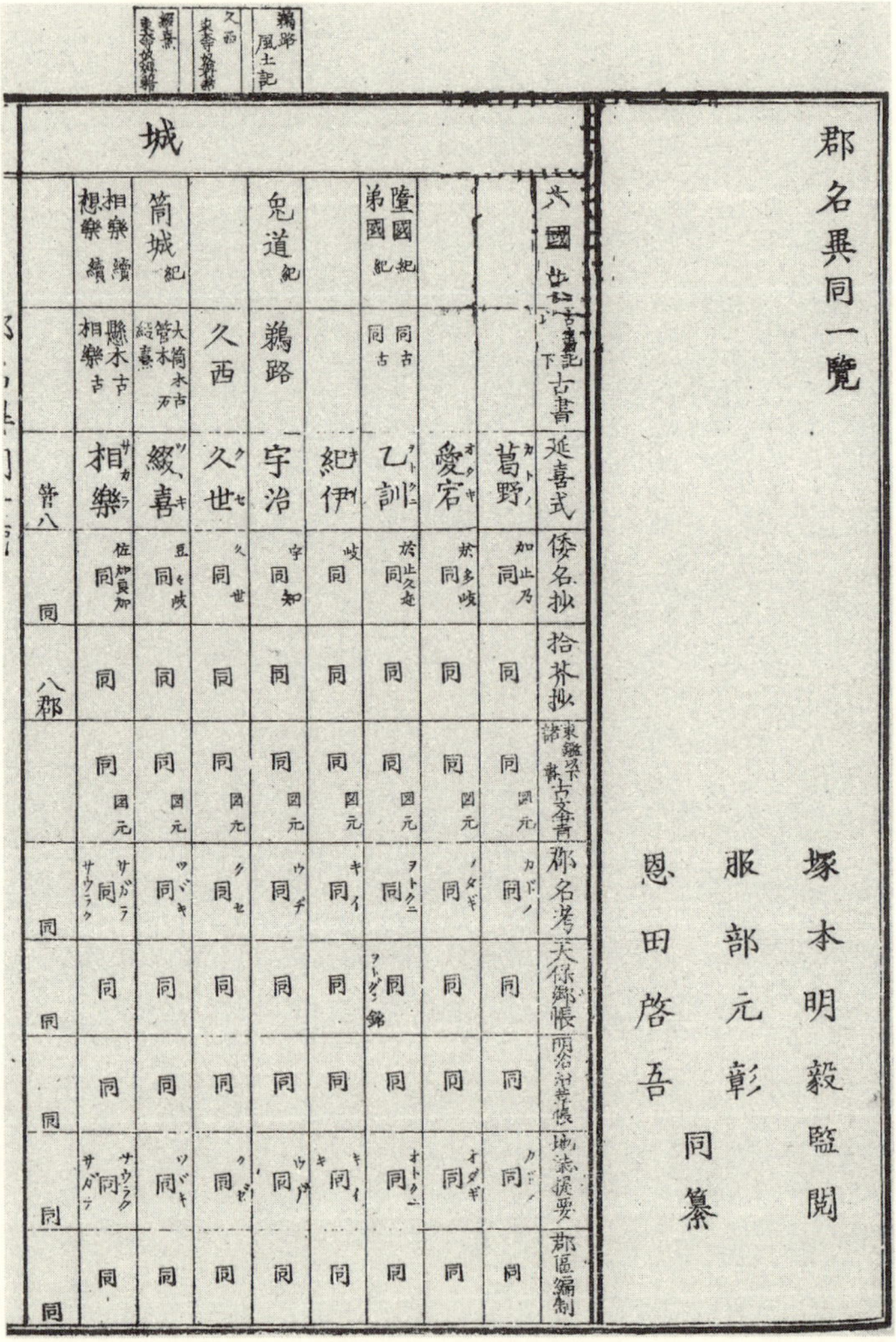

郡名異同一覧

塚本明毅監閲
服部元彰
恩田啓吾同纂

城

	葛野	愛宕	乙訓	紀伊	宇治	久世	綴喜	相楽	
六国史			墮國紀 弟國紀		兎道紀		筒城紀	相楽続 想楽続	
古事記			同古 同古		鵜路	久西	大筒木古 綴喜古	懸木古 相楽古	
延喜式	葛野《カトノ》	愛宕《オタギ》	乙訓《オトクニ》	紀伊《キ》	宇治《ウチ》	久世《クセ》	綴喜《ツヽキ》	相楽《サカラ》	管八
倭名抄	同 加止乃	同 於多岐	同 於止久に	同 岐	同 宇知	同 久世	同 豆々岐	同 佐加良加	同
拾芥抄	同	同	同	同	同	同	同	同	八郡
東鑑以下諸書古文書	同 図元	同 図元	同 図元	同 図元	同 図元	同 図元	同 図元	同 図元	
郡名考	同 カドノ	同 ヲタギ	同 ヲトクニ	同 キイ	同 ウチ	同 クセ	同 ツヾキ	同 サガラ サウラク	同
天保郷帳	同	同	同 ヲトクニ郷	同	同	同	同	同	同
明治郷帳	同	同	同	同	同	同	同	同	同
地誌提要	同 カドノ	同 オタギ	同 オトクニ	同 キイ	同 ウヂ	同 クゼ	同 ツヾキ	同 サウラク サガラ	同
郡区編制	同	同	同	同	同	同	同	同	同

「郡名異同一覧」部分

郡区町村から字名、山川名勝旧跡等までの地名類聚《ちめいるいじゅう》を意図したが、膨大すぎるので郡区町村名に限ったとする。発音を基準にするのは、明毅の地名関心を通じて変わらない。膨大な全国村名小字調査書ともつながる書で、当面はやはり、村誌書上げの整理に有効な本であった。

こうした明毅監修の本は、地誌課長としての職掌からの名ではない。その没後地理局で二十一年七月に刊行した和名類聚抄地名索引《わみょうるいじゅうしょうちめいさくいん》は、当然明毅監修としないが、例言中で、文字の校訂は上総人立野良道の校本と、故局員塚本明毅の校本によるとする。

みずから校合をする人物が、たまたま課長として制作にあたったのが、その監修本である例は多かったのである。

墓碑銘の虚飾——構想が否定されるなかでの死没

「墓碑銘」は、地誌編修に取り組んだ明毅は、編輯例則を府県に分かち、数年後、誌料が数千巻に至った、大いに喜んで我が事成れりといい、まさに手を下していこうとしたとき、たちまち病み、没したとする。

これは、川田剛の、友人を悼《いた》んでその死を美化したくなった結果の虚飾の文で、事態は、明毅にとって、もっと悲劇的であった。川田が碑文を草するのに素材とした河田の稿「行状」では、ようやく進達の資料が集まって数千巻にもなり、集成の業につこうとしたが及ばず、十七年夏頃から胃病を患い、空しく日を過ごしたあげく十八年二月に没したとし、川田のような文飾の余地をひらいてもいる。明毅の伝記以外の場、前記『大日本地名辞書』の序では、府県からの進達はいたずらに歳月を要するので、郡誌・村誌の府県委託をやめ、局員を派遣して調査にあたろうという地理局長桜井勉《さくらいつとむ》の考えによって、府県への交付金をやめたとき、府県からこれまであがってきた地誌材料と草稿数千巻が積み上げられていたという。明毅は、その構想が否定されたなかで、病み、世を去って行ったのであった。

明毅没後、河田らによって、地誌の仕事は継続され、いくつかの県で国誌が編纂されたが、明毅の村からの積み上げ方式による地誌は、実現をみなかった。

2　明治の御役人と江戸の士人

官等級の世界——門閥制度から世渡りの術へ

明治十八年十二月の太政官制度から内閣制度へ変換するまでの官吏は、以後の高等官にあたるものが、勅任官《ちょくにんかん》と奏任官《そうにんかん》に分けられ、その下に判任官《はんにんかん》、等外官《とうがいかん》以下があった。例えば修史局では、勅任官（一等相当から三等相当）はなく、一等修撰が五等相当、三等修撰七等相当までが奏任官、以下が判任官で三等書記が十三等、二等繕写生が十五等相当など官職毎の等級が定められていた。十一年の官員表では、内務省では、勅任官三人、奏任官一五七人、判任官一三九五人、等外官四二五人で、他になお御用掛、雇や巡査五千余人を含めると八四五九人の官員がある最大の官庁だった。

勅任官とは、天皇の勅で任命されるもので、太政大臣三条実美以下内務卿（後の内務大臣）大久保利通などがこれにあたり、伊地知もこの中に入った。政権を動かす顕官たちであった。これを別にすると、奏任官五等の明毅は、官員中の高官の位置にあった。先に、修史館時代の給与についてみた生計もこれによっている。諸府県の官員は、ほとんどが奏任官二人を最高位としたから、内務省の奏任官から県令（知事）に転じる例もあり、県令は、しばしば昔の大名に相当するかにみられた地位であった。お役人と呼ばれた官員の多くが士族出で、農商工の人民を下にみる気分が、等外官とされた巡査まで強かっただけでなく、天朝の権威に加えて文明開化の指導者の役割を自任してもいたなかでの、高官が奏任官であった。だが、いくつもの等級に分けられる官員の世界は、自由闊達《かったつ》なものではなく、上下関係に縛られた世界でもあり、政権のときどきの方針によって、地位の変動もあり、所属する機構や上司も変わるというものでもあった。

福澤諭吉は、士族中の下級、今日でいえば判任官の身分だったという父が、家老の家に生まれたら家老、足軽の家に生まれたら足軽という中津藩《なかつはん》での「封建制度」に束縛されて何も出来なかったと考え、封建の門閥制度は親の仇《かたき》だと思ったと回想している（『福翁自伝』）。明治の官員は、頻繁な移動のなかで等級を上げていくこともあって、以前の上司より上の位置につくこともまれではなく、それは偶然の僥倖によることも、個人の能力によることもあった。明毅の幕臣時代の海軍関係者の地位の浮沈には、いくらかこれに類した面があったろうが、福澤の父の時代と、明治の官界との差は大きかった。

官等級は、官員たちを競争社会に駆り立てて、その競争は上司の意向に沿う言動などにもよったし、依田がいう三浦の例のように、顕官とのコネによることも少なくなかった。旧幕時代にも、せちがらい世渡りの術が、士人のあいだにひろがっていく面があった。とはいえ、御役人相互の偏頗な競争社会での官員は、旧幕時代の士人に比べても農工商の民衆への威権をふるいながら、一面では自己の誇りに根差した不羈《ふき》自由の気性を失っていったともいえるのではなかろうか。

明毅が、上司におもねるような人物でなく、上司との不和が修史館を追われる事情の少なくとも一つであったことは、伝えられる通りであろう。幕臣出自の技術官僚であるとともに、儒学中心の教養を、江戸士人の多くと共有していた明毅が、官界を転々したあげく、内務省地理局に勤務して局長の下僚になったとき、官員社会への違和感はいっそう大きくなったであろう。

成島柳北のような文人たちが、江戸の士人に替った東京の官員たちに浴びせた冷笑の眼には、反文明という装いをもちながら、むしろ文明開化の旗印のもとで、旧幕府のもとに集約されてきた士人の文化世界の、痩せ我慢的抵抗であったかもしれない。そして、明毅にもまた、これに同調する感覚があったのではなかろうか。

官は閑職で筆は著述に忙しい　ここでまた「墓碑銘」を話題にしたい。明毅没後明治二十八年建設の墓碑を川田が書いたとき、その銘の一句に「其官閑兮《そのかんはかんにして》　筆忙著述《ふではちょじゅつにいそがし》」の文字がある。「行状」などとともに墓碑銘が印刷されたとき、この官の一字が言となっているのは誤植か、あえて忌諱《きい》をはばかってしたことかわからない。この前に「其行疎兮《そのこうそにして》　慮則周密《りょはすなわちしゅうみつ》」とし、以下に「其俸薄兮《そのほうはうすく》　腹富書帙《ふくはしょちつにとむ》」という句がある。小見出しに掲げたような意味であろう。

川田のみた晩年の明毅像である。それも、川田による友への期待と願望をこめた言葉であろう。地理局地誌課長の仕事が、そう暇だったとは思えない。前記、明毅監閲本の多くは、職務への精励を物語っている。閑とは、権力の場を外れたといった意味だろう。著述に忙しいといっても、個人の著作でまとまったものが残されているわけではない。修史局・修史館時代の明毅を知る川田にとっては、彼自身を含む文人たちとの交友を楽しんでいた当時に比べて、地理局の一分野に閉じ込められた境遇への同情から、役所の場以外の著作の世界で活躍する友人を期待する表現だったのではなかろうか。

明毅の方にも、そういう願望があったことは事実であろう。官僚社会への不適合を自覚し、職場以外の文人との交わりを楽しんだ。しかも、地理局長桜井は、明毅の編纂方式に批判的でありながら、地誌についての先達としての明毅への遠慮もあるという位置だったようだが、やがて明毅方式否定に踏み切っていこうとしている時期の明毅像であった。

官界以外の世界——学会

学会と呼べるような団体が生まれてきたのが、明治十年代であった。創立当初から明毅が入っていたそうした会が、少なくとも二つある。

一つは、早く明治十年設立という東京《とうきょう》数学会社《すうがくがいしゃ》である。樋口雄彦氏によると、発足時の会員百十四名中、十七名が沼津兵学校関係者で、そこには明毅の名もみられた。洋算の普及に大きく貢献した『筆算訓蒙』の著者として当然であったろう。十六年五月、新聞紙条例での廃業誌が報じられている中に東京数学会社雑誌の名があり、この頃雑誌も発行していた。十七年三月十日『朝野新聞』が、東京大学の舎室を借りて定期的に学会を開く十八団体を列記した中に、この会の名があり、数理に関する各種の学術を研究、また研究を印刷して同志に頒つといった趣旨の会と報じられている。この頃には沼津出身者に代わって東京大学出身者が主流になっていったのであろうか。

ただし、この会での明毅の活動について、知られることはない。

もう一つは東京地学協会。項を改めよう。

東京地学協会

ここで地学とは、いまいう地学、すなわち地質や岩石、海洋、火山や地震、鉱物等の地球科学から広義の地学、すなわち天文や気象等を含むだけでなく、地理学や人類学、考古学等の広い分野にわたる漠然たる名で、端的には探検愛好者の会が、地学協会ともいえよう。欧米諸国民の探検対象であった東アジアにこれを迎える機関ともなり、一面、日本人の方が、探検主体にもなろうかという時期の所産といえようか。

協会は、十二年三月の創設で、前年来ウイーン駐在の代理公使でウイーン地理学協会員であった渡辺洪基《わたなべこうき》、留学中にイギリス王立地理学協会員だった鍋島直大《なべしまなおひろ》、長岡《ながおか》（細川《ほそかわ》）護美《もりよし》、ロシア駐在の公使だった榎本武揚らが、帰国後創設をはかり、ドイツ帰りの北白川宮能久親王《よしひさしんのう》を会長にして発足した。渡辺は、学習院次長となっていて、会事務所を同院に置き、鍋島・長岡は、佐賀・熊本旧藩主家の出であった。九月、スウェーデン北洋探検隊の来航に、ドイツとイギリスのアジア協会と合同で歓迎会を開き、演説を聞いたがスウェーデン語をわかる者はなく、終わって舞踏会《ぶとうかい》で十二時過ぎまでになったという。少し後の鹿鳴館《ろくめいかん》時代を思わせる名流社会の社交機関という感じが強い。

十二年四月二十三日、新聞での公告では、「十八日の職員選挙会で副社長榎本武揚、鍋島直大、幹事渡辺洪基、桂太郎、北澤正（士カ）誠、長岡護美、そして以上六人の外、赤松則良、佐野常民、福地源一郎、山田顕義、塚本明毅、福澤諭吉を加えた十二名を議員」と決めた。翌年七月には、保続資金管理法を定め当期資本金取締役に井上馨、渋澤栄一、大隈重信らを選ぶなど、あくまで名流色が強い。その中で明毅が議員として会運営に関与したのは、地理局の官僚としての地位ではあっても、地誌の研究者としての実績によったであろう。議員は、毎月第二水曜日に議員会を開き、規則に関する諸項を議定するとされ、明毅は几帳面に毎月出席していたと思われる。測量局にあった荒井郁之助が気象学者としてこの会に参加した例などとともに、協会を、学会の名に近寄せていく役割を演じた。

十五年九月、佐野常民の演説に始まり、協会が伊能忠敬の贈位、顕彰に勤めてこれを実現したのには、伊能図の写本作りなどに取り組んできた明毅の尽力もあったに違いない。

会は七・八月を除く毎月例会を開き、明毅は十三年、国郡沿革考の報告をしている。協会の報告では、十二月発行の号から翌年三、四月発行の第二、三回までに掲載され、この三回にわたっての報告に違いない。内容は項を改めよう。

十数年後、『大日本地名辞書』に結実する大著の刊行を始めていた吉田東伍《よしだとうご》は、その汎論のなかで、天武期に北陸道がなかったことを、明毅の国郡沿革考を挙げて述べている。学界報告に当たる役割を果たしたのである。明毅の良き伴侶ともいうべき河田羆の「日本地誌源委ヲ論ズ」は、日本地誌史をまとめたほとんど最初の業績で、この会の十三年六月の発表であった。

依田の「日録」は、十四年五月、川田とともに、この協会で外務省の西徳次郎《にしとくじろう》によるシベリアからイリ地方を経て満州から北京への旅行経験談を聞き、地理、風俗、治乱、沿革の話をたいへん面白く聞いたと記す。西の旅行に少し先立つ十一年夏秋には、明毅の旧知榎本が、ロシア駐在公使の任を終えての帰国を馬車と馬橇主体のシベリアの旅で経験している。この記録は、同時期のイザベラ・バードの『日本奥地紀行』にも通じる民衆生活への暖かい観察と北海道開拓の夢を抱いた科学的関心に支えられ、最近中村喜和氏らによる現代語訳『榎本武揚シベリア日記』が地名の考証なども含めて刊行される。

明毅の未完に終わった地誌は、こうした観察者の視点によってこそ成るべきものではなかったか。名流貴族の欧米風の社交場という色彩が強い会だが、明毅は、榎本との談話などでも学ぶことができたろうし、荒井も旧知の仲であり、同じく旧知の外交官田邊太一の出席も知られる。陸軍参謀部にあった桂太郎が、諸国の人種に関心をよせていた。

名流社会が、技術官僚の知識を外国交渉上の装飾に利用する性格から、技術官僚の側で、知識人文人としての交歓の場に変えていく可能性もあっただろうか。修史館の歴史担当文人のなかでも、依田や川田は、この会に学ぶこともあったようだ。

少なくとも明毅にとって、知識を交換できる場がひらけたという意味はあったはずである。

国郡沿革考——歴史地理の大論文

明毅の単独の論稿としてまとまって遺されているのが、国郡沿革考である。緒言に、和銅の風土記が逸して後、総国風土記と称するものは信ずるに足らず、封建延喜式・和名抄がわずかに郡駅郷の名を伝え、徳川幕府下に国郡図の製や地誌の編があったが、封建の世で全国の地理に及ばなかったとする。明毅自身の言葉で、墓碑銘冒頭の文がその本意であったこ

國郡沿革考第一回

緒言

塚本明毅

和銅風土記既ニ逸シ現今僅ニ存スル者五國ニ過キス出雲常陸豐後播磨肥前又流傳スル所ノ總國風土記殘簡ト稱スル者大概假托ニ出テ皆信スルニ足ラス延喜式僅ニ郡驛ノ名ヲ存シ和名鈔獨リ郡鄕ノ稱ヲ載ス而文字ノ誤脱轉訛スル者亦頗ル多シ然レトモ此二書ヲ除クノ外絶テ郡鄕ノ制ヲ徵スヘキモノナシ德川氏ノ時ニ至リ文運稍ク開ケ正保中始テ國郡圖ヲ製シ寬文中郡名復舊ノ命アリ爾後諸國各其地誌ヲ修スル者頗ル多シ而テ封建ノ世各藩皆其版籍ヲ秘シ他州ノ人之ヲ窺フ能ハス是ヲ以テ全國郡鄕ノ沿革ヲ記載スル者ナシ水戸藩ノ大日本史ヲ著スヤ地理志ノ成ルヲ果サヽル者亘ニ以アル哉予古代郡鄕ノ沿革ヲ詳ニセント欲シ乃チ以謂ク古者郡ヲ置キ鄕ヲ分ツ必ス山川ノ形勢ニ隨フ苟モ地圖ノ精確ナル者ヲ得ル時ハ其區域ヲ徵スヘキ者アラント是ニ於テ徧ク國郡ノ圖誌ヲ採集シ其精圖ヲ以テ參據トナシ鄕名ヲ索メ古驛ヲ考ヘ漸クニシテ古鄕十ノ七八ヲ得タリ郡鄕ノ沿革ハ未タ之ヲ悉ス能ハスト雖𪜈國堺ノ變遷古郡ノ廢置ニ於テハ頗ル明晰ナリ國郡沿革ノ考ヲ述ヘ嗣テ將ニ古驛考ニ及ハントス然レ𪜈余未タ足徧ク其地ヲ踏ミ目悉ク

「国郡沿革考」冒頭

とを告げるのである。古郷古駅の校定に勤めた結果、国堺の変遷、古郡の廃置についてはわかってきて、これから古駅の校定に及ぼうとするので、社中諸子の訂正を願うとする。以下、およそ四万字に上る大論文である。

総論で、国郡制度の変革を七期に分かつ。一、大化二年（六四六）に至る国造の治、二、文治元年（一一八五）に至る国司の治、三、建武元年（一三三四）に至る守護地頭の治、四、応仁元年（一四六七）に至る世襲守護の治、五、天正十八年（一五九〇）に至る戦国割拠の世、六、明治四年（一八七一）に至る封建の治、そして七、廃藩置県後の郡県の治である。この区分と命名は、かつて『日本地誌提要』の挙げたものと微妙な差があり、この方がわかりやすい日本制度史になる。

ただし、二の時期、六十六国二島の制が出来て以後国制は不変で、一方で郡郷の称は荘園の広がりによって乱れたとする。三期、磐手・和我以北の地が始めて天下の版図に入るが、一面で郡名は記載例が減り、古郡の廃が進み、四期鎌倉管領設置あたりで関東諸州では荘名も乱れ古郷の称を失い、五期の古文書では荘名の下に郡郷の名を挙げるように古郡の廃が目立つようになる。六期、幕府は古郡名の復活を図るが及ばず、七期、明治十一年の郡区制度でも一郡の分割例があって、郡郷の沿革はいよいよわかりにくくなってくるという。

古代王朝の国郡郷制度を正統な国制とみて、以後の紊乱による郡郷名の消滅、変遷、そして江戸時代はむしろ、その復古運動がはたらいた時期という見方になるようである。王政復古史観のもとで、徳川政権の評価すべきを説く歴史記述といいえようが、こうした総論に続いて、各国別に、その郡境や郷名の現地名との校定にあたり、例えば武蔵や常陸国では四、五頁にも及ぶ考証の末に郡別の国図を示すなどの労を重ねて、陸奥・出羽諸国等に及ぶ。多くの文献への考証能力と大きな労力とをかけた壮大な歴史論文である。府県書上げ誌料の整理と、報われなかった幻の皇国地誌の総説部分に充てるべき文献であったろう。ただ、あくまで歴史論文で、地誌の書では、序説の意味を持つ性格のものだったともいえようか。

文人社会の可能性

官僚社会を離れて著作に集中するというのは、官僚社会に縛られない自由な境地での交際社会を楽しむといったことであり、実体としては、詩書を愛好した江戸士人たちが、イメージされていたろう。役を離れても家禄があったり、門弟を持って少なくても、ファンを集めて書画会などで稼いだりして、優雅な暮らしを送った人々があった。

東京地学協会は、官僚の地位を頼りにしてであっても、高貴な身分社会へ参入していくことで、これに近い境遇を得る道になるだろうか。他に、当時の文筆家の活動としては、新聞界での論陣を張る者が目立ち、そこから文人社会が新たに生まれていく動きもあったが、こうした面では、明毅の参加はなかったようである。民権運動の高まりのなかでの彼の位置とともに、知られるところがないのは、こうした文人社会とは無縁だったことを示すだろう。明毅は官僚世界を離れることがなかった。

だが、官僚社会に背を向けて、在野文人の風からの発言の場は、成島柳北ら新聞人たちによって開かれていった。そこには、江戸の士人たちの高踏的な趣味世界も色濃く、一見反文明的な回顧の空気もあって、漢詩人たちの好みにもあっていた。

十年十二月、修史館を逐われたばかりの明毅が、一円会の二十一日の例会に、依田、長松、巌谷や森春涛、小野湖山等と歓談したのをはじめ、明毅は、引き続きこうした文人との交遊を楽しんだ。

これより前、明毅の家庭では末妹婉《やさ》が十年十一月、熊澤善庵《くまざわぜんあん》に嫁いで家を離れた。満二十三歳、当時として晩婚である。明毅自筆の「系譜」での一番新しい記事であり、家長としての彼の安堵感からの加筆であったろう。熊澤家は、代々大槻玄沢《げんたく》・盤渓一門の蘭方医学者の家の門人で、善庵は、盤渓の子如電《にょでん》・文彦《ふみひこ》兄弟と三人兄弟のように育てられたといわれ、北白川宮能久に従ってドイツに留学して化学を学んだものであった。この婚姻後半年ほどで世を去った盤渓と、明毅との交渉は、とくに知られないが、盤渓や文彦は、洋々会等に出ていた。盤渓はまた、明毅が沼津で相知った藤澤次謙と仲良しだったともいう（工藤宜）。善庵は、のち化学工業界で活躍するが、明毅は、如電・文彦兄弟と交誼を深めていったようだ。

十四年には、如電らと白石社という会の創設にあたり、新井白石の著述の校訂、刊行を目指した。とくに明毅が勤めたのは『藩翰譜』の校訂で、その系図の訂正ないし作成に当たったが、明毅在世中は『藩翰譜』の刊行にいたらなかった。後、三十八年に至って、新たに『新井白石全集』が出版される際、明毅による藩翰譜系図が、大槻如電の追加校定を経て収録された。地誌編纂の上では、国郡の沿革の検討に藩屏表が求められ藩翰譜に注目されたのだろうが、進んで白石の著述本の校訂に至るのは、もはや地誌課長としての職務を超えるものだったろう。その考証癖からも、文人社会への道はひらけていったかにみえる。

一円会の交友は、大槻一門との交際とはやや違った場で、新聞界で活動を始めた成島もいたが、新聞論壇人の集まりとも違う場だったようだ。十二年十月、参会者の減少と物価の高騰から、会の存続が問題となった際に、朋友たちが相会して親しく語り合うのに、この会がなくてはならないと言い出したのは、明毅と成島であった。毎月一円五十銭の定額会費にして七人の定員から出発することにし、淡々会《たんたんかい》を発足させた。

以後、毎月一日、明毅と成島に川田、依田、巌谷らと、月々に新会員やゲストを加えて、十四年年末の忘年会でも、依田、長松、巌谷、岸田（吟香《ぎんこう》）らと歓談の場があった。翌月、依田は淡々会をやめるので、明毅のこの会出席は以後記録されないが、なお続いたであろう。また依田は十七年四月、飛鳥山花見の場で、たまたま明毅に会い、五、六年会わなかったと疎遠の挨拶を交わしたとするのは、依田の錯覚であった。

修史館のその後

明毅とは無縁となった修史館のその後について、少し触れて、この章の終わりとしたい。十三年、修史館では、川田が風俗志編修にあたり、まず当時の風俗を記して古の沿革に及ぶとの考えで、依田がこれを担当し、徳川氏までの民間歳時を集めて東京近時の歳時風俗の編に取り組んでいた。依田の「日録」に、隅田川堤の桜楓植栽の記録や、熬物《いりもの》と今の鍋焼きとの異同についてのメモなどがあるのは、その考証過程の所産であったろう。地学協会への出席も、異国の風俗への関心によったのかもしれない。後には、正統派歴史学の外に置かれたような風俗史が、政府修史館の仕事に位置づけられていたのは、翻訳文学の場での西洋の風俗への好奇的な興味が指摘される（中村光夫）のと、応じた機運であったろうか。

だが、十三年七月、監事三浦安は、風俗誌は監事の校閲を経ず編纂の例則も立っていないとして、稿本の上進を留め、依田がこれと激論に及んだ。ひとまず当面は上進となったが、以後編集局の体制や志類編修の体裁についての改革論議が館内を沸かせた。すでに十二年五月、伊地知が宮内省に転じた後、三条実美が修史館総裁を兼ねていたが、十四年、大隈重信の失脚に結果する政変のあと、修史館でも十二月に、館内の対立に決着がつけられた。重野が副長官となったのは事実上館を主宰する地位であり、川田と依田は修史館を去った。

重野は以後、帝国大学の教授へと進み、日本史学界の重鎮になっていく。一面では、史誌編纂掛から史料編纂所への動きの中で、地誌は史学から切り離されていく過程ともなった。それは、もはや明毅没後の姿である。

川田や依田が風俗誌に取り組んだ時代、欧米文明に憧れ、探検される立場から探検する側に背伸びしようとする地学協会の参加者と、漢詩文を愛して東京の新文明に違和感を持つ人々が、時に交じり合ってもいた。そうした混沌のなかで、まだ固まった体制を整えていなかった史学の世界には、後世とは別な可能性も秘められていただろうが、未成熟であった。

明毅は、官僚の場への不適合を意識して、江戸文人風の空気に惹かれながら、官僚であり続けた。地誌の仕事が公務である以上、避けがたい道だったろうが、江戸の文人社会に匹敵するような文壇の場も成立していなかった。

終章　明毅の死とその後の地誌

1　明毅の死

明毅逝去

明治十八年二月五日、明毅は内務少書記官に任じられた。官歴の最後である。地理局地誌課長という職は、準奏任とされ、前歴からいっても低かったのを奏任官としたのだろうか。ただ、これは儀礼に過ぎない。この日、明毅は没したのである。五十一年二カ月余の生涯、「行状」「墓碑銘」が年五十三とするのは数え年の表現であり、家の過去帳では壽五十二歳とする。

依田の「日録」のこの日の記事は、報を聞いてまもなくの感慨に違いないだろう。句読点と正濁点を適宜補う外は、原文通り、以下に掲げる。

此日旧友塚本明毅死す。明毅もと幕府の人にて海軍に出仕し、地理測量をもて名を得たり。中興の時、太政官に召されて権内大夫に陞り、従五位に叙す。後遷て修史館一等編修たりしが、同僚重野成斎が為に誘まれて終にその職をやめしかど、再び内務省出仕に補せらる。されど月俸はつかに減ぜられたり。明毅、号を寧海といふ。地理は最その長ずる所にして、地誌要略を著す。藩翰譜を好み考証最も精し。胸襟快活にして人におもねらず。その人最も愛すべし。去年春、余、花を飛鳥山に見し時、同じく五明楼に出あひき。そののち戯場に遊びし時、再びあひしが別れとなりぬ。

依田の目に映じた晩年の明毅像で、彼の明毅への熱い交情にあふれた弔文でもある。

『郵便報知新聞』と『朝野新聞』に、二月五日付で、塚本明篤により、父明毅は今午後六時死去との広告が掲載された。『郵便報知』は、七日付で内務省書記官への叙任記事を掲げた後に、内務省準奏任御用掛として年来地理局の事務を担当の塚本明毅氏は、旧臘中より痞症にて引き籠り一時高木海軍軍医大監の治療で快方に向かっていたが、衰弱と寒気によって遂に起たず、五日卒去との記事を載せた。

『朝野新聞』は、七日付の死亡記事の外、十日、一昨日故内務省書記官塚本明毅氏葬送のことを記したあとに、地学協会員として久しく会に尽力のゆえに、会長北白川宮から賞牌を追贈された旨を報じた。会創立以来の社員として学業の労とくに多く、議員として経画の功も大とし、賞牌を贈与して勲績を旌表するとの文を銅に刻して会長が署名したもので、学者の栄誉千古に朽ちずというべしとした。官僚としてでなく学者としての功を認めたのである。地学協会では、この賞牌贈与を一月三十一日に議決していて、書記官任と違って危篤中の措置だったようだ。

明毅とは沼津で知り、太政官の地誌課以来、明毅と地誌の仕事を共にしてきた進藤改め河田羆が、明毅病中に後事を託されたという。河田は、これに応えて地誌編纂の業に勤めた外、明毅の生涯をまとめて、「行状」と題する一書とし、十八年十一月にその稿を卒えた。

建碑

明毅の没したとき、満年齢で十八歳の長男明篤は、「行状」では跡を嗣ぐとされるが、二十二年七月に没した。明毅が沼津時代に迎えた後妻万喜は、四十三年三月、六十九歳で没するまで健在であった。その兄石丸義孚が、自ら判任官二十三年奉職という人生を終えたのは二十四年十月であったが、その住居からみて、万喜は兄と居をともにしていたのかと思われる。

知友のなかで、明毅の碑文を建てる企てが始まったのが、いつだったかはわからないが、二十三年九月十五日の依田の「日録」には、川田が、田邊太一と同行で訪れ、川田は、明毅のためにその碑文を綴ったとして見せたとの記事がある。それ以前から、川田らが参画して、用意がすすんでいたのである。すでに修史館時代の仲間には交友も疎になったものも多かったようだが、川田は、この企てに賛同し自ら碑銘の執筆を引き受け、河田が提供した「行状」による経歴と、修史局以来の交友の追憶によって、文を草した。「行状」も漢文で綴られ、「碑銘」が、さらに荘重な整った漢文に成った。漢文の権威がようやく揺らいでいく時期、その掉尾を飾るかの作品が、彼らの教養によってできあがった。

碑文ができてから、碑が建てられるまで五年の歳月があった事情は知られない。ただ、世の中の変動は大きかった。明毅の没年には、内閣制度が発足していたが、以後、帝国憲法の発布と国会の開設、欧化政策への反動と、不平等条約の解消を求める世論とナショナリズムの昂揚等々の動きのなかで、内閣と諸政党との対立や連携があり、新しい文芸もようやく興ってきていた。明毅を知る人々の境遇にも変化があった。

幼少期から明毅を知る者のうち、榎本武揚は、元勲諸侯とは区別された位置だが、有能な政府高官として、歴代内閣の閣僚を歴任する身になっていた。田邊太一は、外務省の第一線を退き、元老院を経て貴族院の議員になっていた。田邊は、河田の「行状」執筆に資料を提供もしたと思われるが、碑文の書家となった。そして篆額は、榎本の筆になった。「行状」の筆者河田羆を併せて、明毅の生涯に深く関わった諸氏が集って、明毅没後十年の二十八年十月、碑が建てられた。川田はこの後半年足らずで没する。

「墓碑銘」「行状」の全文を印刷して関係者に配布したのは、なお少し後のようである。こうしたことも、河田の世話によっただろう。ここに重野安繹の一文も加えられた。丁酉とするから明治三十年の文である。

寧海は、大人物の器を抱きながら、性率直で世に阿ることなく、不遇な運命で世を去り志を遂げることなかったのは、惜しむべきである。しかし、その仕事は世に残って後学に恩恵を及ぼし、今また、この好編を得るによく行き届いている。寧海、もって瞑すべし。というのである。「行状」の評のかたちで、明毅を評したのであろう。依田からは、明毅や川田の仇敵であるかに描かれた重野も、明毅の能力と人物を評価し、その官僚世界への不適合をいうのである。
ただ、碑文の、この印刷文中に官の文字が言と誤植される点を前に指摘した。あるいは、この重野への配慮から河田が書き換えたかとの疑念も、私にはある。

2 未完の地誌のその後

桜井方式と大日本国誌

明毅の地誌編纂が、郡村からの書上げを基本とし、地誌課でこれを整理統合して、漸次国誌に及ぶものであったのに対して、地理局長桜井勉は以前から批判的な考えを持ちながら、修史館を追われた明毅を、地誌課長として迎え入れたのだったが、十六年には、明毅方式の効が上がらないとみて、地理局員を各地に派遣して調査にあたらせていった。明毅没後は、地誌課長を置かず、この方式での国誌編纂に勤め、「体例」を定めて、自ら局員を率いて安房に出張し、十九年春には安房国誌一冊を印刷に付すまでになったという。以後、安房に倣った例則によって、項目毎の調査表を持った局員を関東各国に派遣して調査にあたらせた。

河田によると、この方式で、河田の撰によって武蔵・相模・甲斐・下総諸国誌と東京府誌あわせて百余冊が成り、他の局員、河井庫太郎・秦政次郎・渡辺中によって、常陸・尾張・三河・上野・下野・上総諸国の国誌稿が出来ていったという。

この事業も、二十二年末、桜井の転出によって頓挫し、翌年七月、地誌課は文部省管下帝国大学に移管された後、大学中の史誌編纂掛に合わされると、河田は、重野によって『提要』で略された墳墓・古跡の補修を命じられ、やがて地誌部門が廃止される。

この経過によって、『大日本国誌安房』として十九年に刊行されたものの外、桜井構想の所産は、稿本として保管されたままであったようだが、昭和六十三年（一九八八）から大日本国誌として影印本が刊行されている。武蔵国誌だけで影印本十四冊という膨大な文献である。

桜井構想による地誌は、古くの地誌課以来の村名調書や、明毅の監修本などでの基本文献が利用されたであろうし、明毅の仕事の継続という面はあったが、『日本地誌提要』に、小地域単位の地誌資料による肉付けを加えて「皇国地誌」とする明毅構想とは、まったく別のものが、『大日本国誌』となった。

これも未完に終わった仕事であり、その評価としては、桜井の拙速主義による無益の事業とする酷評があるという。だが、島津俊之氏は、この地誌が自然環境・集落・交通・資源などの記載に重点を置く編と、社会・政治・経済・文化の項目記載の部分、それに地方長官の記載の部分を加えて、近代西欧アカデミズムの系統的地誌学に似たフレームワークによるとして、「体例」を評価する。『大日本国誌』の評価は、村誌からの積み上げ方式がどんなかたちを取り得たかとの想定と比べての問題にもなり、一体、地誌とはどうあるべきかといった考察を求めていく。

地誌のさまざまと書き上げ資料

河田による明毅の跡始末ともいうべき仕事は、明毅病臥中からも進められた。明毅が没した十八年二月、内務省地理局から、十七年十二月付の河田の例言をつけて発行された『地誌目録』がそれを示す。そこに地誌として挙げるのは、地理局所蔵のものが多いだろうが、「親しく観るを得ざるもの」も含めて、およそ二千四百部の書名が列挙される。地図は挙げないが、『日本地誌提要』をはじめ地誌課で作成した地誌類の他、外史局による明治四年の『国勢要覧』や駅逓局による『駅逓志稿』等、明治政府の編纂書は当然として、近世の諸藩や文人による諸国の地誌類の多くも登録されて、日本での地誌編纂史の基本文献集にもなっている。

地誌課にとって、先行考証文献ともいうべき書籍目録であるが、多くの旅行記や霊場記、案内記等も挙げられ、また『物類称呼』が「諸国方言」の名で挙げられるなど国語考察文献も含まれて、先行地誌探求の視野の広さを示す。天保五年（一八三四）の郷帳六十六冊という大部の書類をはじめとして、書籍というより現用の文書であったものの中には、幕府の膨大な文書のうちで、地誌有用の書類として地誌課で引継いだものも含まれよう。こうした古文書の古いものでは、民部省図帳零本の写本、弘安八年（一二八五）録上という但馬国太田文の写（淡路・常陸・豊前の例も）などがあり、これらは各地の好古家の探索によったと思え、やはり地誌編纂上の先学からの継承文献である。だが、武蔵埼玉郡下中条村地内見沼代用水元仕様帳、越後蒲原村の紫雲寺潟開墾書類のように、近い時期の現用文書で、村方ないし地方支配役所にあったと思えるものもある。地誌として目録に入る範囲は、たいへん広く、こうした資料による地誌編纂を目指した考えを思わせる。

明毅構想で、府県を通じて地誌課に集まって来るはずの村郡誌資料が、ここに入っていないようだ。下野で「地志料材」十四冊が記され、越中で射水郡地志料一冊を見出すのがこれにあたる例であろうか。十二年から十三年にかけて、三百四十九巻の村誌、十巻の郡誌資料が集まり、十六年桜井構想によって、地誌関係の書類を調査中のものを含めて局に収めたという地理局の集積資料が、これだけであったとは、到底思えない。『地誌目録』に挙げるに値しない、ただの素材という扱いを受けたのであろうか。

『地誌目録』の二カ月後に地理局編で刊行された『地名索引』がある。十七年十二月付で明毅の監修とされる。全国の郡区町村から字名等までの地名類聚は浩瀚すぎるので、まず郡区町村の名に限ったとする。この小字名までの調査書は、膨大なものの一部が、残されていて近年復刻されるが、『地誌目録』には登載されない。『地誌目録』では、最終的には地誌の資料にあたるものは、載せないことにしたらしい。それはまた、以後、地誌課の配属変更のなかで、集積資料自体の保管者の変化にもなったであろうか。

桜井が安房から始めたのは、小国でまず着手ということだったともいわれる。『地誌目録』で、安房は、五点しか書名がなく、その三点は『房総志料』とその続編、別本である。桜井構想が、こうしたまとまった地誌に依拠して、村からでなく国誌に着手したとすると、村方の書上げ資料に拠るよりむろん楽であり、反面、拙速の誹りを免れないことになる。対して、明毅方式での地誌は、非能率ですぐにはできないという点を別にすると、どんな可能性があっただろうか。

それは、書上げの内容次第とまではいえなくとも、そこに拠る所が大きく、その背後には、村人の歴史意識があったであろう。

『地誌目録』例言の冒頭、河田は、地誌の書で従来編著されるもの数百書、それには、もっぱら古跡を探り古事を記すものもあり、当時の現況について見聞を記すものもあって、撰者の識見によって異なると記している。地誌の多様性の背後に、古事穿鑿と現況への関心とを見たのは、あたっていよう。その点で、村人の歴史意識も問題となる。

『大日本国誌』の破綻

『大日本国誌』の影印本としてゆまに書房から刊行された武蔵・相模・上総・常陸・上野・伊賀・伊勢・志摩諸国の巻の多くはいかにも稿本で、完成本とはいえない感じである。最近史料編纂所の書庫での保存から発掘されたこの稿本が、島津氏の触れる『補正日本地誌提要』の稿本六冊とどんな関係なのか、重野による『提要』の墳墓・古跡への補訂の指示が、ここにどれだけ取り入れられているかはわからない。ここでは、これを『大日本国誌』として考えてみる。

島津氏によると、二十三年には、河田らとともに地誌課にあった渡辺中が、世界地誌たる「万国誌」と「大日本誌」とから成る地誌構想を具申したというが、顧みられなかった。この構想は、日本の地誌を、世界の一地方志とみる世界観に立ち、日本史の見方への大きな提言にもなるものかと思えるが、『大日本国誌』を『提要』に比べると、これとはまったく逆な方向のものだった。

比較的成稿に近い武蔵国の例で、影印本では全十四冊を以下の巻にする。

一巻に建置、区域及増員、名称、管轄、郡、名邑。二巻に地勢、気候、地種、里程、道路、鉄道哩程、名山、原野、鉱場、名川。三巻に瀑布、湖沼、港湾、漁場、砿泉、戸数・口数、民業、宗教、風

俗、方言、そして府県庁以下諸官庁、軍鎮、諸会社、学校、病院等の施設。四巻・五巻が神社。六巻から八巻が寺院、名刹。九巻が古墳墓。十巻から十二巻が旧蹟。十三巻が、公園、名勝、牛馬、舟車、物産、貢租、人物、災異、雑事。十四巻が地方長官。

いかにも稿本で、この巻別が『大日本国誌』の趣旨だったとは思えない。島津論文の紹介する『安房』の例にあてはめてみると、この一・二巻と三巻の砿泉までが上編、十四巻と人物、流謫、災異、雑事が下編で、その他全部が中編となる。そんなところが、『国誌』にまとめられるべきところだったのであろう。『提要』の形勢にあたるのが地勢・気候・地種となる他、『提要』と基本的に同じ項目に修正を加えたような構成だがこれでも雑然とした感じは否めず、自然環境と社会・文化環境とに整理できたといえるかは疑問が残る。

しかも、武蔵の稿本からは、『安房』の中編に当たる部分の量の大きさが注意される。右の巻別は、ほぼ同程度の紙数だが、十四巻のうち十巻近くがそれで、とくに寺社の記述がその半ばを占める。また下編にあたる十四巻は、国造から中世の城主や近世の諸侯、近代の県令・知事・参事・書記官の略歴にも至る。人名が多く登場して、それと関連した歴史的記述が多くなり、民業(生業)や物産、牛馬、舟車等は、ほとんどつけたしになって、なんとも雑然とした書物になる。寺社や古跡の類を敬遠したかにみえる『提要』の記述の方が賢明だったとの印象をまぬかれない。

史誌の類の構想が、資料の集積次第ではじめの構想とは違ったものになっていくことは、めずらしくない。現地からの提出資料に拠りかかることを抑えた『大日本国誌』にしてもこの問題を抱え、この整理は至難なことで、多くが稿本のまま残される運命になったのではないか。

十二年五月の『朝野新聞』は、島根県から児島高徳《こじまたかのり》の古墳発見と報じ、県吏山口県士族清水清太郎氏は好古の人で、このごろ管内地誌略編纂に従事とした。十五年十一月には、長慶天皇陵が津軽で発見された報があり、同年初め頃には、長野県で伊諾二尊の御陵を探索する人物が報道されてもいた。幕末勤王の志士等の贈位運動や、また村の神社の由緒公認を願う動きもこれに連続したろう。こうした郷土の偉人の史跡顕彰の「好古」人は多く、寺社の格式を求めた由緒の主張も大きかった。

重野が、抹殺博士の異名を受けたのは、頼山陽のような史論家と区別された実証重視の姿勢の標榜からであったにせよ、こうした動向へのまともな反撃でもあり、その限りでは、近世士人の文化を継承する文人社会にも通じていただろう。

地誌の歴史指向と「国史」・郷土史

『大日本国誌』の破綻を論じてみたが、郡村誌書上げによったら、こうした問題が解消されるわけではなく、「皇国地誌編輯例則」による村誌、郡誌の記載項目や『提要』の項目も『大日本国誌』のそれと大きく異なるものではない。明治十四年「小学校教則綱領」以後、郷土教材に根差した地理教育を求めて、各地で発行される教科用の郷土史誌の筆者が、こうした調査担当者から生まれ、また一九一〇年代以降、各地で発行される郡誌から以後の郷土史誌類に引き継がれていく。そこでは、とくに『大日本国誌』にならう例が多いようだ。以後の郷土史誌のありかたを基本的に定めたのが、『大日本国誌』までの編纂事業の功罪であったといえようか。

風土記の立場からは、土地の悪しき神は、主権者に否定され、主権者に従属する権力であって、自然界と同一視されたものであり、以来、官選の地誌が描くのは、多く非政治的な世界であり、権力者の言動を中心とした六国史のような正史に対して、特定個人を主語とする歴史叙述になじまなかった。創世神話以来、創世者やイザナギ神や大王禹などが造った自然界を描くのが地誌であって、創世者の後継者としての主権者を描く歴史とは別だった。

森鷗外は、歴史を愛好する者が志の盛んなものであるに対して、地誌を喜ぶものは、気力の衰えを憐れまれるとした。彼のいう歴史は、その愛好した人物伝の類であり、それぞれの志に生きた人生に対して、地誌は、循環する自然の世界で、「老いんとする痴人のせめてもの慰め」でしかなかった。明治三十三〜三十四年頃、不遇の小倉時代の文であるが、当時の、地誌についての一般的な通念でもあったろう。

官撰の地誌に対して、町や村の住民たちが自らの世界を描こうとしたとき、郷土の人物を書くのに勢力を注ごうとしたのは、これへの抵抗ともいえた。だが、このような地誌の歴史への指向は、東北地方の住民が記憶し描いたのが、坂上田村麻呂であってアテルイではなかったように、「日本国史」の圧倒的な影響下に、政権史の地方版に矮小化されがちであった。地誌編纂関係者が史的関心を強めていくにつれて、各地の歴史伝承は、日本政権史の補充に転落し、それは同時に、地誌の史書に対する独自性が薄れていく過程にもなっていった。後年、そうした動向から生まれてくる郷土史についての批判が柳田國男にあり、村の年代記を英雄と結びつける傾向や、年代の数字・固有名詞の詮議に重きをおく傾向を戒しめた。

だが、明毅の仕事の時期から『大日本国誌』の時期までを通じて進んでいき、以後の国家主義の時代の国史に継続していった地誌の中には、違った可能性をもつものもあった。

地誌の可能性

村や町の住民たちが、イエやムラという集団、あるいは各種の生業をめぐる結合体などで、それぞれの利害や関心から相互に協力したり対抗したりし、その内部でも抗争もあった。国の歴史として史書に載せられた人物の動向から一応は別な場面での政治があり、歴史であった。村内の各家の祖先の由緒、身分の由来などが、寺社の記録などと結び付いて記録されたりして、郷土の歴史のようなものとなっていく。そうした無名の民の歴史は、広範囲な世界での権力を支えたり、これに利用されたりして、国家史上の人物の歴史と相交わる面をも見せる反面、住民生活に直結した場面であるため、地域の生業や交通の歴史ともなれば、土地の自然環境に大きく関わっての人々の生き方の記録ともなる。

幕府や藩による官撰の地誌類が、村々の旧記、伝承を探ったとき見出されたのは、こうした記録であったろう。だが、民撰の地誌がまとまって編纂されるとき、その多くは、もはや官撰地誌の強い影響の下に置かれて、無名の民の視点は薄らいでいた。そうした影響から比較的自由な位置にあったのは、非政治・非実用を標榜する風雅人の旅行記や随筆風の案内記、名物・物産記のような地誌類であった。これに類した書物も多様で、本草学の知識を生かした文献も、その形をとったりした。

住民自身の手に成るよりは、近隣人の手によることも多いこの種の文献では、お国自慢の郷土史と違って、村の繁栄より村の貧しさを強調する風もあった。とくに、過去の逆境を強調する傾向は、かえって現在の村の暮らしに至る努力を主張することになって、住民自身の誇るべき歴史叙述ともなりえた。鷗外の時期の地誌についての社会通念と違って、地自体の人為による、また人為によらない変動の大きさが意識されても来ていた。

大まかに官選地誌系列以外の地誌の興味深い傾向を記してみたが、近世地誌についての白井哲也氏の総括的な研究、また明治期を主とした島津俊之氏の精密な考証などをふまえて今後十分な検討が望まれる。ここで記したのは、私の大まかな感想にとどまる。ただ、私自身、むかし「地域史研究の課題」（一九七六年）という小文を書いたとき、近世地誌を地域史研究の前史として捉えていたことを、今は反省している。村民の権利擁護のための由緒調べなどの自己主張の面に地誌の積極性を認めて、非政治的な世界、権力の問題を捨象したかの文献を重視しなかったのは、地域史論としての枠に拘泥したからでもあったが、地誌の可能性を無視するものであった。

明毅が依拠して新境地を拓けたかもしれない郡村誌の可能性をみるうえでは、その種の文献に注意しなければならないだろう。

明毅の可能性

明毅もまた、その地誌編纂活動への情熱とともに、史書を愛し歴史考証に勤めた。住民の地誌の歴史指向には、彼の役割も働いたろう。その歴史指向が、修史局、修史館を通じての歴史担当者との交友にもよって強められたことも間違いなかろう。

だが、明毅の歴史関心は、史上の著名人の言動を追うことや特定の事件に関する考証とは違うところにあったのではあるまいか。例外的かと思えるものに藩翰譜への熱意があるが、これも著名人の言動を主眼とするものとはいえないようだ。

こうした点について、彼の考えを表明した文を知らないので、これを実証するのはできない。ただ、そう思える節々は、いくつか挙げられる。

『三正総覧』の著書や、『系譜』に細字で書き込まれた自己や近親の生年等への新暦換算日からは、年月日についての細心な関心が伺われる。また、正院歴史課時代の府県への記述部分の指示で、戸数、人口、歳額、また駅路の里程等で、調査年次を挙げて、概数でなく精密な数値を求めるなど、細かい数値への記録欲がみえる。

だが、こうした数値への執心が時間差の場面、とりわけ特定事件の年月に及ぶことは少なかったかにみえる。『筆算訓蒙』は、多種多様な数値計算例を挙げ、その中に神武即位年は今から何年前かといった問いも含まれるが、前記のようにこの種の出題はごくわずかで、外国史に材を執った設問でもこの類の問いはあるが、国土面積、人口、兵数等々に関わる数値計算例に比べて少ない。時間に関わる問いは、地域間の時差や、時計の表示等から、宇宙空間に及ぶ光や音の速度等の設問の大きさの影にかくれている。

修史館の史官のなかで、明毅との交渉が深かったかに思える川田と依田が、風俗史を担当して、そこで監事との論に及んだことも前記した。また、この川田に向かって、明毅が壮語した宇宙から毫毛までに及ぶ知への抱負が、川田に強い印象で記憶されていることも前記した。

明毅が執念を燃やしたと思えるのに、地名への強い関心があることは確かだろう。村小字名の調査と記録は、地誌課の仕事として終始、力を傾けたところだった。未刊に終わった全国の地誌にかわって、何人かの識者によって利用されていったのも、この調査であったともいえるだろうか。

明毅没後の後年、明治の年号のうちに、多くの読者を持った本の二つを思ってみる。一つは、『日本風景論』。もう一つは『大日本地名辞書』である。前者は、二十七年、志賀重昂（一八六三〜一九二七）、後者は、四十二年に刊行を終え、吉田東伍（一八六四〜一九一八）とどちらも明毅より三十年ほど若い新世代の著作である。

志賀の著は、和漢の詩歌を連ねながら、洋書の知識に支えられて、日本の国土愛を世に広くアピールした。吉田の著は、二十世紀後半になっての平凡社・角川書店の二社がそれぞれ多数の歴史家と年月をかけて編纂した地名大系・地名辞典にあたる仕事を独力で成し遂げた大著であった。

志賀は、三河岡崎藩士の出ながら、戊辰戦争の旧幕側に立った出自や漢学の素養、また官界に身を置いた経歴など、明毅に共通するところもある。だが、仕事として明毅に近いのは、吉田の著の方だろう。著者は、地誌課の集積した村名調を利用したであろうし、この著書は、近年の地名大系・地名辞書が出るまで、各地研究者に利用された。

明毅には、この二人に比べるべき業績がない。時代の差でもあるが、明毅が生涯官界を離れることなく没したことにもよるであろう。

3　明毅の生涯と人物

その生育環境

明毅は、下級幕臣の家に生まれ、その系譜は紀州藩士に由来し、おそらくは紀州の地侍あたりに遡るかもしれない。だが、遺伝的な要素をそこに認めるわけにはいかない。肉体的には、彼の実父は、遠州横須賀藩の家臣の家に生まれた人物が塚本家に養子に迎えられたものであり、母の出自はわからないが、紀州から幕府に入った家の出生とは思えない。紀州藩士の体質が受け継がれてはいないのである。

紀州藩士から幕臣になった家の継承者という位置が、彼の生涯を規定したのは、意識の面では大きかったであろう。幕府海軍から沼津時代だけでなく、明治政府官僚となった後も、旧幕府遺臣であった。だが、幕臣の家の家風が、彼を育てたのかというとそうではないようだ。

紀州から江戸に出て来た家のしきたりは、系譜上明毅の数代前にあたる人物の幼時頃までだったろう。明毅が、江戸で生まれたとき、家の主役であり、また金太郎（幼少期の明毅）の訓育にあたったのは、奥州生まれの淳栄だった。塚本家に生まれその継承を図って成功した男だが、幼少期から成人にいたるまで、神職――たぶん修験者というべき家にあった。金太郎少年を育んだ家の文化は、武家の教養ではなく修験者の教養だったと思われる。多くの武家の風儀も変わりつつあって、戦場の武功を誇る空気は薄らいでいく時代だったが、修験者の和漢古典についての教養は、多くの武家よりも豊かなものだったろう。
幕臣の家とはいえ、明毅の生育環境は、そうしたものだったと考えられる。それは、明毅個人の環境だが、この時代、下級幕臣のかなりの部分が、合法的にも詐欺等によっても、他の身分からの転入者になっていて、明毅の例は特殊ではあっても特異ではない。にもかかわらず、明毅は、おそらくは他の新幕臣たちも、幕臣としての家意識を強く抱いていった。そういう時代だったといえるだろう。

漢学と洋学——とくに海軍技術

近代の学校教育にあたる経験を、明毅の経歴に探ってみる。幼稚園から小学校の訓育、教育は前記修験者教養の淳栄による家庭教育であった。

中学・高校にあたるのは、田邊石庵という儒学者の塾であった。ここでの漢学教育は、当時の士人の教養一般の例と共通であろう。ただ、田邊の塾は、こんにち風にいえば、進学名門校、かなりレベルが高く、また「有名校」とのつながりがあったようだ。田邊の幕府儒官としての地位にもよったろうし、下級幕臣住宅地で、身分の上昇を求めて進学を目指す学生が多かったと考えるのは、現代風に過ぎるかもしれない。だが、榎本武揚、田邊太一など、後年の俊秀の同窓生を思うとき、この印象を捨てきれない。ここで、明毅は漢学の素養を身につけながら、幕末の変動をやがて経験していく。

大学にあたるのは、昌平坂学問所である。幕府経営のいわば国立大学であり、系譜上で後の帝国大学から東京大学にもつながるのは偶然とはいえない。だが、当時としては幕府儒官林家の家塾の継承機関であり、当時、学問の正統とされた儒学の学校であった。こんにち風の解釈を続けると、明毅は一流校から一流大学に進んだのである。彼の才能と努力も大きかったであろう。ここでも、明毅は才子として注目されるようになる。

だが、昌平坂学問所は変貌しつつあり、時勢も急激に変わっていった。ペリーの来航は、明毅入学の三年後であった。ただ、幕府の権威はなお健在で、幕臣は諸大名家家臣より高い身分と目された。ここに付設された洋書調所が諸国の人材を幕臣に繰り込んでいくのはやや後年のことだが、昌平坂の学問所は、諸国の人材を集め、中には蘭学を学ぶものもあった。蘭学を学び、海外の状勢に理解をもっていた古賀茶渓は、幕府儒官の家を継いで昌平坂学問所にいた者であった。明毅は、ここで古賀や岩瀬忠震など、幕府の欧米諸国との交渉を担うことになる諸氏の知遇を受け、漢学者の多くが抱いていた名分論的排外主義から距離を置く位置に立ったと思われる。昌平坂は、いく人かの知友を得た場という点で、明毅にとって、近年の大学にあたる役割をもっただろう。

吉田賢輔に蘭学を学んだのも、近年の塾学習にあたるものよりは、大学または院での自主ゼミなどに相当するような自由な学習だったかもしれない。

海軍の技術伝習

長崎海軍伝習所で明毅が学んだのは、もはや近代の大学院などにあたるよりはるかに大きかった。強いて近年の制度にあてれば、国費留学生といったところであろう。移動に要する時間や異文化接触という点でも、この「進学」は外国留学に匹敵していた。昌平坂で知った矢田堀景蔵の従者名目での長崎行きに始まるのも、特権的な学習機会を思わせる。少し後には、幕府が欧米諸国への留学生を派遣することもあり、彼らは帰国後重要な人材となって、明治政府に譲渡される。明毅がその機会を得なかったのは、官界での出世が、彼らに及ばなかった事情であったかもしれない。

明毅にとっては、ここでの学習は、数学を中心とした基礎科学や測量、操船の技術修得であり、また欧米人を夷狄視する観念からの離脱の徹底でもあったろう。観念的な名分論等よりも、即物的な事象の観察に始まって判断する思考方向が、技術の訓練の中で身についていき、それが一番大きなことだったというべきだろうか。以後の明毅の経歴は、ここでの技術教育によっただけでなく、その人生は、塚本家継承者としての自負心や、漢学の素養の上に、このオランダ人による教育から身につけた思考が、色濃く働いていたと考える。

武官から文官へ

幕府海軍武官として、明毅の活動の場は海上の広い世界に及んだ。要人の輸送や警衛、小笠原などの測量と職務は多様にわたり、戦闘行動への参加もあった。例えば要人の輸送などで、幕末の政界に大きな役割を果たしたものもあり、この時期の海軍の意義を思わせる。

注意されるのは、警衛や戦闘行為で対象とされたのは外国軍ではなく、攘夷派の行為だったことである。欧米要人は、輸送客であり、安全を守るべきものであった。測量の場では、欧米人が協力相手にもなった。オランダ海軍士官に受けた教育は、欧米諸国との親愛関係を持った海軍武官の行動に引き継がれた。明毅の行動もその一環であり、彼は攘夷運動家と対する位置に身を置いていた。むろん、颶風をはじめとする自然界の猛威との戦いはあったが、この場面でも、欧米諸国人は協力相手でこそあったろう。

海軍の位置は不安定であり、中での対立もあった。武官、海軍士官として、明毅はそれなりの出世コースに乗ったかにみえたが、政界の動きに翻弄され、浮き沈みがあった。後年の明治政府官僚制度のなかでの経験とやや似た苦渋もなめたようである。政界の動きのなかで、幕府海軍の指導的地位に立っていったのは勝麟太郎であったが、その地位に変動があった。明毅は、これに参画するほどの地位にはなく、その行動は勝に従っていたようで、浮沈みは勝のそれに連動していた。幕府倒壊期にも、明毅の行動は、幕府の消滅と徳川宗家存続を図る勝の路線に従って、徳川家家臣として沼津兵学校に働いた。

沼津兵学校は、洋式陸軍の創設にあたる陸軍士官養成を任とし、明毅も軍事教官という身分であったが、西洋文明の吸収を意図した学校で、そこでは普通教育の重要性が強く意識されて、明毅は数学教育を主として担当した。

禄を失った多くの幕臣と違って、地位と高給を得るとともに、旧幕府が諸国から集めた知的遺産ともいうべき欧米通の知識人を同僚とし、彼らとの交渉もあって、長崎で教えられた欧米文明についての知識を大きくひろげることができたようだ。その洋式算術を説いた著書は、文明開化の啓蒙文献の一つというべき性格を持った。

幕府の倒壊は、彼自身の弟をはじめこれに殉じての死者や、生計に敗れた人を生んだが、明毅は、海軍武官の地位を失っただけで、主君を徳川家以外に移すこともないまま、文明開化を推進する文官への転化を遂げていったかにみえる。

政府技術官僚として

明毅にとって、主君の交替は、戊辰戦争と大政奉還ではなく、明治四年の廃藩置県によった。明治政府は、旧幕の遺産を接収するなかで、徳川家が集積して静岡藩に温存していた人材を接収していった。統一国家の体制作りには、復古の建て前より西洋文明の摂取による文明化が急がれ、その人材は、旧幕の下に蓄積されていたのであった。沼津兵学校の新政府移管によって、明毅は徳川家臣の地位を離れた少し後、転勤のようなかたちで、まず兵部大丞兼兵学大教授についたのを出発点として、以後政府官僚の道を歩む。主君徳川家を離れて、日本国民となったというより、天皇家の官僚となったのである。

新政府が明毅に求めたのは、改暦事業と地誌編纂とであった。前者では、その功を称され、後者では次第に閑却されていって、生を終えることになった。

太陽暦の採用は、有識者の間ではすでに広く主張され、政府もその必要を感じていた。明毅は、天文観測術からの智識と西洋諸国の状況にみて、その断行を主張し、反対の動きにも配慮しつつ、これを成し遂げた。明毅ひとりの功に帰せられるのは本意ではなかったであろう。

明毅の官歴の最初が兵部大丞兼兵学大教授なのは、陸軍省が明治六年『兵要日本地理小志』を刊行し、以後も『共武政表』などによって、国内戦争での兵力の移動や兵糧の調達を想定しての地誌類を求めていたことによるのであったかもしれない。オランダ海軍士官から測量などを学び、幕府海軍で各地に航した明毅は、その適任と目されたであろう。海岸や河川の水路交通施設の情報も含まれてくるに違いなかった。

だが、軍事面以外にも、地誌を求める事情は政府の側に大きかった。村々の地籍と地権者を確定し官民有地の別を定めるのは税収上緊急課題であり、府県領域を定める上での紛争への対処もあり、そして、列強に対して日本国の版図を明示する必要もあった。

地誌編纂者としての明毅に大きな期待が寄せられたとき、明毅の側でも、和銅の風土記以来中絶の地誌を、幕藩支配による分裂を解消した今こそ、再興すべきだといった自負心が生まれたのは、徳川家臣身分から自由になった国民の意識という面ももったであろうか。

だが、明毅の自負と政府の策とが一致していたのは、オーストリア万博への出展をもとに『日本地誌提要』が編纂された頃までであったろうか。その頃には、政府の方では、地籍調など当面実用的な必要に対応する機関が活動し、一面では、河川の統御や山林の維持など長期的な計画や、列島の気候条件等のなかで農業災害への対処策などの民政は遅れ、それぞれの担当部局に分かれていた。明毅の壮大な全国地誌の構想は、そのなかで、やや空想的なプラン視されるようになっていったか。

国史編纂事業の方は、天皇家による日本国統治の絶対性を誇示する役割をもって、不動の組織として確立していくのに対し、地誌事業は、政府にとってやや厄介なお荷物になっていったのが、明毅の官界での位置の変動をもたらせた事情であり、その背後には、愛国より忠君を本旨とする政府の姿勢をみることができるように思われる。

明治の士人

風貌・人物——

明毅の死に至るまで、十数年の地誌編纂の仕事を終始共にしてきた河田羆は、その「行状」を綴るなかで、明毅の人物像を描いてもいる。

体が大きく立派で、度量が広く大きい。才識にすぐれ、事をなすに正直で、気にしないかにみえることにも、実は精密でいい加減にしない。

河田は、このような人物像をまず掲げ、その仕事ぶりに及ぶ。和漢洋の諸書に通じ、史書地誌をとくに得意とし、疑義があれば広く細かい証を探り出して会得する。疑点を問うものには、何の本のどこにあるかをいって、それが当たっている。記録を写すには蠅の頭のような小さい楷書の字で記録類を写す。居室を温古堂と名付け、衣食や器物は気にせず、ただ、酒を嗜んで酔っても古事を談じて止むことがなく、部屋で一杯やって机に向かうと、集めた書籍を乱雑に取り散らして、自ら楽しんでいる。こうしたあたりに、磊落《らいらく》と瀟洒《しょうしゃ》の気骨を見ることができる。

故人の頌徳に資する文章が、長所を理想化して描こうとした点は、割り引いて読まねばなるまいが、豪放磊落な気象と、一面で細密な心配りとの両面をもつ性格が、仕事の上でも発揮されていたと、河田はみたのである。その蠅の頭のような細字は、「系譜」に明毅が注記した太陽暦換算の生年月日などに見えて、河田の記述を裏打ちしてもいる。

磊落な気象と細かい配慮との両立を明毅に見たのは、河田だけではなかった。

川田剛は、碑文を「行状」に多く依拠しながらも、彼自身の明毅との交友からの印象に即して、銘を選んだ。その容は猛で、心は忠実。その行いは疎で、慮は周密。とするのに始まり、結び近く、その礼は簡で交は親昵としたのは、その実感であったに違いない。

前記、依田の明毅追悼の文も、明毅の豪放と細心の人柄に惹かれての文とみることができようし、率直な生き方という評価は重野にもみえた。明毅は、多くの友人から愛される人柄であった。だが、その長所が、官界での彼の地位に有利に働いたかというと、そうではなかったといわねばなるまい。自由奔放な人柄と、細密な考証への執念とを存分に生かせる場に立つことなく、彼は、当時としても短い生涯を終えたのであった。

川田の銘の最後は、このような人が今はもういないという句で、結ばれる。明治二十八年、旧幕士人は消えゆく時代になっていった。

資料と参考文献

明毅と塚本家の家蔵資料

①塚本系譜　半紙版墨書、紙縒り綴じ、表紙とも十二枚、表紙に塚本系譜と記し、内容は墨付き六枚。少々虫損がある。塚本、清和源氏、本国摂津、以下家紋や伝承家系に始まり、四丁裏から五丁にかけてが、明毅のやや詳細な官歴になり、この部分は、ごく細字で一行四〇字ほどが二五行ほどにもなる。明毅の経歴は明治十年十二月二十日までで、家族の記事も以後の記載はない。自筆で、おそらく慶応年中ぐらいに書き起こされ、明治十年まで加筆されたものであろう。史料編纂所・沼津市明治史料館・新宿区成覚寺などにコピーを提供したことがある。小さいものだが、本書でも基本資料として利用。「系譜」と表示した。

②先祖書　半紙版墨書、紙縒り綴じ、表紙とも七枚、表紙に先祖書、塚本桓輔と墨書。内容は墨付き五枚半。少々虫損。元治元子年十二月付の書上げ書の稿で、塚本明義とその実子惣領桓輔明毅の勤務と褒賞の次第を、明毅が記したもの。

③寧海塚本先生墓碑銘　新宿区成覚寺に現存、本文中に詳記、明治二八年建碑。活字化は④に併記。新宿区教育委員会『新宿区文化財総合調査報告書（3）』。なお家蔵書には川田先生原稿在中とした包み紙中に川田剛の筆になる草稿と推察される三丁があり、墓碑銘よりやや長文だが内容は④の行状の一部と重複するだけで、別事はない。

④寧海塚本先生行状　家蔵は③と同綴で非売品とする冊子。大久保利謙編『江戸第五巻　人物編』立体社、一

九八〇年。「河田羆　明治十八年十一月謹状」とする。私蔵本で八頁、漢文。河田は、新藤の旧姓で明治五年以来、明毅と地誌編纂事業を共にし、明毅没前に後事を託されたという。詳細な伝記で、墓碑銘はこれに拠ったことが記され、本稿も執筆の基本資料としたが、幼少期の記述等は、河田が田邊太一に教えられたと推察する。なお、重野安繹の評語漢文三行を附する。

⑤（塚本家）過去帳。表紙「過去帳」、表紙裏に「慶応二年歳次丙寅秋七月　塚本桓輔明毅謹録」とする。父明義の逝去直後に従来の資料を整理してまとめ、以後追筆し、明毅没後は縁者により書き継がれた。墨付一五丁、十八日条に寛文十年庚戌十月塚本明房の法名を初代として記すのが最古の記事。

全般にわたって

『近代日本総合年表』岩波書店、一九六八年。

日本歴史学会編『明治維新人名辞典』吉川弘文館、一九八一年。

荒野泰典外編『近世的世界の成熟』吉川弘文館、二〇一〇年。

*この時期の環境としては、同書所収諸論文に教えられる。

明毅の少年時代について（似た環境と思える人物の伝記）

赤松範一編『赤松則良半生談――幕末オランダ留学の記録』平凡社東洋文庫、一九七七年。

加茂儀一『榎本武揚』中央公論社、一九六〇年。

*どちらも、以後の経歴から、少年期以外の参考文献にもなる。

市古夏生・鈴木健一編『江戸切絵図集』筑摩書房、一九九七年。

橋本昭彦編『昌平坂学問所日記』Ⅰ-Ⅲ、財団法人斯文会、二〇〇二～〇六年。

幕府海軍と海軍伝習所に関して（洋式船導入の歴史からの考察とも）

安達裕之『異様の船——洋式船導入と鎖国体制』平凡社、一九九五年。

藤井哲博『長崎海軍伝習所——十九世紀東西文化の接点』中公新書、一九九一年。

シャイス「日本開国のためのオランダの努力」（『長崎県史史料編第三』吉川弘文館、一九六六年、所収）。

カッテンデイーケ著、水田信利訳『長崎海軍伝習所の日々』平凡社東洋文庫、一九六四年。
＊明毅が長崎でカッテンデイーケに学んだとする説があるが、明毅の在学期はそれ以前で誤りである。ただ、この本は参考になる。
松浦玲『勝海舟』筑摩書房、二〇一〇年。
＊幕府海軍に関しては、とくにこの大著に教えられるところ大きかった。勝海舟の日記が勁草書房刊行で出ているのを参考したが、この全集版の危なさを松浦氏の指摘で知り、利用には注意を払った。
三菱造船株式会社編『創業百年の長崎造船所』。
＊総合年表に幕府海軍の購入船舶一覧等を載せる。
田邊太一著、坂田精一訳注『幕末外交談1・2』一九六六年
＊坂田氏の解説には田邊石庵・太一父子の伝記も含まれ、太一の経歴と意見とは、幕府海軍の各時点での位置について、幕府内の開国派からの記述がみえ、事実誤認はあるようだが、その立場からの幕末史は興味深い。
原田朗『荒井郁之助』吉川弘文館（人物叢書）、一九九四年
篠原宏『海軍創設史——イギリス軍事顧問団の影』リブロポート、一九八六年
藤井哲博『咸臨丸航海長小野友五郎の生涯』中央公論社一九八五年
樋口雄彦「旧幕臣・静岡藩士掃苔録」（沼津市博物館紀要34）二〇一〇年。
＊明毅筆の殉難者碑文をあげる。

沼津市明治史料館発行の「沼津兵学校関係人物・旧幕臣資料目録」。
＊多くの人物の碑文が挙がっている。
山川菊栄『覚書幕末の水戸藩』岩波書店、一九七四年。
＊天狗党一件についての文献は多いが、鎮圧者幕府海軍の役割はあまり知られない重要な事実だろう。
井上勲編『開国と幕末の動乱』吉川弘文館、二〇〇四年、所収の諸論文、とくに井上「徳川の遺臣」等。
＊幕府崩壊前後の幕臣らの動向と交流について述べている。
山口昌男『敗者の精神史』岩波書店、一九九五年、とくにそのうち「幕臣の静岡」。
＊幕府海軍の末路については前掲加茂著から榎本らの檄文を採った。
吉村昭「幕府軍艦回天始末」一九九〇年、別冊文藝春秋。

小笠原開拓について

『海軍歴史』（勝海舟全集12）。
＊詳細だが、明毅の伝記記事はとくに見るべきものはない。
中村拓『新装版日本古地図大成』講談社、一九七四年。
＊内閣文庫蔵の小笠原島総図があり、同書の解説記事に海野一隆「辺境図の変遷」があって、明毅の作図事業を記す。

対馬一件について

日野開三郎著、長正統校訂『幕末における対馬と英露』東京大学出版会、一九六八年。
＊対馬一件については、松浦前掲書に勝の「征韓」用語の解釈などの論があり、英・露・仏等の列強の対馬関

心と朝鮮・清国との接域としての問題が、欧米列強への開国と、以後の東アジアでの拡張政策という明治以後の日本国家のありかたに直結する問題となるが、同書はロシア艦隊占拠事件についての現地状勢についての早くの業績である。

沈箕載《しむきじぇ》『幕末維新日朝外交史の研究』臨川書店、一九九七年。
＊対馬問題についての近年のまとまった論著である。

沼津兵学校について
樋口雄彦『旧幕臣の明治維新——沼津兵学校とその群像』吉川弘文館、二〇〇五年。

樋口雄彦『沼津兵学校の研究』吉川弘文館、二〇〇七年。

沼津市明治史料館史料目録の『沼津兵学校関係人物・旧幕臣資料目録』二〇〇六年、以下同館の目録。

沼津市明治史料館『図説沼津兵学校』二〇〇九年。

明毅の後妻に入った万喜に関して
石丸義孚についてはは石丸盛邦氏から御教示をいただいた。

この前後を通じて明毅らとの交友関係者の人物とその交友について
今泉みね『名ごりの夢』平凡社、一九六三年。
工藤宜『江戸文人のスクラップブック』新潮社、一九八九年。
三宅雪嶺『同時代史』岩波書店、一九四九年の第一・二巻。
＊三傑伝も同書所収。三宅は田邊太一の女婿でもあり、田邊の経歴から受けた記述もあろうか。

数学史と暦等に関して

小倉金之助『日本の数学』岩波書店、一九四〇年。

角山栄『時計の社会史』中央公論社、一九八四年。
＊『筆算訓蒙』については、本文中に多く書いた。明治期の版本以後活字化はされていないのは残念。

比較されるべき文献

田中彰・宮地正人編『日本近代思想大系13　歴史認識』岩波書店、一九九一年。

「シリーズ沼津兵学校とその人材⑤　沼津兵学校と数学」（無記名）「沼津市明治史料館通信」2―2、一九八六年。

明治政府仕官後の経歴と環境について

石井良助編『太政官日誌』第六巻〜第八巻、東京堂、一九八二年。

橋本博編『改訂維新日誌』名著刊行会、一九六六年。

内閣記録局編『法規分類大全』第十巻官職門(1)『同』政体門(2)制度雑款暦　原書房、一九七八年覆刻。

『東京大学百年史部局史四』第十九編史料編纂所、一九八七年。

福井保「内務省地理局の編集・刊行物解題」（『北の丸―国立公文書館報』九号）一九七七年。

改暦について

福島君子「改暦事業――太陽暦採用を建議した塚本明毅」（富田仁編『日本の創造力――近代を開花させた四七〇人第二巻』日本放送出版協会、一九九三年。

地誌について

山口静子「郡村誌と大日本国誌――明治政府の地誌編纂事業」『東京大学史料編纂所報12』一九七七年。

山口静子解説　内務省地理局編纂物刊行会編『明治前期全国村名小字調査書　別巻』ゆまに書房、一九八七年。

島津俊之「明治政府の地誌編纂事業と国民国家形成」『地理学評論』75―2、二〇〇二年。

島津俊之「河田羆の地理思想と実践――近世と近代のはざまで」『人文地理』56―4、二〇〇四年。

島津俊之「明治初年の地誌家・河田羆の経歴と著作目録」『和歌山地理』24、二〇〇四年。

島津俊之「河井庫太郎と未完の『大日本府県志』――吉田東伍になり損ねた男」『空間・社会・地理思想10』二〇〇六年。

＊島津氏の諸論稿から教えられたところは多く、抜き刷りを恵与された氏に深く感謝する。明治政府の地誌事業の複雑な経過と、地誌に格闘した多くの先達についての丹念な調べは本稿の及ぶところでない。ただ、明毅に即して地誌の可能性を探ってみる本稿の趣旨から若干の異論も提示してみた。

明治政府に先行する地誌について

河田羆「日本地誌源委ヲ論ス」（東京地学協会報告2―3）一八八〇年、明治前期学術論文集成13地理民俗1、ゆまに書房、一九八九年復刻。

＊明毅の協力者河田羆による先駆的業績。河田は「本邦地誌考」『史学雑誌』5―2、一八九四年、以下多くの文献を残し、明毅と共同の仕事に及ぶ。

明毅の著述とその参画した仕事について

「国郡沿革考」一回〜三回（東京地学協会報告二巻七号、一〇号、三巻一号）、一八八〇〜八一年、『明治前期学術論文集成10巻　歴史(2)』ゆまに書房、一九八九年覆刻。

『日本地誌提要』（内務省地理局編纂善本叢書）四巻本、ゆまに書房、一九八五年。

『郡名異同一覧』明治一四年　総閲（同前叢書）、ゆまに書房。

『地名索引』明治一八年　監修（同前叢書）、ゆまに書房。

内務省地理局『地誌目録』一八八五年。

　他になお『明治前期地誌資料』として覆刻刊行された以下の文献が参照される。

内務省地理局「郡区町村一覧」一八八〇年。

内務省地理局「地方要覧」一八八一年。

内務省地理局年報　第五回・第六回。

内務省地理局『和名類聚抄地名索引』。

内務省地理局『明治前期村名小字調査書』。

以後の地誌

『大日本国誌』が武蔵国一四冊をはじめ越後国六冊にいたる五一冊、ゆまに書房、一九八八〜八九年覆刻。
　また伝記中心の歴史叙述と地誌のありようについて
森鷗外「心頭語」一九〇〇〜〇一年『二六新報』発表（『現代日本文学全集本森鷗外集』一九五三年による）。
志賀重昂『日本風景論』一八九四年初版。

吉田東伍『大日本地名辞書』一九〇九年版。
＊とくにその『汎論索引』に当代諸氏のこの書によせた文の数々が明毅没後の地誌関心の大きさを知らせる。
白井哲哉『日本近世地誌編纂史研究』思文閣、二〇〇四年。
＊近世の地誌編纂史の業績は前掲河田以後多いが、近年の大きなものである。
塚本学「地域史研究の課題」〔岩波講座『日本歴史別巻Ⅱ』〕所収（一九七六）でも触れたことがあるが、近世地誌を郷土史の先駆としてだけとらえる視点を今反省している。

交友と学会について

学海日録研究会編、依田学海『学海日録第三巻〜第六巻』岩波書店、一九九一〜九二年（「学海先生一代記」も同書別巻）。

石田龍二郎「東京地学協会編年史稿」（『地学雑誌』78―3）一九六九年。

諏訪部揚子・中村喜和編注『〔現代語訳〕榎本武揚シベリア日記』平凡社、二〇一〇年。

大槻如電「藩翰譜系図序例」（今泉定介編『新井白石全集第一』一九〇五年、吉川半七）。

羽賀祥二監修『洋々社談』一八七五〜八三年、ゆまに書房、二〇〇七年覆刻。

あとがき

塚本明毅の実子のうち明篤が明治二十二年に没した後、三男明簒が後を継いだ。四男明範も二十九年に死没、明簒は、子に恵まれなかった。熊澤善庵に嫁いだ明毅の末妹婉が産んだ三女の後に男児が生まれ、熊澤尚文といった。三女の嫁ぎ先の家などで、塚本家相続案が図られ、尚文の次男が生まれたらこれに継がせることになったという。

この熊澤の次男が私である。昭和十年（一九三五）、塚本明簒の養子となり、小学三年生の熊澤学から塚本学に改名し、引き続き熊澤家の家族として育ったが、熊澤方塚本学という住所と養子の身分は友達の好奇とからかいの対象で、少年期の私のトラウマとなっていた。大戦下、旧制福岡高校にあった私は、塚本家から学費を送られながら、養父母を訪うことも稀ななか、東京の明簒は、二十年五月の空襲で家を焼かれ、避難先転々のなかで八月十五日の敗戦の翌日、世を去った。私が養母ヨシノを熱海に訪うたのは、その何日か後であった。

まことに不孝な養子であった。その事情はいくらかは、年齢の無理にもよっていて、驚くべきことに、戸籍上では、私は明毅の孫に当たることになる。昭和十一年に八十を超えて、私の家で逝去した実祖母が、明毅の妹とはいってもすでに親子ほどの年齢差で、私の実父も、その晩年の子であり、明籌は、私にとって祖父の年齢で、養父母の家に親しんだ記憶はなく、当然明毅について聞く機会もなかった。

大学で日本史を学ぶことになり、『三正総覧』の編者として明毅が縁者であるとともに、また先学の位置にもあることを知ったが、とくに意識もしないままに過ごした。昭和三十四年（一九五九）夏、愛知県で高校教師をして結婚もしていた私は、ようやく養母ヨシノを、家に引き取った。二年後私宅で八十一歳で世を去るまで、病老の養母の世話は、出産育児に追われるなかでの妻良子の苦労によっていた。

この間に、ヨシノと明籌とが、空襲の中で辛うじて持ち出した御位牌や過去帳、それに塚本系譜や行状などの家傳の書類を、私が引き継ぐことになった。本書の基本資料ともなる。明毅が書いた文章や集めた資料などは、膨大なものがあっただろうと尋ねたが、それらはすべて、幣原の伯父様を通じて東京大学に寄贈したと聞くということだった。幣原の伯父様とは、東大国史卒業の幣原坦氏で、尚文の姉の夫君であった。東大史料編纂所にお勤めの方に、機会があって伺ってみたところ、関東大震災で焼失した史料群のなかにあったに違いないとの御返事をいただいた。

私事を列挙してきたが、その後私は信州大学から国立歴史民俗博物館に転じ、この頃には、明毅の事績をお調べの方からの問い合わせも時にあった。塚本系譜などの資料のコピーをお求めに応じて提供したりもして、本書で利用した資料は、そうした研究者には、この本での真新しい資料はない。それでも、明毅についてまとまった文章を書いてみるつもりはなかったが、あるとき、成覚寺の碑文を娘たちがまったく読めないことに気付き、思えば私自身もきちんと読んでいなかった。忘れられていく時代の記録。それをせめて、もう一世代か二世代ぐらい、なんとか継承させられないだろうか、との思いが、本書執筆の最初の直接の動機だった。

その頃、若い研究者のすぐれた研究が世に出て、私もそこから大きく学ぶことができた。一つは、樋口雄彦氏の沼津兵学校を中心に、旧幕臣に拠る静岡藩で活躍した人々についての詳細な研究であり、広く日本近代史の黎明期についての大きな業績であるとともに、明毅の人生にとっての重要な時期の周辺の環境についても、教えられることは誠に大きかった。樋口氏は、たしか、私が歴博を退職する直後ぐらいに歴博に赴任された方であったが、それ以前に長く沼津市の明治史料館で、地道な研究と資料発掘に尽力されてきた方であり、当時から私が教わるところがあったが、ここで、改めてそのお仕事に励まされたのである。

もう一つは、和歌山大学教育学部の島津俊之氏のお仕事に接したことである。島津氏は地理学者で、とくに日本の地理学史研究に精力的に取り組んでいる方であり、日本の史学史研究に比べて、広大な未開拓地が広がるこの分野の研究が、近年急速に進められていることを、氏によって初めて教えられた。『地理学評論』75―2所収の「明治政府の地誌編纂事業と国民国家形成」(二〇〇二)の抜刷の御恵贈に預かったのをはじめとして、以後、次々に明治の日本で、地誌の編纂に苦闘した人々のことを教えられた。

この本の執筆に当たって、教えられた先学のお仕事は、もとより右の両氏に限るものではなかったが、両氏は、私に多くのことを教えてくれただけでなく、はじめ、身の回りの何人かに碑文の読みをはじめとして明毅の仕事を伝えてみようかと思っていた計画を、広く読者に訴える書物にしたいとの願望に点火させるものにもなった。

もとより、明毅の生涯は、勝海舟や坂本龍馬などのように、以後の日本国の動きを大きく規定するようなものではない。だが、例えば、この時代の下級の幕臣にとって、「家」とは、どういうもので、どんな作用をしたのかといった問題。あるいは、幕府にとって新しい組織である海軍は、どんな役割を演じ、それが幕末の政治情勢のなかでどんな意味をもったか。さらにまた、海軍技術の伝習が以後の日本の諸技術・諸科学にどういう意味をもったかなど、問題は多く、その事例のいくつかに、明毅の経験が生きている。そうした例をせめて数世代の後まで伝えるうえでも、明毅の評伝はひろく一般の読者に見てもらえるかと思ってきた。むろん、明毅の晩年の努力、日本地誌の未完の仕事の意味も考えていただきたい。

ただ、伝記の記述者は、ともすると対象とする人物にある意味で惚れ込み、対象とする人物像のなかに、自己を投影するようになる恐れがある。私は、以前、徳川綱吉の伝記を執筆したことがある。このときは、最初から付き合いたくない相手という眼を持っていたが、それでも綱吉に加えられた悪評の数々を吟味するなかで、綱吉の立場に立っての記述をしなければならなくなった（『徳川綱吉』吉川弘文館、一九九八年）。

今回の対象は、ともあれ私の縁者でもある。家傳の文書の多くが、身内や近しい立場からの文章であることは避け難いが、筆者としては、できるだけ突き放した立場から、明毅を描きだそうと努めてはみた。

だが、縁者としてより、対象とする人物への同情は、書いていくうちに避け難くなってきた。西洋文明に触れた海軍軍人、洋式数学によって世界への目を開こうとする意欲、開化の願いと現実のなかで改暦担当者となる明毅の立場に、私は次第に同化されていき、それを抑制するのは困難であった。

そして、地誌編纂に苦闘した最後の十数年の記述になると、もういけなかった。私自身、各地の県史や市史の類の執筆に当たり、多くの仕事をしてきたともいえるが、失敗や反省も大きかった。市町村史誌のあるべきすがたというのは、私自身の問題でもあった。しかも明毅は、自らの構想による地誌を実現させることが出来ないままに、今の私よりもはるかに若い年齢で世を去り、老耄の筆者がいたずらに、その実現しなかった夢の跡に論評を加えるようなかたちになってしまった。しかも、伝えられるその風貌や仕事ぶりは、どうみても今の私などの及ばぬ境地にあったように見えるのである。人類の環境としての地誌が、どう叙述さるべきかという大きな宿題の、せめてものヒントのいくつかが、このなかで、後世に伝えられるであろうか。

元気なつもりではいたが、八十を超えて著書を出すには無理があり、とくに図版や写真を揃えるなどで多くの方の御力を借りた。塚本・田邊・榎本家の現在地図上での位置の図作成では笹本あつ子君の労によったし、実際には本書での利用にいたらなかったものでも、都々古別三社のことをお尋ねしてその調査報告書をいただいた方々など、一々御名を略させていただく。
多くの方々のお世話になって、ようやく本のあとがきに至った。そして写真や図版など最後の詰めは、ミネルヴァ書房編集部の田引勝二さんにお願いした。

塚本　学

二〇一二年七月十六日

塚本明毅年譜

＊年齢は数え年表記。

和暦	西暦	齢	関係事項	一般事項
寛永年中	一六三〇頃		（伝）塚本明房紀州藩主に仕える。	
寛文一〇	一六七〇		塚本明房没。塚本家過去帳初代とする。	
天和　二	一六八二		塚本明近没、二代。	
元禄　二	一六八九			清露ネルチンスク条約。
一六	一七〇三			筑前国続風土記成る。
享保　元	一七一六			徳川吉宗紀州藩主より将軍となる。
二	一七一七		塚本明季没、三代。	
一〇	一七二五		塚本明善（五代）幕府御先手与力となる。幕臣家の始。	
一九	一七三四			五畿内志この頃成る。
寛保　三	一七四三		塚本明久（四代）没。江戸葬地の始め。	
宝暦　八	一七五八			田沼意次万石以上となる。
明和　七	一七七〇		塚本明善（五代）没。子明親先手与力となる。	

八	一七七一		ベニヨフスキー日本寄港。ロシア南下を警告。
安永三	一七七四		解体新書刊行。
五	一七七六	塚本明善子孝良陸奥八槻明神祠官二階堂式部養子となる。	アメリカ独立宣言。
七	一七七八		ロシア船厚岸来、松前藩に通商要求。
天明六	一七八六		三国丸建造、ラ・ペルーズ艦隊日本海で遭遇、田沼意次失脚。
八	一七八八	塚本明親（六代）男児甲之助を久離処分とする。	松平定信将軍補佐。
寛政元	一七八九	塚本明親病として辞任、後一陶斉と号す。幕臣家相続欠か。	フランス革命。
九	一七九七		幕府昌平坂学問所を管理。
一二	一八〇〇	二階堂孝良の子淳栄家を離れ江戸に出竹田氏を称す。	オランダ東インド会社解散。
享和三	一八〇三		幕府地誌調所を設置。
文化五	一八〇八		イギリス艦長崎侵入。
七	一八一〇		オランダ、フランスに併合される。
一三	一八一六		イギリス、ジャワ島をオランダに返還。

文政	八	一八二五		竹田淳栄塚本明親の後を継ぎ塚本喜内と称し号如水。	
	九	一八二六		塚本喜内横須賀藩士大久保家の次男を養子とする、養子は塚本明義と称し御徒となり幕臣家再興。池延壽娘富貴明義と婚約。	
天保	元	一八三〇			新編武蔵国風土記稿（府内部）成る。
	三	一八三二		塚本明義・富貴結婚。	
	四	一八三三	1	10・14明毅江戸下谷に生まれる（幼名金太郎）。	
	一一	一八四〇	8	この頃千字文を写すと伝える。	アヘン戦争おこる。
	一二	一八四一	9	5・8如水没。これまで明毅この教育を受ける。	
弘化	元	一八四四	12		オランダ国王幕府に開国勧告、天保暦に改暦。
	二	一八四五	13	この頃田邊石庵の塾に学ぶ。	
	四	一八四七	15	3月昌平坂学問所に事実上入学か。	
嘉永	二	一八四九	17	如水妻長沼氏女梅没。明毅の庇護者か。近江屋版上野下谷外神田辺絵図に塚本の家見える。	イギリス船江戸湾測量。
	三	一八五〇	18	3・28昌平坂学問所入学。6・10桓輔と改名、元服か。	清国太平天国乱。
	六	一八五三	21	6月昌平坂学問所甲科及第。退学願い。この頃か、吉田賢輔に蘭書を学ぶ。	6・3ペリー艦隊来航。幕府出島商館に蒸気船買取交渉

安政元	一八五四	22	オランダ海軍中佐ファビユス長崎来、海軍乗組員教育施設の必要を説く	3月日米和親条約以下露英共。
二	一八五五	23	2・4昌平坂学問所世話役心得補佐に任。6月ファビユス再来。レイケン大尉以下を伴いスンピン号寄贈、観光丸と改名。9月矢田堀鴻の従者として長崎行き、伝習所に入る。	5月古賀茶渓献言、外国船海岸測量肯定論。10月江戸大地震。伝習所開設。12月日蘭和親条約。
三	一八五六	24	5月オランダ人に海軍術学習を命じられる、これ以前からすでに勉学に刻苦。	クリミア戦争終結。7月ハリス下田着任。
四	一八五七	25	3・4観光丸乗組み輪船運航で江戸に帰る。閏5・9御軍艦操練教授方手伝となる。8月カッテンディーケ出島着。	ハリス江戸で将軍謁。
五	一八五八	26	5月アメリカ領事ハリスを君沢型船で下田に送る。5・19英国王より将軍に贈る蟠龍丸受領勤務、同船でハリスを送迎。この頃荒井郁之助・甲賀源吾らと数学学習。	日米通商条約調印。安政大獄。コレラ流行。7月以降江戸に波及。
六	一八五九	27	2月長崎海軍伝習所閉鎖。大獄拡大、岩瀬忠震も失脚。8月母死去。	6月神奈川・長崎・箱館開港。
万延元	一八六〇	28	閏3月朝陽丸乗組神奈川警護、月に十五日交替。7月鳳翔丸下田で風波遭難尾形維親ら殉職に明毅朝陽丸で同行か。	1月咸臨丸アメリカ行。3月桜田門外変、井伊直弼殺害、水戸藩主への勅書返納問題で水戸藩

				内紛激化。
文久元	一八六一	29	5月鳳翔丸殉職者の墓碑文を執筆。6月も同。7月御軍艦組出役俸十口給。12月小笠原出役を命じられ咸臨丸で渡航測量。塚本明義和宮江戸行き御用勤めにより白銀を賜う。	2月ロシア艦対馬来航一部占拠。8月退去。4月アメリカ南北戦争はじまる。
二	一八六二	30	3月小笠原より帰る。4月御軍制取調方兼務。8月小笠原行きと測地の労を賞され白銀を賜う。10月塚本明義三条実美迎え御用勤務、三条実美攘夷勅諚を将軍に伝。榎本武揚ら長崎発オランダ留学。11月明毅弟明教軍艦組出役となる。	1月安藤信正襲われ次いで辞任。7月一橋慶喜将軍後見職松平慶永政事総裁就任。8月生麦事件。
三	一八六三	31	2月将軍家茂上洛、この御用として昌光丸乗船大坂行。4月同船で家茂播摂泉紀淡海岸巡見に伴。5月これと測地に褒美受。5月富士見御宝蔵番格軍艦組被命、八十俵高扶持十人。5月小笠原長行率兵上洛未遂。5月塚本明教軍艦組となる。6月幕府、宗義達の対馬帰国に昌光丸を貸与し明毅これに乗組。7月対馬府中で颶風に遭難破船。8月陸路江戸に帰る。11月対馬の難に手当金受。12月黒龍丸乗船大坂行き、弟明誠大砲隊出役。	5月攘夷実行期日長州藩下関で米船砲撃。8月八・一八政変。公武合体派政権掌握、三条実美ら京都退去。12月家茂海路上京。池田長発・田邊太一ら横浜鎖港談判使節欧州向け出発。
元治元	一八六四	32	5月黒龍丸運航で政事総裁松平直克を大坂から江戸	3月水戸藩尊攘派筑波山挙兵、

			に乗せ、大目付菊池伊予守を大坂に乗せる。将軍江戸帰還に続き江戸に帰航。6・3佐藤豊勝次女阿孝と結婚。7月幕府越前藩黒龍丸を入手に明毅その督となる・小十人格御軍艦組百俵高加俸。長州藩兵禁門の変。老中阿部正人上京に黒龍丸を大坂に廻船。8月老中稲葉正邦を大坂から江戸へ、大目付大久保紀伊を江戸から大坂に送り江戸帰還。9月常州浮浪追討命を受け黒龍丸乗組。10月那珂湊砲撃。11月小十人組被命、海軍知名人多く放逐とされる。12月「先祖書」を筆。	―関東騒然。7月横浜鎖港使節帰国処罰。清、太平天国乱終結。幕府、長州藩への出兵を諸藩に命。8月四国艦隊下関砲撃。11月勝安芳罷免される。
慶応　元	一八六五	33	3月京都に赴く。閏5月小普請入。12月勝安芳訪問。	1月幕府長州藩主の服罪を認め将軍進発中止を布告。4月アメリカ、南北戦争終。12月西周らオランダ留学生帰国。
二	一八六六	34	3月明毅の長男出生、後の明篤。6月塚本明義没（翌年まで非公表）。8騎兵差図役となる、10月軍艦役、12月家督を嗣、富士見御宝蔵番格。	5月勝、御軍艦奉行任。6月幕府艦周防大島砲撃、第2次長州戦争開始。7月徳川家茂没、慶喜徳川家相続。8月征長戦終。12月孝明天皇没。
三	一八六七	35	1月フランス軍事顧問団来日、3月榎本武揚オラン	1月睦仁践祚、明治天皇。2月

			ダ留学より帰国、開陽丸を伴う。4月長崎に赴く。10月イギリス軍事顧問団来日、明毅この応接担当。11月築地海軍伝習所生徒取締。12月江戸市中騒擾、幕府軍薩摩藩邸焼打ち、品川から阿波沖で海戦。	パリ万博。10月大政奉還上表、討幕詔書。12月王政復古大号令
明治 元	一八六八	36	1月軍艦頭役、ついで軍艦頭並任、塚本明教軍艦役見習一等。2月塚本明誠彰義隊に入る。4月江戸開城。閏4月軍艦頭並を辞職。5月田安亀之助、徳川宗家の継承と駿府で七十万石の所領を認められる。6月陸軍御用取扱。塚本明誠軍艦稽古人となる。7～9月徳川家臣の駿遠移住相次ぐ。8月榎本武揚品川脱出、艦船と同志を伴い、蝦夷地に向う、塚本明誠・明教同行。9月明毅妹郁婚。10月沼津移住、西周、駿府陸軍学校頭取任、11月陸軍教授方一等に任。	1月鳥羽伏見戦。2月有栖川熾仁東征軍発。徳川慶喜江戸城退去。5月彰義隊潰滅。12月東北諸藩処分詔書、榎本政権蝦夷地支配。
二	一八六九	37	1月沼津兵学校開設、明毅次男誕生。5月夭折。2・2明毅妻阿孝没。4・4天皇修史の事を三条実美に沙汰。5・7箱館海戦塚本明教死。5月『筆算訓蒙』凡例を筆。8月石丸義孚妹万喜と再婚。9月『筆算訓蒙』一沼津兵学校から刊行。10月福井藩留学生沼津兵学校入学。12月田邊太一政府に徴され沼津を去る、以下この例多い。この年か・妻と次男に	5・18榎本ら降服。6月版籍奉還、藩知事任命。7月政府官制改正太政官等設置。11・23勝安芳兵部大丞任を辞退し、翌年に及ぶ。

			併せ明教を沼津西光寺に改葬、墓碑建。この年か。	
三	一八七〇	38	市川斎宮改暦建議、太陽暦採用案。2・10政府、土御門家の天体観測暦作成担当を大学に移す。9・20西周、政府徴命により兵部省出仕、沼津を離れる。9月静岡藩政府に沼津兵学校献納請願。閏10・27三男出生（後明籌）。11・30沼津兵学校頭取に任。	7・10民部・大蔵両省分離。7・22民部省地理司再設置に地誌編集事業あり。7月普仏戦争開始（9月まで）。
四	一八七一	39	5月まで静岡学問所兼勤、この頃新藤（河田）羆と遭う。9・30沼津兵学校兵部省に移管布達。11月出京。11・25兵部少丞兼兵学大教授。12・12叙正六位、沼津滞在。	7・14廃藩置県詔。7・29太政官に正院設置。11・12岩倉具視ら欧米派遣使節団横浜出発。
五	一八七二	40	3・5陸軍兵学大教授に任、5・15四男出生（後明範）。5・16出京。5・28転任陸軍少丞。9・19太政官正院に転、権大外史任、9・24太政官皇国地誌編集を布告、これ以前建議書提出によるか。9・27新藤羆正院出仕。10・4正院外史所管に地誌課を置き明毅課長。11月改暦を建議。11・9、改暦詔書出る。	1月博覧会事務局を正院に置く。榎本ら箱館降服人赦免、ついで、開拓使等に登用が多い。2・15土地永代売買解禁、ついで地券渡方規則。2・28兵部省を陸海軍省に分離。8・3学制頒布。9・12新橋横浜間鉄道開業式。11・28徴兵詔書。
六	一八七三	41	3月日本地誌の稿と大日本国全図を地誌課で成稿ウ	5・1ウイーン万博開設。7・

			イーン万博に出品。5・3少内史に任、地誌課は少内史所管となる、その課長任。5月文部省、暦に干支記入廃止の伺いに少内史として存続意見、これにより存続。5・5宮城火災、資料焼失、伊能図も焼失に伊能家より献納を受ける。この年、地誌課では、日本輿地図作成と地誌提要編修作業。	28地租改正条例。9・13岩倉使節団帰国。10月淳仁天皇等神霊帰還布告翌年実施。11・10内務省設置を布告。
七	一八七四	42	1・4政始に少内史として大日本全図の成を奏上。4・25政府、皇国地誌編輯費各府県年額を達。4・27、少内史として府県に村名調査を指示。8月地理寮に内史所管地誌課を併合。8・30地理寮五等出仕に兼補され地理寮地誌課長。11・10政府国史編修例則を府県に達し経費地誌編輯費と両分とする。	1・9内務省に地理寮設置。1・17民撰議院設立建白。2月佐賀の乱。5・2地方長官会議開催詔書、後開催期八年5・6に延期。5月台湾出兵。
八	一八七五	43	1・4政始に日本地誌提要の成を奏上、大外史中村弘毅太政類典成を奏。2月文部省、暦に旧暦併記廃止伺うに内務省反対は、明毅意見によるか、存続。3・23長女誕生（夭折）は東京下谷この住居は明毅生家か。4・14、正院歴史課を修史局と改め長松幹局長任。5・2権大内史に任、法制兵務課長仰付。5月巌谷修から寧海先生の為として四字の書を贈られる（寧海の号の初見）。6・5太政官、皇国地誌	3・24地租改正事務局を内務大蔵両省管下に設置。4・14漸次立憲政体を立てる詔書。5・7樺太千島交換条約。7・14琉球藩に清からの冊封を禁止。9・20江華島事件。11月陸軍参謀部『共武政表』編。

			輯例則を達。6・24伊地知正治修史局副総裁任。8・28川田剛一等修撰任、以下9月まで新藤（河田）羆三等修撰等、修史局就任者多い。9・20地理寮地誌課を正院修史局に併合、叙従五位修史局一等修撰任。9・22権大内史廃止、修史局専任となる。10・21森春濤の一円吟社の会に参加、以後、この会等で文人会合多い。	
九	一八七六	44	八、九年頃、地誌課で菅江真澄の「月の出羽路」など筆写、この頃、地誌課、青森県新撰陸奥国誌の編集に協力。この頃か、成島柳北らとも交友。この年か、『遷都考証』監修、地誌課撰。	3月修史局『明治史要』一編。4・18また8・21県域統合。10熊本神風連の乱、以下士族反乱続く。11・30茨城県下農民一揆、以下三重県等続発。
一〇	一八七七	45	1・18修史局廃止、重野安繹・川田剛らとともに三条実美に善後策建議。1・26修史館設置、一等編修官に任、地誌担当地誌課長だが地誌担当人員大幅減。7月引き続き川田・依田学海・成島・田邊太一らとの清遊あり。8月内務省地理局長杉浦譲病没。9・14地理局長に桜井勉任。9月東京数学会社設立に会員となる。10・8修史館から御系譜掛を宮内省に移	1・4地租減詔書。1・30西南戦争。5・26木戸孝允病没。8・21第一回内国勧業博覧会開場。8月コレラ流行。9・24西南戦争終了。

			管。10・26修史館に監事職設置、11・7館長事務を監事扱う。11・2末妹阿婉、熊澤善庵に嫁す。この頃大槻盤渓・文彦父子らとも交友か。この頃、修史館監事三浦安就任に依田らとともに反抗。12・8修史館地誌業務を廃。12・20辞職。12・26内務省地理局出仕。12・21も一円会例会出席。	
一一	一八七八	46	1・11内務省地理局に地誌課設置、地誌課長となる。4月以降地誌課やや職員補充、8月監修による実測東京全図刊行、地誌課では明毅監修で、日本国号沿革考、郡郷考など、郡村書上資料校定の基本文献の整備に努める。10月この頃、地理局大日本周囲里程面積表、府県使藩田畑宅地表等を編。	5・14大久保利通殺害される。7月郡区町村編制法。10月榎本武揚、シベリアを橇等で旅し帰国。
一二	一八七九	47	4・18東京地学協会設立、その議員となる、社長能久親王、副社長榎本武揚ら。この頃・地誌課で大日本全国図、駿河甲斐伊豆国図等整理、明毅の天保国絵図縮写に和名抄郷名付記もこの仕事中か、北海道地誌提要、阿波忌部郷考、延喜式駅伝考等もこの頃地誌課編か。10月一円会で成島とともに存続を主張、以後淡々会として川田・依田らと継続。	4・4琉球藩を廃、沖縄県とする。5・20清国抗議。7月グラント来日。
一三	一八八〇	48	この年・東京地学協会で国郡沿革考第1回を発表、	4・5集会条例。

			翌年四月まで三回に渡る、同会報告2—7から3—1に連載。なお同会では6月河田羆が日本地誌源委ヲ論ズ発表。この年・監修の『三正総覧』地理局編、地理局では郡区町村一覧、全国郡名索引、全国村高正保—明治対照表等編、また藩屏沿革表作成にあたる、これに従事か。	
一四	一八八一	49	6月郡名異同一覧を総閲、地理局刊行。11月河井庫太郎『日本地学辞書』刊行に我が国地理字書の嚆矢と序文をよせる。12月修史館職制改正で川田ら転出。この頃、府県からの村誌・郡誌進達累積するが予算減額か。11月町村小字調査を府県に達。この年・大槻如電らと白石社を創設、新井白石の著書校訂刊行をはかり、藩翰譜系図を校訂。	4・7農商務省設置。10・11開拓使払下中止、大隈重信免職。
一五	一八八二	50	9・29東京地学協会で佐野常民、伊能忠敬の事業演説、以後、伊能贈位顕彰運動。11・30、下谷中御徒町一丁目在住［引続きか］。	1・4軍人勅諭。7・23朝鮮壬午事変。
一六	一八八三	51	この頃、地理局長桜井勉郡村誌の府県委託をやめ、局員派遣による編修企図。	11月鹿鳴館開館。
一七	一八八四	52	春・依田学海、明毅に飛鳥山花見で遭う。5・1内務卿山県有朋、太政大臣宛伺に郡区誌町村誌の集積	10・31秩父事件。

			状況から地誌編集内務省直轄案。7・9府県への郡村誌書上経費廃止。夏・胃病を患う。12月翌年刊行の地名索引例言に監修の名を記。	
一八	一八八五	53	2・5病没、内務少書記官任。1・31東京地学協会明毅に賞牌をきめ能久親王名の賞牌追贈。2月地理局、地誌目録刊。4月同地名索引刊。7月桜井勉安房国誌誌編纂着手、翌年以降大日本国誌編輯。11月河田羆、明毅の「行状」を執筆。	12・22内閣制度確立。
二二	一八八九		7月塚本明篤死没、明毅の跡継ぎは三男明籌となる。	2・11帝国憲法発布。
二八	一八九五		10月明毅の墓碑建設。	4・17日清講和条約。

ペリー，マシュー　37, 43
堀田正睦　62, 113
堀達之助　88

ま　行

マゼラン　129
松岡盤吉　71, 95, 96
松平直克　81-83
松平慶永　75
間宮信行　113
万年千秋　113, 115
三浦安　193, 216
水野忠徳　43, 44, 70
三宅雪嶺　38, 181, 193
森鷗外　189, 228
森春涛　183, 214

や　行

矢田堀景蔵（鴻）　37, 48-50, 54, 57, 59, 60, 68, 74, 80, 85, 88, 114, 119, 235
柳田國男　191, 228
山県有朋　174
山川菊栄　86
山田顕義　209
横井小楠　75
吉田賢輔　37, 38, 235
吉田東伍　209, 232
依田百川（学海）　7, 179, 182-190, 192-195, 210, 214-216, 218, 219, 231

ら　行

頼山陽　227
リンネ　130
レイケン，ベルス　47, 55, 56
ロッシュ，レオン　88, 93, 94

わ　行

ワシントン　129
渡部温　113
渡辺洪基　208
渡辺中　221, 225

220, 234
玉松操　196
為永春水　185
田安亀之助（徳川家達）　96, 102
田安宗武　13
長慶天皇　227
長夌（三洲）　179, 182, 187
塚本（池）富貴　18, 25, 26, 63, 64
塚本明篤　91, 219
塚本明籌　110
塚本明季　13
塚本明近　12
塚本明親　16, 17
塚本明直　11
塚本明教　90, 97, 98, 105, 106
塚本明範　110, 137
塚本明久　13, 16
塚本明房　12
塚本明誠　90
塚本明義　12, 18, 24–26, 34, 90, 91
塚本明善　13, 16
塚本（二階堂）淳栄（喜内，如水）　17, 18, 24–28, 233
塚本（佐藤）阿孝　90, 91, 105–107
塚本阿婉　→熊澤阿婉
塚本（二階堂）孝良　17
塚本忠宗　12
塚本常右衛門　16
塚本（石丸）万喜　110, 219
塚本昌義　89
塚本己巳次郎　104, 105, 107
塚本明詮　10–12
津田真道（真一郎）　147, 153
土御門天皇　176
徳川家重　13
徳川家茂　75, 80, 92
徳川斉昭　82
徳川（一橋）慶喜　75, 95, 118
徳川吉宗　13, 156

な　行

永井尚志　46, 51, 56, 57
長岡（細川）護美　208
長沼梅　18, 29
長松幹　160, 176, 182, 183, 187, 189, 214, 215
中村弘毅　176
永持亨次郎　48, 50
鍋島直大　208
並河五市郎　157
ナポレオン１世　42, 129
ナポレオン３世　88, 93
成島柳北　185, 189, 213, 215
西周　102, 109, 111, 119, 120
西徳次郎　209
西村茂樹　183, 186

は　行

パークス，ハリー　94
バード，イザベラ　210
秦政次郎　221
服部常純　114
林述斉　34
原田朗　88
ハリス，タウンゼント　62–64
伴鉄太郎　109, 111, 155
樋口雄彦　101, 207
一橋慶喜　→徳川慶喜
ピョートル１世　129
ファビュス　44–47, 52, 54
福澤諭吉　6, 205, 209
福地源一郎　208
藤澤次謙　114, 115, 120
布施胤穀　27
藤森天山　182, 183
藤田小四郎　86

勝麟太郎（海舟，安房，安芳）　5, 44, 48, 49, 66, 74, 75, 89–92, 95, 99, 118, 119, 237
河井庫太郎　221
川上冬崖　114, 118
河津祐邦　82
川田剛　33, 179, 181–184, 186–193, 195, 196, 203, 206, 207, 209, 210, 215, 216, 219, 231, 240, 241
河田（新藤）羆　28, 33, 88, 156, 164, 179, 182, 190, 195, 199, 200, 203, 204, 209, 219–222, 225, 239, 240
岸田吟香　215
北澤士（正？）誠　189, 208
北白川宮能久　208, 214, 218
木戸孝允（桂小五郎）　5, 141, 193
木下利義　50, 89
木村喜毅（芥舟）　36, 80
日下部鳴鶴　184
熊澤（塚本）阿婉　104, 214
熊澤善庵　214
久米邦武　151
クルチウス　44, 47
甲賀源吾　54, 60, 93, 95–97
古賀茶渓　36, 38, 73
古賀精里　36
古賀侗庵　36
児島高徳　227
小島尚絅　190
後鳥羽天皇　176
コロンブス　129

さ　行

西郷隆盛　96, 141, 176, 193
坂田精一　31, 33
坂上田村麻呂　228
坂本龍馬　5, 89, 194
佐久間象山　99
桜井勉　203, 207, 221, 222, 224
佐藤（塚本）阿郁　104
佐藤存　104
佐藤豊勝　90
佐野常民　208, 209
沢太郎左衛門　96
三条実美　79, 141, 159, 176, 187, 204, 216
シェイス　54
志賀重昂　232
重野安繹　176, 178, 182, 184, 187, 193, 195, 196, 220, 225, 227
渋澤栄一　209
島津俊之　179, 230
島津斉彬　99
島津久光　75
清水清太郎　227
順徳天皇　176
淳仁天皇　176
尚泰　167
白井哲也　230
新藤羆　→河田羆
神武天皇　127
菅江（白井）真澄　191, 192
杉浦譲　175, 198
杉享二　114
鈴木録之助　78
宗義和　76, 78

た　行

高野長英　143
高橋昇吉　68, 69
高橋至時　135
高藤三郎（勝権一郎）　105
武田耕雲　86
立野良道　160, 203
田邊石庵　29–33, 35, 37, 38, 59, 112, 234
田邊太一　31, 32, 35, 37, 73, 82, 85, 99, 109, 112, 118, 151, 184, 189, 210, 219,

人名索引

あ　行

アテルイ　228
赤松則良　25, 50, 109, 111, 112, 118, 135, 208
浅井道博　113
阿部潜（邦之助）　101, 102, 114
阿部正外　81
阿部正弘　43, 46
荒井顕道　68, 169
荒井郁之助　35, 37, 54, 59, 60, 68, 74, 77, 88, 92, 96, 134, 139, 209
新井白石　214
有栖川宮熾仁　95
安藤信正　70, 75
井伊直弼　65, 66
池延壽　18, 25
伊沢勤吾　→木下利義
伊地知正治　176, 177, 182, 187, 188, 194, 204, 216
石野唯義　13
石丸義孚　110, 219
板垣退助　176
市川兼恭　147
市川斎宮　147, 153
伊藤博文　174
稲葉正邦　81
井上馨　209
伊能忠敬　135, 209
揖斐章　118
岩倉具視　141
岩瀬忠震　36, 65
巌谷修　7, 182, 184, 214, 215
ヴァスコ・ダ・ガマ　129
ヴィクトリア女王　63
内田五観　143
海野一隆　71
榎本武揚　7, 32, 35, 50, 96, 97, 140, 167, 170, 208, 210, 220, 234
江原素六　114
エルギン伯ジェームズ・ブルース　63
大久保利通　141, 174, 193
大久保徳好　24
大隈重信　141, 174, 209, 216
大槻玄沢　214
大築尚志　112, 113, 119, 120
大槻如電　214
大槻盤渓　186, 214
大槻文彦　214
小笠原長行　79, 80, 89, 93, 99
尾形惟親　67
小倉金之助　121, 135
小栗忠順　76, 93
乙骨寛（完）　36
乙骨太郎乙　113
小野湖山　189, 214
小野友五郎　51, 65, 69, 71, 74, 89

か　行

貝原益軒　156
和宮　75
カッテンデイケ，ヴィレム・ホイセン・ファン　57
桂川甫策　118
桂小五郎　→木戸孝允
桂太郎　208, 210

《著者紹介》

塚本　学（つかもと・まなぶ）

1927年　福岡県生まれ。
1950年　東京大学文学部史学科卒業。
明治用水史誌編纂主任，愛知県高校教師，信州大学人文学部教授，国立歴史民俗博物館教授を経て，
現　在　国立歴史民俗博物館名誉教授。
著　書　『生類をめぐる政治――元禄のフォークロア』平凡社，1983年。
『徳川綱吉』吉川弘文館，1998年。
『江戸時代人と動物』日本エディタースクール出版部，1995年，ほか。

ミネルヴァ日本評伝選
塚《つか》本《もと》明《あき》毅《かた》
――今や時は過ぎ，報国はただ文にあり――

2012年9月10日　初版第1刷発行　〈検印省略〉

定価はカバーに
表示しています

著　者　塚　本　　学
発行者　杉　田　啓　三
印刷者　江　戸　宏　介

発行所　株式会社　ミネルヴァ書房
607-8494　京都市山科区日ノ岡堤谷町1
電話（075）581-5191（代表）
振替口座　01020-0-8076番

共同印刷工業・新生製本

ISBN978-4-623-06409-0
Printed in Japan

刊行のことば

歴史を動かすものは人間であり、興趣に富んだ人間の動きを通じて、世の移り変わりを考えるのは、歴史に接する醍醐味である。

しかし過去の歴史学を顧みるとき、人間不在という批判さえ見られたように、歴史における人間のすがたが、必ずしも十分に描かれてきたとはいえない。二十一世紀を迎えた今、歴史の中の人物像を蘇生させようとの要請はいよいよ強く、またそのための条件もしだいに熟してきている。

この「ミネルヴァ日本評伝選」は、正確な史実に基づいて書かれるのはいうまでもないが、単に経歴の羅列にとどまらず、歴史を動かしてきたすぐれた個性をいきいきとよみがえらせたいと考える。そのためには、対象とした人物とじっくりと対話し、ときにはきびしく対決していくことも必要になるだろう。

今日の歴史学が直面している困難の一つに、研究の過度の細分化、瑣末化が挙げられる。それは緻密さを求めるが故に陥った弊害といえるが、その結果として、歴史の大きな見通しが失われ、歴史学を通しての社会への働きかけの途が閉ざされ、人々の歴史への関心を弱める危険性がある。今こそ歴史が何のためにあるのかという、基本的な課題に応える必要があろう。評伝という興味ある方法を通じて、解決の手がかりを見出せないだろうかというのも、この企画の一つのねらいである。

狭義の歴史学の研究者だけでなく、多くの分野ですぐれた業績をあげている著者たちを迎えて、従来見られなかった規模の大きな人物史の叢書として、「ミネルヴァ日本評伝選」の刊行を開始したい。

平成十五年（二〇〇三）九月

ミネルヴァ書房

ミネルヴァ日本評伝選

上代

*俾弥呼 古田武彦
日本武尊 西宮秀紀
仁徳天皇 若井敏明
雄略天皇 吉村武彦
*蘇我氏四代 遠山美都男
推古天皇 義江明子
聖徳太子 仁藤敦史
斉明天皇 武田佐知子
小野妹子・毛人 大橋信弥
*額田王 梶川信行
弘文天皇 遠山美都男
天武天皇 新川登亀男
持統天皇 丸山裕美子
阿倍比羅夫 熊田亮介
柿本人麻呂 古橋信孝
*元明天皇・元正天皇 渡部育子
聖武天皇 本郷真紹
光明皇后 寺崎保広
孝謙天皇 勝浦令子
藤原不比等 荒木敏夫
吉備真備 今津勝紀
*藤原仲麻呂 木本好信
道 鏡 吉川真司
大伴家持 和田 萃
行 基 吉田靖雄

平安

*桓武天皇 井上満郎
嵯峨天皇 西別府元日
宇多天皇 古藤真平
醍醐天皇 石上英一
村上天皇 京樂真帆子
花山天皇 上島 享
*三条天皇 倉本一宏
藤原薬子 中野渡俊治
小野小町 錦 仁
藤原良房・基経 瀧浪貞子
菅原道真 竹居明男
*紀貫之 神田龍身
源高明 所 功
*安倍晴明 斎藤英喜
藤原実資 橋本義則
*藤原道長 朧谷 寿
藤原伊周・隆家 倉本一宏
藤原定子 山本淳子
清少納言 後藤祥子
紫式部 竹西寛子
和泉式部 ツベタナ・クリステワ
大江匡房 小峯和明
阿弖流為 樋口知志
坂上田村麻呂 熊谷公男
*源満仲・頼光 元木泰雄
平将門 西山良平
藤原純友 寺内 浩
空 海 頼富本宏
最 澄 吉田一彦
*空 也 石井義長
奝 然 上川通夫
*源 信 小原 仁
後白河天皇 美川 圭
式子内親王 奥野陽子
建礼門院 生形貴重
藤原秀衡 入間田宣夫
平時子・時忠 元木泰雄
平維盛 根井 浄
守覚法親王 阿部泰郎
藤原隆信・信実 山本陽子

鎌倉

源頼朝 川合 康
*源義経 近藤好和
源実朝 神田龍身
後鳥羽天皇 五味文彦
九条兼実 村井康彦
九条道家 上横手雅敬
北条時政 野口 実
熊谷直実 佐伯真一
*北条政子 関 幸彦
北条義時 岡田清一
曾我十郎・五郎 杉橋隆夫
北条時宗 近藤成一
安達泰盛 山陰加春夫
平頼綱 細川重男
竹崎季長 堀本一繁
西 行 光田和伸
藤原定家 赤瀬信吾
*京極為兼 今谷 明
*兼 好 島内裕子
重 源 横内裕人
*運 慶 根立研介
快 慶 井上一稔

法然　今堀太逸
慈円　大隅和雄
明恵　西山厚
親鸞　末木文美士
恵信尼・覚信尼　西口順子
覚如　今井雅晴
道元　船岡誠
叡尊　細川涼一
＊忍性　松尾剛次
＊日蓮　佐藤弘夫
一遍　蒲池勢至
夢窓疎石　田中博美
＊宗峰妙超　竹貫元勝

南北朝・室町

後醍醐天皇　上横手雅敬
護良親王　新井孝重
赤松氏五代　渡邊大門
＊北畠親房　岡野友彦
楠正成　兵藤裕己
＊新田義貞　山本隆志
光厳天皇　深津睦夫
足利尊氏　市沢哲
佐々木道誉　下坂守
円観・文観　田中貴子
足利義詮　早島大祐
足利義満　川嶋將生
足利義持　吉田賢司
足利義教　横井清
大内義弘　平瀬直樹
伏見宮貞成親王　松薗斉
山名宗全　山本隆志
日野富子　脇田晴子
世阿弥　西野春雄
雪舟等楊　河合正朝
宗祇　鶴崎裕雄
＊満済　森茂暁
一休宗純　原田正俊
蓮如　岡村喜史

戦国・織豊

北条早雲　家永遵嗣
毛利元就　岸田裕之
毛利輝元　光成準治
＊今川義元　小和田哲男
＊武田信玄　笹本正治
＊武田勝頼　笹本正治
＊真田氏三代　笹本正治
三好長慶　天野忠幸
＊宇喜多直家・秀家　渡邊大門
＊上杉謙信　矢田俊文
島津義久・義弘　福島金治
吉田兼倶　西山克
山科言継　松薗斉
＊雪村周継　赤澤英二
織田信長　三鬼清一郎
豊臣秀吉　藤井讓治
＊北政所おね　田端泰子
＊淀殿　福田千鶴
前田利家　東四柳史明
＊黒田如水　小和田哲男
蒲生氏郷　藤田達生
＊細川ガラシャ　田端泰子
伊達政宗　伊藤喜良
＊支倉常長　田中英道
ルイス・フロイス　エンゲルベルト・ヨリッセン
＊長谷川等伯　宮島新一
顕如　神田千里

江戸

徳川家康　笠谷和比古
徳川家光　野村玄
徳川吉宗　横田冬彦
＊後水尾天皇　久保貴子
光格天皇　藤田覚
崇伝　杣田善雄
春日局　福田千鶴
＊池田光政　倉地克直
シャクシャイン　岩崎奈緒子
＊田沼意次　藤田覚
＊二宮尊徳　小林惟司
末次平蔵　岡美穂子
＊高田屋嘉兵衛　生田美智子
林羅山　鈴木健一
吉野太夫　渡辺憲司
中江藤樹　辻本雅史
山崎闇斎　澤井啓一
山鹿素行　前田勉
＊北村季吟　島内景二
貝原益軒　辻本雅史
松尾芭蕉　楠元六男
＊ケンペル　B・M・ボダルト＝ベイリー
荻生徂徠　柴田純
＊雨森芳洲　上田正昭
石田梅岩　高野秀晴
前野良沢　松田清
平賀源内　石上敏
本居宣長　田尻祐一郎
杉田玄白　吉田忠
上田秋成　佐藤深雪
木村蒹葭堂　有坂道子
＊大田南畝　沓掛良彦
菅江真澄　赤坂憲雄
＊鶴屋南北　諏訪春雄
良寛　阿部龍一
＊山東京伝　佐藤至子
＊滝沢馬琴　高田衛
平田篤胤　山下久夫
シーボルト　宮坂正英
本阿弥光悦　岡佳子
小堀遠州　中村利則
狩野探幽・山雪　山下善也
尾形光琳・乾山　河野元昭
＊二代目市川團十郎　田口章子
与謝蕪村　佐々木丞平
伊藤若冲　狩野博幸
鈴木春信　小林忠
円山応挙　佐々木正子
＊佐竹曙山　成瀬不二雄
葛飾北斎　岸文和
酒井抱一　玉蟲敏子
孝明天皇　青山忠正
＊和宮　辻ミチ子
徳川慶喜　大庭邦彦
島津斉彬　原口泉

*古賀謹一郎 小野寺龍太
*栗本鋤雲 小野寺龍太
*塚本明毅 塚本 学
*月 性 海原 徹
*吉田松陰 海原 徹
*高杉晋作 海原 徹
ペリー 遠藤泰生
オールコック 佐野真由子
アーネスト・サトウ 奈良岡聰智
緒方洪庵 米田該典
冷泉為恭 中部義隆

近代

*明治天皇 伊藤之雄
*大正天皇 F・R・ディキンソン
*昭憲皇太后・貞明皇后 小田部雄次
大久保利通 三谷太一郎
山県有朋 鳥海 靖
木戸孝允 落合弘樹
井上 馨 伊藤之雄
*松方正義 室山義正
北垣国道 小林丈広
板垣退助 小川原正道
長与専斎 笠原英彦
大隈重信 五百旗頭薫
伊藤博文 坂本一登
井上 毅 大石 眞
井上 勝 老川慶喜
*桂 太郎 小林道彦
渡辺洪基 瀧井一博
*乃木希典 佐々木英昭
林 董 君塚直隆
*児玉源太郎 小林道彦
*高宗・閔妃 木村 幹
山本権兵衛 室山義正
高橋是清 鈴木俊夫
小村寿太郎 簑原俊洋
*犬養 毅 小林惟司
加藤高明 櫻井良樹
加藤友三郎・寛治 麻田貞雄
牧野伸顕 小宮一夫
田中義一 黒沢文貴
内田康哉 高橋勝浩
石井菊次郎 廣部 泉
平沼騏一郎 堀田慎一郎
宇垣一成 北岡伸一
宮崎滔天 榎本泰子
*浜口雄幸 川田 稔
幣原喜重郎 西田敏宏
関 一 玉井金五
水野広徳 片山慶隆
広田弘毅 井上寿一
安重根 上垣外憲一
*グルー 廣部 泉
*永田鉄山 森 靖夫
東條英機 牛村 圭
今村 均 前田雅之
蔣介石 劉 岸偉
石原莞爾 山室信一
木戸幸一 波多野澄雄
*岩崎弥太郎 武田晴人
伊藤忠兵衛 末永國紀
五代友厚 田付茉莉子
大倉喜八郎 村上勝彦
*安田善次郎 由井常彦
渋沢栄一 武田晴人
山辺丈夫 宮本又郎
武藤山治 阿部武司・桑原哲也
西原亀三 森川正則
小林一三 橋爪紳也
大倉恒吉 石川健次郎
大原孫三郎 猪木武徳
*河竹黙阿弥 今尾哲也
イザベラ・バード 加納孝代
*林 忠正 木々康子
森 鷗外 小堀桂一郎
二葉亭四迷 ヨコタ村上孝之
夏目漱石 佐々木英昭
巌谷小波 千葉信胤
樋口一葉 佐伯順子
*島崎藤村 十川信介
泉 鏡花 東郷克美
有島武郎 亀井俊介
永井荷風 川本三郎
北原白秋 平石典子
菊池 寛 山本芳明
宮澤賢治 千葉一幹
正岡子規 夏石番矢
高浜虚子 坪内稔典
与謝野晶子 佐伯順子
*種田山頭火 村上 護
*斎藤茂吉 品田悦一
*高村光太郎 湯原かの子
萩原朔太郎 エリス俊子
*原阿佐緒 秋山佐和子
*狩野芳崖・高橋由一 古田 亮
竹内栖鳳 北澤憲昭
黒田清輝 高階秀爾
中村不折 石川九楊
横山大観 高階秀爾
*橋本関雪 西原大輔
小出楢重 芳賀 徹
土田麦僊 天野一夫
岸田劉生 北澤憲昭
松旭斎天勝 川添 裕
中山みき 鎌田東二
佐田介石 谷川 穣
ニコライ 中村健之介
出口なお・王仁三郎 川村邦光
島地黙雷 阪本是丸
*新島 襄 太田雄三
木下広次 冨岡 勝
嘉納治五郎 クリストファー・スピルマン
津田梅子 田中智子
*澤柳政太郎 新田義之
河口慧海 高山龍三
山室軍平 室田保夫
大谷光瑞 白須淨眞
*久米邦武 髙田誠二
フェノロサ 伊藤 豊
三宅雪嶺 長妻三佐雄
*岡倉天心 木下長宏
志賀重昂 中野目徹
徳富蘇峰 杉原志啓

竹越與三郎　西田　毅
内藤湖南・桑原隲蔵　礪波　護
岩村　透　今橋映子
西田幾多郎　大橋良介
金沢庄三郎　石川遼子
上田　敏　及川　茂
柳田国男　鶴見太郎
厨川白村　張　競
大川周明　山内昌之
西田直二郎　林　淳
折口信夫　斎藤英喜
九鬼周造　粕谷一希
辰野　隆　金沢公子
シュタイン　瀧井一博
*西　周　清水多吉
*福澤諭吉　平山　洋
福地桜痴　山田俊治
田口卯吉　鈴木栄樹
*陸　羯南　松田宏一郎
黒岩涙香　奥　武則
宮武外骨　山口昌男
*吉野作造　田澤晴子
野間清治　佐藤卓己
山川　均　米原　謙
岩波茂雄　十重田裕一
*北　一輝　岡本幸治
中野正剛　吉田則昭

満川亀太郎　福家崇洋
杉　亨二　速水　融
*北里柴三郎　福田眞人
田辺朔郎　秋元せき
*南方熊楠　飯倉照平
寺田寅彦　金森　修
石原　純　金子　務
J・コンドル　鈴木博之
辰野金吾　河上真理・清水重敦
*七代目小川治兵衛　尼崎博正
ブルーノ・タウト　北村昌史

現代

昭和天皇　御厨　貴
高松宮宣仁親王　後藤致人
*李方子　小田部雄次
吉田　茂　中西　寛
マッカーサー　柴山　太
石橋湛山　増田　弘
重光　葵　武田知己
市川房枝　村井良太
*池田勇人　藤井信幸

高野　実　篠田　徹
和田博雄　庄司俊作
朴正熙　木村　幹
竹下　登　真渕　勝
*松永安左ェ門　橘川武郎
鮎川義介　井口治夫
*出光佐三　橘川武郎
松下幸之助　米倉誠一郎
渋沢敬三　井上　潤
*本田宗一郎　伊丹敬之
井深　大　武田　徹
*佐治敬三　小玉　武
幸田家の人々　金井景子
*正宗白鳥　大嶋　仁
大佛次郎　福島行一
*川端康成　大久保喬樹
*薩摩治郎八　小林　茂
松本清張　杉原志啓
安部公房　成田龍一
*三島由紀夫　島内景二
R・H・ブライス　菅原克也
金素雲　林　容澤
柳　宗悦　熊倉功夫

バーナード・リーチ　鈴木禎宏
イサム・ノグチ　酒井忠康
川端龍子　岡部昌幸
藤田嗣治　林　洋子
*井上有一　海上雅臣
*手塚治虫　竹内オサム
山田耕筰　後藤暢子
古賀政男　藍川由美
*吉田　正　金子　勇
武満　徹　船山　隆
*力道山　岡村正史
*西田天香　宮田昌明
安倍能成　中根隆行
サンソム夫妻　平川祐弘・牧野陽子
和辻哲郎　小坂国継
矢代幸雄　稲賀繁美
石田幹之助　岡本さえ
*平泉　澄　若井敏明
安岡正篤　片山杜秀
島田謹二　小林信行
前嶋信次　杉田英明
保田與重郎　谷崎昭男
*福田恆存　川久保剛
井筒俊彦　安藤礼二
佐々木惣一　松尾尊兊

*瀧川幸辰　伊藤孝夫
矢内原忠雄　等松春夫
福本和夫　伊藤　晃
*フランク・ロイド・ライト　大久保美春
大宅壮一　有馬　学
今西錦司　山極寿一

*は既刊
二〇一二年九月現在